DAS

CORONA KRIEGSTAGEBUCH

DAS

GROSSE
KRIEGSLESEBUCH

„Ich widme dieses Buch der Hoffnung….."

Impressum

© 2022 by Silverline Publishing
Herstellung: BoD – Books on Demand
Buchgestaltung: Anja Jakob; www.ey-jay.com
Dieser Text ist in nicht konventioneller Form gesetzt.
Dieses Erscheinungsbild ist Absicht des Autors.

ISBN: 978-1-7378300-0-9

Kontaktinfo: info@silverline-publishing.com

Bücher aus der Silverline Publishing gibt es in jeder Buchhandlung und in den bekannten Online-Shops

Alle Rechte vorbehalten

Inhaltsverzeichnis

15. März 2020	10
Abstand	14
Angst	19
Anders	24
Fürsorge	25
Sommer ...	29
BMI	32
Der Graben	34
Der Alptraum ...	36
Die Wahrheit	37
Ignoranz	40
Test	45
Zeit	57
Skandal	63
30. April 2021	78
3. Mai 2021	100
4. Mai 2021	127
5. Mai 2021	139
6. Mai 2021	158
10. Mai 2021	175
11. Mai 2021	191
25. Mai 2021	194
26. Mai 2021	220
27. Mai 2021	226
28. Mai 2021	227
30. Mai 2021	236
4. Juni 2021	254
5. Juni 2021	280

10. Juni 2021	288
11. Juni 2021	295
14. Juni 2021	296
15. Juni 2021	305
17. Juni 2021	313
18. Juni 2021	315
25. Juni 2021	321
29. Juni 2021	329
30. Juni 2021	338
1. Juli 2021	342
2. Juli 2021	347
6. Juli 2021	351
7. Juli 2021	353
8. Juli 2021	355
9. Juli 2021	358
10. Juli 2021	362
12. Juli 2021	365
16. August 2021	368
17. August 2021	374
18. August 2021	378
25. August 2021	381
27. August 2021	386
2. September 2021	393
6. September 2021	394
21. September 2021	399
28. September 2021	404
Nachtrag 25.11.2021	408
Abgesang	416
Der Putsch von oben	418
Corona-Ungereimtheiten zum Nachdenken	434

2020

Berlin ... 15. März 2020

... Am 11. März 2020 hat die WHO die Pandemie angesichts von Corona ausgerufen ...

Ich schreibe dieses Buch nicht für mich.

Ich schreibe es nicht für die Menschen, die in den Jahren 2020 und 2021 auf dieser Erde gelebt haben ...

Ich schreibe es für euch, die ihr weit in der Zukunft lebt. Für euch sind wir nur eine weitere Note in der Melodie der Geschichte der Menschheit. Es ist für euch lange her, was wir erlebt haben, und vielleicht könnt ihr euch nicht vorstellen, was wir damals erlebt haben.
.....

In unserem Alltag ... in unseren Gefühlen ... in unserer Hoffnung, die mehr und mehr zerbrochen ist ...

Jeder von uns ... im Jahr 2020 oder 2021 könnte dieses ... „Kriegstagebuch" schreiben. Ich weiß nicht, wie viele es tatsächlich tun. Ich tue es jedenfalls. Warum?! Damit ihr ... in der Zukunft fühlen könnt ... was in einem Menschen in den Jahren 2020 und 2021 vorgegangen ist ...

Ihr habt mit Sicherheit Protokolle der offiziellen Behörden ... und vielleicht auch kritische Gegenstimmen dazu ... ich aber möchte euch mein Gefühl hinterlassen ... und darum schreibe ich dieses „Kriegstagebuch" ...

Der französische Präsident Emmanuel Macron hat in einer ersten Fernsehansprache zur Pandemie gesagt: „Nous sommes en guerre."

… Gut … Also … dann sind wir also im Krieg. Ganz egal ob man diese Bemerkung als theatralisch empfindet … oder nicht … … wenn ich sie aus dem Mund des französischen Präsidenten höre … dann nehme ich sie ernst!

„Krieg ist Krieg … und nicht … „Wir sind in einer schwierigen Situation" … oder … „Wir haben eine große Krise" … oder .. „Liebe Mitbürger und Mitbürgerinnen … wir stehen vor einer großen Herausforderung" … Nein … „Wir sind im Krieg" …

Dann denke ich aber auch über das Wort „Krieg" nach …
Krieg bedeutet für mich, dass ein Volk und seine Kultur … seine Art zu leben und zu fühlen von Außen von einem Feind angegriffen wird. Im Umgang mit diesem Feind gibt es nur zwei Antworten. Man ergibt sich … oder man kämpft …

Wenn man sich für den Kampf entscheidet, dann muss man sich fragen: Wofür kämpfe ich?! Die Antwort kann nur lauten: Ich kämpfe für meine Art und Weise zu leben! Zu leben!Und dafür muss ich auch in Kauf nehmen, dass es bei diesem Kampf auf meiner Seite Tote gibt. Sonst ist es kein Kampf und vor allem … dann ist es nicht Krieg. Ich kann nicht kämpfen in der Hoffnung, dass es keine Toten geben wird … sonst wäre es nur eine Krise … aber kein Krieg …!

Ihr fragt euch sicher … ihr, in der fernen Zukunft … warum ich bei diesen Worten so genau hinschaue … und die Bedeutung und die

Konsequenzen des jeweiligen Wortes in unser Bewusstsein heben möchte.

Die Antwort lautet: Weil wir uns nicht wie im Krieg verhalten sondern wie in einer Krise. Wir versuchen in unseren Tagen diese Pandemie zu meistern, ohne dabei Menschenleben zu verlieren. Jeder General würde sagen: „Das verstehe ich … dann aber seid ihr nicht im Krieg!"

Um genau zu sein, haben wir all unser Leben … unsere Kultur … unsere Hoffnung … all unsere Bewegungen aufgegeben. Wir haben so dermaßen alles, was uns ausmacht, aufgegeben, als hätten wir keinen Krieg gewollt …

Wir haben versucht den Feind zum Ende der Kampfhandlungen zu bewegen … indem wir aufgehört haben uns zu bewegen. Wir haben den lebenden Tod unserer Gesellschaft inszeniert … in der Hoffnung, damit Gnade zu erleben.

Der Feind aber, dem wir gegenübergestanden sind … in den Jahren 2020 und 2021 … dieser Feind hat uns keine Gnade gewährt … für unsere Art zu sein …
Für das Beenden unseres gewohnten Lebens. Unserer Kultur. Unserer Freiheit ….
Im Gegenteil … wir haben uns aufgegeben … und trotzdem sind Tote zu beklagen. Wie in einem Krieg.

Das ist Irrsinn …

Ihr werdet fragen: „Was wäre die Alternative gewesen?!" …

Ich werde sie euch erzählen ... später ... jetzt aber möchte ich mit dem ersten Dominostein beginnen. .....

Darum erzähle ich von den Anfängen, die unsere Führer für uns inszeniert hatten ... einer wie der andere so, als wären sie von einem allumfassenden Virus befallen worden, das ihre Fähigkeit zum vielfältigen Denken ausgelöscht hatte.

Die Fähigkeit, die jeder Führer haben sollte, um seine Gefolgschaft durch eine Krise ... oder einen Krieg ... zu führen ist: Die Fähigkeit vielfältig zu denken.

!

In vielen Variationen Lösungen durchzuspielen, um in Diskussion mit vielen, auch gegensätzlichen Vorschlägen eine Lösung zu finden. Eine Lösung, die angesichts einer tödlichen Gefahr in erster Linie die tatsächlich mit dem Tod Bedrohten schützt und nicht die Allgemeinheit mit dem Untergang ihrer Kultur konfrontiert.

Mein Großvater war Offizier ... und wenn er von seinen fürchterlichen Erlebnissen im Krieg erzählt hat ... dann hat er immer wieder betont, dass es seine wichtigste Aufgabe war, die Mehrzahl seiner Leute in Sicherheit zu behalten ... während die vorderste Linie kämpfte. Er hätte es um keinen Preis der Welt verstanden, dass wir ... in unserem Kampf ... die Schutzlosen und die Schwächsten ... unsere Alten und unsere Kinder ... am wenigsten schützen konnten ... oder wollten ...

Abstand

Ich fahre am 15. März nach Wien. In dieser Stadt lebe ich von Zeit zu Zeit. Andere Zeiten verbringe ich …….. Anderswo …………
Das erwähne ich deshalb, um dem Wort „Abstand" seine ihm gebührende Kraft zu geben. Nur der Abstand … der äußere wie der innere helfen in Notsituationen den „Daraufblick" zu wahren. Diesen Daraufblick hat es in den Jahren 2020 und 2021 von Tag zu Tag mehr gebraucht …

Als ich in Wien ankomme, schalte ich den Fernseher ein und sehe eine Ansage des Bundeskanzlers. Er sagt, dass bald jeder von uns jemanden kennen wird, der an Corona verstorben ist … und dass mit 100.000en Toten zu rechnen sein wird.

Aus diesen Gründen und um den Kampf … den Krieg?! … gegen die Pandemie nicht zu verlieren, muss Österreich auf den „absoluten Notbetrieb" heruntergefahren werden …

Ich sitze zunehmend beunruhigt vor dem Fernseher, als mir der Moderator der Abendnachrichten anhand einer Grafik die Lage der Bedrohung analysiert …

Ich sehe eine weiße Linie, die vor blauem Hintergrund von links nach rechts läuft …
Man zeigt mir am linken Bildrand eine sehr schmale, hoch über diese weiße Linie aufragende rote Kurve, die nach ihrer Spitze wieder abfällt und unter der weißen Linie verschwindet …

Dann wird an der Stelle, an der die sehr hohe, schmale, rote Kurve beginnt, eine grüne Wellenkurve gezeichnet ... mit vielen Erhebungen ... die eine Handbreit über die weiße Kurve hinausragen ... mit einem anschließenden Wellental ... und so weiter und so weiter ... bis zum rechten Bildrand meines Fernsehers ...

Der Moderator erklärt mir, dass die rote Kurve die Zahl der Toten zeigt, die entsteheno würde, wenn man das Land nicht zusperrt ... und sagt mir dann, dass die Wellenkurve in Grün anzeigt, dass es weniger Tote geben wird, wenn alles Leben unterbrochen wird ...

Wenn dieses Verhalten Erfolg zeigt ... kann man ein wenig öffnen ... dann steigt die Kurve, und es gibt wieder mehr Tote ... dann sperrt man wieder jedes Leben ein ... und die Todeszahlen sinken wieder ... Und so weiter und so weiter ...

Und darum, erklärt der Moderator, muss jetzt jedes öffentliche Leben ... und zwar überall ... bis auf Supermärkte und Apotheken ... beendet werden ...
Zum Abschluss sagt er mir, dass man diese Wellenbewegung zwischen zusperren und aufsperren ... vielen Toten und wenigen Toten ... „Hammer und Tanz" nennt ...

Ich sitze eine Zeit lang schweigend vor dem Fernseher, und als die Werbung beginnt, drehe ich ab ...
Meine Frau und ich sehen einander lange an und beginnen über das zu reden, was wir glauben verstanden zu haben ...

In unserem Gespräch kristallisiert sich sehr bald eine Erkenntnis heraus: Wenn man der roten Kurve folgt ... gibt es zwar viele Tote ...

aber nach sehr kurzer Zeit existiert eine Herdenimmunität … und die Kurve verliert sich …, wenn man sich auf „Hammer und Tanz" einlässt … gibt es ebenfalls viele Tote … aber der Zustand wird sich auf unabsehbare Zeit nicht verändern …

Wäre es da nicht besser, der Natur ihren Lauf zu lassen, die Gefährdeten zu schützen und alles zu tun, um den betroffenen Kranken zu helfen, anstatt ohne durchschlagenden Sieg die gesamte Menschheit ins Gefängnis zu schicken …?

?

Ich muss an dieser Stelle sagen, dass wir in den ersten Stunden und Tagen keine endgültige Antwort finden … … aber dass es gelungen ist uns in Angst und Sorge zu versetzen …

Als wir in den nächsten Tagen hier und da den Fernseher einschalten, sehen wir Bilder aus China …

Da ist zu sehen, wie ein Mann mit Atemschutzmaske vor dem Mund plötzlich tot umfällt und am Boden liegen bleibt, weil niemand von den Vorübergehenden wagt ihn zu berühren …

Da ist zu sehen, wie in der norditalienischen Stadt Bergamo die Intensivstationen voll sind, und Patienten auf den Gängen der Spitäler am Boden liegen …

Niemand sagt im Kommentar, dass unmittelbar vor dem Ausbruch der Pandemie in Norditalien flächendeckend gegen Grippe geimpft wurde … was bekanntlich das Immunsystem schwer belastet … Es werden aber auch nicht die Bilder aus dem Archiv geholt und gezeigt, auf denen man sehen könnte, dass das italienische Gesundheitssystem in den letzten Jahren bei jeder Grippewelle komplett überlastete Intensivstationen hatte ... und Patienten auf den Gängen der Spitäler lagen ...

...

In diesen Momenten erinnere ich mich daran, dass auch in Österreich in den Jahren 2019, ... 18 ... 17 ... 16 ... 13 ... und so weiter in jeder Grippesaison die nahezu identischen Meldungen in den Zeitungen und den TV-Sendern zu finden waren ... Jedes Jahr kam es zu einer Kurve durch plötzliche Überlastung und zum Appell über das Gesundheitssystem verbessernd nachzudenken ...

Auf besondere Art und Weise hatten die Menschen aber akzeptiert, dass die Grippe für manche von ihnen auch tödlich verlaufen kann ... sich aber nach ihrem Höhepunkt wieder verliert ...

2018 gab es allein in Deutschland über 25.000 Grippetote ... aber kein einziges deswegen geschlossenes Restaurant ...

Wir stellen also fest, dass wir auf seltsame Art und Weise entweder zu wenig Informationen über die offenbar so allumfassende tödliche Wucht dieser Krankheit haben ... oder aber ihre Gefahr unterschätzen. Um nicht vorschnell in die eine oder andere Richtung zu urteilen, beschließen wir, auf eine Insel zu fahren und zu beobachten ...

Im relativen Abstand ...

Wie sehr dieser Abstand eine Illusion darstellt, zeigt sich sehr bald an der Reaktion der Bevölkerung und vor allem der Polizei ...

Es beginnen Videos zu kursieren, die zeigen, wie mehrere Polizisten einzelne, im Meer schwimmende Menschen an Land zerren und prügeln ... Straßensperren kontrollieren, ob man sich wohl alleine im Auto befindet ... in Einkaufstüten muss man den Kassenbeleg des aktuellen Tageseinkaufs mit sich führen, um zu dokumentieren, dass man tatsächlich nur für Brot, Butter und Toilettenpapier-Kauf das Haus verlassen hat ... Schneller als man das Wort aussprechen kann, ist nämlich alles ...... jeder ... überall in Hausarrest kaserniert ...

Angst

Langsam beginnt die Angst.
Es ist unübersehbar, dass die Dauerbeschallung durch das Fernsehen und die Presse bei den Menschen ihre Wirkung hinterlässt. So auch bei mir ...

Ich bemerke, dass ich einen ausweichenden Bogen gehe, wenn mir ein Mensch auf der Straße entgegenkommt. Ich stelle fest, dass Menschen im Supermarkt mit dem Knöchel ihres Zeigefingers die Tasten auf dem Bezahlcode drücken ...

Ich sehe Angst in den Augen, über den Masken, wenn ich in ein Geschäft trete ...

Allerdings muss man sich fragen, ab wann welche Angst angebracht ist ...?!

Wir schreiben Anfang April, und noch im März hat der österreichische Bundeskanzler erklärt ... und auch die Führerin der SPÖ ... eine ehemalige Ärztin, dass Masken nicht nur nichts nützen ... sondern sogar die Verbreitung der Krankheit beschleunigen ...

Eine Zeitlang hat man dann sogar vermeldet, dass es auch in Ordnung wäre, nur einen Schal (!) zu tragen ....

Einen ..... SCHAL ....!

Von einem Tag auf den anderen erschien dann die Maskenpflicht auf der Bildfläche, und das Gespenst des Todes erhob sich, wenn man das Stück Stoff, das ob seiner Kleinheit jedes Virus passieren lässt … auch nur einen Zentimeter unter der Nase trug ...

Aber das Ziel war erreicht....

Abstand!

Es war aber ein anderer Abstand gemeint als der … rührend hilflose Versuch von meiner Frau und mir, in einen betrachtenden Abstand zu den Ereignissen zu gehen … ein Abstand, der die Aufgabe haben sollte, auf die Maßnahmen der Regierenden prüfend darauf zu blicken …

 Nun war es auf einmal ein Abstand aus Todesangst geworden, den die Menschen zueinander einhielten … Todesangst, die schon damit begann, dass man überhaupt das Haus verlassen musste … um Toilettenpapier zu kaufen ...

Auch wenn jetzt für einen Moment meine noch nicht völlig zerstörte Freude am Humor durchgeschimmert ist … kann ich nicht leugnen – dass ich mitgeschwommen bin ……..

„Man kann ja nie wissen" … flüstert es in mir, und so reihe ich mich vor dem Supermarkt in die Kette von circa 80 Menschen ein, die um Lebensmittel anstehen …
Ich sehe in meinem Einkaufswagen Berge von Nudeln und Reis und Thunfischdosen … um den Tag „X" zu überleben … und ich schäme mich für das Gefühl, Gott sei Dank rechtzeitig für vier bis sechs Wochen Vorräte gekauft zu haben ……

Langsam beginnt der permanente Druck aus den Nachrichten Wirkung zu zeigen …
Gleichzeitig aber wird mir bewusst … dass ich noch niemanden auf der Straße leblos zusammensinken gesehen habe ...

Ich telefoniere viel mit Freunden und Bekannten ... und nach Dutzenden Gesprächen, bei denen sich herausstellt, dass nahezu niemand jemanden kennt, der soeben an Corona verstorben ist … meldet sich ein Freund, dessen 87-jähriger Großvater, der Diabetes und Lungenkrebs hatte … an Corona verstorben ist …

….

Ich beginne mich in die Millionen von Menschen hinein zu fühlen, deren Leben … deren alltägliches Leben radikal verboten wurde ... und ich kann mir vorstellen, wie sie in ihren kleinen Wohnungen ... ohne Terrasse und Balkon ... warten ………

Tag ein ... Tag aus … warten …

…………………….

auf das Ende der Pandemie ………

Die wenigsten Menschen in unserer Welt haben eine Villa ... mit Garten und Pool … fast niemand eine Terrasse ... oder auch nur einen Balkon …
Sie werden aber von Menschen, die an der Spitze der Regierung stehen … und die oft sogar keine Kinder haben … in die Käfige ihrer

Schlafkojen gesperrt, die sie Wohnung nennen …

……

Ich höre erste zaghafte Berichte, die von Gewalt in Familien … von Alkoholismus und Rücksichtslosigkeiten berichten … Ich multipliziere die genannten „Fallzahlen" als Realist mit 125 und beginne zu ahnen, welche Tragödien sich in den verschlossenen Räumen abspielen … in denen „Familie" herrscht ...

Die Mischung aus Angst … bewusst geschürter Unsicherheit und daraus resultierend Panik könnte bei einer tatsächlichen Mangelsituation schnell in eine Revolte umschlagen … Das aber geschieht nicht … noch nicht …

Ich stelle fest ... und es ist bereits Mitte Mai … dass die Mächtigen tatsächlich zumindest etwas aus der Geschichte gelernt haben ... Die Versorgung mit Brot und Spielen garantiert, dass eine Revolution verschoben wird …

Wenn Ludwig der XIV. das erkannt hätte ... wäre die französische Revolution ausgeblieben?!

Marie Antoinette soll gesagt haben: „Sie haben kein Brot … dann sollen sie eben Kuchen essen …!"

Der Satz allein hätte wahrscheinlich schon genügt … als i-Punkt einer tatsächlichen Hungersnot war er aber – siehe oben … - nur noch ein i-Punkt …

Wir aber ... im Mai 2020 haben volle Regale in den Supermärkten …

Auch ... und vor allem in den Wein und Bier-Regalen ...

Die Unterhaltungssendungen im Fernsehen werden immer greller und ordinärer ... die Panikmache immer lauter ... aber die Übersterblichkeit will und will sich nicht einstellen ...

Bertold Brecht hat gesagt: „Erst kommt das Fressen ... dann kommt die Moral" ...

In den Zeiten der „Pandemie" heißt es jetzt: „Erst kommt das Fressen ... und im Allgemeinen niemals ein Hinterfragen der tatsächlichen Realität ... einer tatsächlichen Gefahr" ...

Wir stellen fest ... und es ist bereits Ende Mai ... dass sich die Todeszahlen im Rahmen einer saisonalen Grippe bewegen ... wir stellen fest, dass ununterbrochen von einer drohenden Überlastung der Intensivbetten gemeldet wird ... Tag für Tag ... dass diese aber nicht und nicht eintreten will ... wir stellen fest, dass die Menschen, denen man im Vorüberhuschen begegnet ... oder mit denen man telefoniert ... in zunehmendem Maß gereizt ... angstvoll ... und aggressiv reagieren ...

Aber der Kühlschrank ist voll ... also ... was soll's ...
...

Anders

Die Kralle der Angst hat die ganze Welt in ihrer Macht ... oder?! ... Nein ... nicht die ganze Welt ...

In Schweden gibt es den für den Staat und die Regierung wichtigen Herrn Anders Tegnell ...

…... Er berät kraft seines Amtes als Chef-Virologe des Landes die Regierung ... und er berät sie so ganz anders als es ein Herr Drosten und Herr Wieler vom Robert Koch-Institut in Deutschland tun ...

In Schweden werden die Menschen nicht eingesperrt ... Läden und Restaurants bleiben offen ... und ... siehe da ... es gibt kein allumfassendes Massensterben in Schweden ...
Wie kann das sein?! ... Ich erhalte keine Antwort ...

Fürsorge

Anfang Juni 2020...
Mittlerweile ist unsere Welt in totaler Trance ...
Jeder Mensch hat Angst ... jeder Mensch zieht sich in sich selbst zurück ... Jeder Mensch trägt Maulkorb ...

Jeder Mensch denkt daran, wie viel Fürsorge der Regierungen hinter den Maßnahmen steht ... die unser aller Leben so dramatisch verändern ... als wäre der 3. Weltkrieg ausgebrochen ...
... An diesem Punkt denke ich immer öfter an die Zeit vor der sogenannten Pandemie ...
Wir sind spazieren gegangen ... haben Freunden zugelächelt ... und kleine Plaudereien haben unsere Treffen heiter und leicht gemacht ...

Die Wirtschaft ... zumindest in den reichen Ländern ... hat Wohlstand erschaffen ... und das Schulsystem hat die Kinder zumindest beschäftigt ...

In diesen sonnigen Zeiten habe ich manchmal gedacht: „Unsere Urgroßeltern ... Großeltern ... und Eltern haben jeweils zwei oder mindestens einen nahezu alles zerstörenden Krieg erlebt ... wir hier in Europa und Nordamerika erleben nun schon seit über 70 Jahren sonnige Zeiten des Wohlstands ....

Werden wir Heutigen wirklich die Ersten sein dürfen, die ohne eine kollektive Katastrophe durch ihr Leben wandern dürfen?! .....??!!

Hat das Schicksal nicht vielleicht doch auch für uns das große, allumfassende Desaster im Gepäck?! ...
Ich habe mich dabei ertappt, dass der kleine Junge in mir heimlich darum gebetet hat, dass Unheil von uns fern bleiben möge ... ich habe gebetet und gehofft ... dass ... Gott ... oder was oder wer auch immer einen anderen Plan hätte ....
....

„Jedes einzelne Menschenleben zählt!!"

Dieser Satz wurde in den ersten Tagen und Wochen des Ereignisses immer wieder wiederholt ...
Der Schutz jedes einzelnen Lebens wurde zur Rechtfertigung der größten Freiheitsberaubung der jüngsten Geschichte.

China hatte es mit leichter Hand vorgemacht, wie schnell Menschen eingesperrt und weggesperrt werden können ...
Einer Diktatur fällt so etwas sehr leicht ... Wir ... im sogenannten freien Westen hatten da schon größere Wiederstände in unserer die Freiheit gewohnten Welt ...
Zweifel kommen auf ... Existenzangst trifft sich mit Todesangst ... die Menschen in ihren Schlafkojen werden unruhig ...

„Die Maßnahmen sind überlebenswichtig ... der Lockdown ist alternativlos ... Nur so kann jedes einzelne Menschenleben gerettet werden ..."

In den Talkshows zur sogenannten Pandemie melden die Finanzminister aus Deutschland und Österreich, dass kein einziger Arbeitsplatz verloren gehen wird ... und kein einziger Betrieb schließen

muss" ....
......

In den Jahren 2020 und 2021 stellt sich Tag für Tag mehr heraus, welch überdimensionale Lüge dieser Satz war ...

Zunehmend verzweifeln die eingesperrten Menschen, deren Existenz wegbricht, weil das Arbeitsleben in weiten Teilen in Grund und Boden zerstört ist ... und die versprochenen Hilfszahlungen Monate lang ausbleiben ...

„Jedes einzelne Menschenleben zählt ..."

Ich kann es nicht sagen, wie oft ich diesen Satz gehört habe ... und wie deutlich der Hohn hinter diesem Satz mit jeder Wiederholung sichtbarer wurde ...
Wenn einer Regierung wirklich jedes einzelne Menschenleben schützenswert ist ... dann müssen auch alle vermeidbaren Ursachen für den möglichen Tod auch nur eines einzelnen Menschen eliminiert werden ...

Das bedeutet, dass der Autoverkehr sofort zu unterbinden ist ...jegliche Art von Industrie, die unter anderem Feinstaub produziert, eingestellt werden muss ...

FEINSTAUB .... verursacht jährlich (!) 50 Millionen Tote weltweit ....alle Atommeiler sofort vom Netz genommen werden müssen ...

Deutschland verdient an Waffenexporten über 20 Milliarden Euro pro Jahr ... da ich und andere erkannt haben, dass Waffen zur Lebensbeendigung dienen, ist dieses Geschäft sofort einzustellen ...

Da Rauchen lebensverkürzend wirkt, muss es sofort verboten werden – auch unter der Hinnahme des Verzichtes auf über acht Milliarden Euro pro Jahr an Tabaksteuereinnahmen ...

Details?! Gerne ......!
In Deutschland sterben ....(!... jedes Jahr ...(!)...... 150.000 (!!!) Menschen an den Folgen des Rauchens ……..
Erst wenn eine Regierung tatsächlich auf all diese möglichen Todesursachen verbietend einwirkt, kann ich den Satz ernst nehmen, dass „jedes einzelne Menschenleben" zählt ...

Gleichzeitig frage ich mich, warum in den letzten Jahren bei den Grippewellen die Zehntausende Tote als Ergebnis brachten, nicht ebenfalls das gesamte gesellschaftliche Leben auf „Notbetrieb" runtergefahren wurde ...

…..

…..??!!

Ich erhalte keine Antwort ...
….

…

..

Sommer ...

Bevor ich mich auf die Erzählung zu unserem Sommer 2020 einlasse ... möchte ich noch einen letzten Satz zu den lebensrettenden Maßnahmen in Österreich sagen ...

Dort gab es ein Pandemiegesetz, das den Menschen, die durch ein derartiges schicksalhaftes Großereignis alles verloren hatten, zu 100 Prozent materiellen Ausgleich zukommen ließ ...
Ich hatte den Gedanken richtig gefunden, noch bevor ich realisiert hatte, dass es so ein Gesetz gibt ....

Wenn sie schon alles zusperren und die Arbeit der Menschen und ihr Geldverdienen beenden ... dann ist es doch wohl klar, dass der Staat den Ausfall zu 100 Prozent kompensiert ... Diesen Gedanken hatte ich bis zu dem Tag, als ich zum ersten Mal das Wort „Pandemiegesetz" im Fernsehen gehört hatte ...
... Das war an dem Tag, an dem das Gesetz dahin gehend geändert wurde, dass nicht mehr 100 Prozent Verdienstausfall erstattet werden ...

Interessanterweise hat die Regierung wenige Tage vor in Kraft treten des totalen Lockdowns diese Änderung beschlossen ...

Auf meine Frage, ob das Eine mit dem Anderen zusammenhängt ... habe ich keine Antwort erhalten ...

......

Im Juni 2020 ist die Sorge der Menschen nie wieder Freiheit zu erleben ... und vor allem auch die Sorgen der Tourismusindustrie bankrott zu gehen ... in nackte Panik umgeschlagen ...

Es werden Konzepte erstellt. um wenigstens einen kleinen Teil dieser Wirtschaft zu retten ...

Im Süden stellen die Restaurants ihre Tische in Abständen von zwei Metern auf ihre Terrassen ...

Die Schwimmbäder der großen Hotels erteilen nur vereinzelten Menschen Schwimmerlaubnis für jeweils 15 Minuten ...

und Desinfektionsteams sprühen Straßen, Schienen und Haustüren mit Desinfektionsmittel voll ... Sie tun dies, obwohl der deutsche Virologe Streek nachgewiesen hat, dass der ... oder ... das Virus sich nicht auf Oberflächen sammelt oder gar hält ...
......

Aber auch er, wie so viele andere Mediziner und Virologen werden mit ihren Äußerungen nicht gehört ... und selbst wenn sie gehört werden, bleiben ihre Worte ohne Konsequenzen.
Es ist als ob eine unsichtbare Wand die Schaltzentralen der Macht einhüllt ...

Alles wird getan, um Freiheit und Leben zu unterdrücken ... zu verbieten und auswegslos in die Zukunft zu verhindern ... ...

Keine Stimme eines alternativen Lösungsmodells erhält Gewicht ...
Im Gegenteil .... Es beginnt sich eine Front der Ausgrenzung zu for-

mulieren. All diejenigen, die Zweifel am Vorgehen der Regierungen formulieren werden diffamiert ...

Von einem Tag auf den anderen gelten sie als Verschwörungstheoretiker ... „Aluhut-Träger"... und letzten Endes natürlich als ...... Nazis ...
(... DAS wirkt immer!!!)

Mit dieser breiten Front der Ablehnung wird auch immer deutlicher in den Mainstream-Medien Stimmung gemacht gegen alle diejenigen, die es wagen eigene Meinungen zur sogenannten Pandemie zu äußern ...

BMI

Als wir mit zwei Metern Abstand von einem Kellner mit Stofftuch vor dem Gesicht in einem Terrassencafé bedient werden ... ist es mitten im Sommer 2020 ...

Mit verzweifelter Sehnsucht haben sich die Menschen aus ihren Gefängnissen geschält ... sich in Flugzeuge gedrängt und sind dann einige Tage angstvoll auf Sonnenbetten gelegen ... am Strand ... irgendwo am Mittelmeer ...

Das Gefühl war wie auf dünnem, brüchigen Eis, und die Entspannung war nur das kurze Einatmen von relativer Lebensfreude ... bevor es wieder zurück ging ... in den Herbst und in den nächsten Lockdown ...

Einige Menschen aber wollten sich mit dem bleiernen Mantel der Ausweglosigkeit, der über die Welt gebreitet worden war, nicht abfinden ...
Ausgerechnet im deutschen Innenministerium gab es einen leitenden Beamten, der mit großer Eigeninitiative Nachforschungen angestellt hatte. Er bat mehrere Wissenschaftler um ihre Analysen der Situation und bekam als Ergebnis die Erkenntnis, dass sämtliche Maßnahmen der deutschen Regierung völlig überzogen und unangemessen waren!!!

!!!

Es hat und hatte zu keinem Zeitpunkt „eine Epidemie nationaler

Tragweite" gegeben!!!

!!!!

Niemals war das gewohnte alltägliche Leben in Gefahr gewesen. ...

Mittlerweile hatte sich auch gezeigt, dass die Todeszahlen weltweit nur 0,1 bis 0,2 Prozent ausmachten. All diese Einsichten, die der führende Beamte in einem 81 Seiten starken Bericht zusammenfasste, führten zur Erkenntnis, dass es sich um einen "Fehlalarm" gehandelt hatte. Alles, was in unverhältnismäßig großer Weise in Gang gesetzt worden war, hatte nicht nur keinen Effekt ... es war im wahrsten Sinne des Wortes ....

.... Überflüssig ....

Das Ergebnis dieser Überreaktion war die beginnende Zerstörung des Mittelstandes und die Enteignung ganzer Berufsbranchen ...

Als dieses 81 Seiten starke Papier zu kursieren begann und logischerweise auch den Innenminister erreichte ... hatte es zur Folge, dass es totgeschwiegen wurde und der Beamte strafversetzt ...

....

Es beginnt am Ende des Jahres 2020 ein tiefer Riss in den Gesellschaften sichtbar zu werden ... ein Graben tut sich auf ...

Der Graben

Die Demokratie in Deutschland hat sich mittlerweile in ein völlig enthemmtes System der Unterdrückung und Aussperrung all derjenigen verwandelt, die nicht mit der Haltung der Regierung einverstanden sind ...

Selbst als die WHO zu Protokoll gibt, dass Lockdowns nichts bringen ... außer zunehmender weltweiter Armut ... ändert das nichts an dem Kamikazeflug der Mächtigen ...
...
An dieser Stelle möchte ich noch einen Nachtrag bringen ... zu dem Satz dass „jedes einzelne Menschenleben zählt!"

Die WHO hat vorgerechnet, dass durch die weltweiten Lockdowns an die 100 Millionen Menschen in Armut verfallen werden ...
Das hat seine Ursache darin, dass durch die gefallene Wirtschaftskraft weniger Geld für die ärmsten Länder ausgegeben werden kann ...

Von den reichsten Ländern ... die sehenden Auges ihre Wirtschaft drastisch reduzieren ...
Als wäre diese Geißelung der ärmsten Länder nicht schon verheerend genug, kommt die WHO in ihren Voraussagen auch zu dem Schluss, dass durch den Wegfall entsprechender Geldmengen bis zu 30 Millionen Menschen verhungern werden ...

In Worten: Dreißig Millionen ...

Menschen werden aufgrund sinn- und effektloser Lockdowns der reichen Länder verhungern …

!!!

Dies nur als Erinnerung für diejenigen, die alles tun, damit „jedes einzelne Menschenleben geschützt wird" …

……

….

…

..

.

Der Alptraum ...

Jeder, der schon einmal einen Alptraum erleben durfte, kann ein Alleinstellungsmerkmal dieses psychischen Erlebens erzählen. Man steckt fest ...
Man möchte laufen ... kann sich aber nicht bewegen ... man möchte angesichts einer drohenden, tödlichen Gefahr laut rufen ... bringt aber keinen Ton über die Lippen ...

So geht es uns ... die wir in den Jahren 2020 und 2021 auf dem Planeten Erde leben ... Ich schreibe das für euch ... euch, die ihr in der fernen Zukunft diese Worte gefunden habt ...

Ich weiß nicht, was für eine Art von Leben ihr leben könnt ... ich weiß nicht, welches Echo der Wahnsinn unserer Zeit in euren Tagen noch nachhallt ... ich kann nur für euch hoffen, dass ihr die Menschheitsverbrecher eines Tages abgeschüttelt habt und in die Verbannung geschickt ...

In unseren Tagen steigt die Verzweiflung und der Graben wird tiefer ...

Die Wahrheit

Die Wahrheit ist, dass die Bestie wieder frei gelassen wird ...

In den letzten Jahrzehnten hat es einen relativen Wohlstand gegeben.

Arbeit, Einkommen, Freizeit, Konsum, Ablenkung von jeder Art der spirituellen Einkehr ... dieser Akkord hat einen bunten Mantel an Oberflächlichkeit über die Menschen gebreitet ... Zumindest in den reichen Ländern ...

Kleine politische Scharmützel haben den Anschein vermittelt, als gäbe es politischen Diskurs ... in Wahrheit aber haben die arbeitenden Massen lediglich genügend Bruttosozialprodukt erwirtschaftet ... sodass die Mächtigen auf dem Parkett des Wohlstandes tanzen konnten, wie und so lange sie wollten ...

In alle Richtungen. Mehr oder weniger ... je nach Temperament ... konnte jeder seine gut finanzierte Freiheit ausleben ...

Die Pandemie ... also ... die relativ harmlose Krankheit Corona ... mit einer Sterblichkeitsrate von 0,1 bis 0,2 Prozent im Rahmen einer saisonalen Grippe ... hat ein Unterdrückungsregime dergleichen geboren, in dem es lange als überwunden geglaubte Zustände wieder zum Leben erweckt hat ...

Die Blockwartmentalität der Nazizeit hebt wieder ihr Haupt ...

Wenn Menschen auf der Straße ... im Freien ... einen Kindergeburtstag feiern ... läuten bei der Polizei die Telefone von mindestens drei verschiedenen Parteien von Nachbarn, die dieses sündhafte Verhalten anzeigen ...

Jugendliche, die in einem Park ... im Freien ... beisammenstehen ... und somit die Anstandsregeln missachten ... werden von tieffliegenden Polizeihubschraubern auseinander getrieben und von rasenden Einsatzwagen verfolgt wie Vieh ...

Wenn überhaupt einmal ein Mensch, der anders denkt als die Regierungsmeinung es erlaubt, im Fernsehen interviewt wird ... dann herrscht ihn der systemkonforme Moderator des Staatsfunkes an und unterbricht ihn in bellender Manier ....dermaßen ......

.... dass der Vergleich mit dem Nazirichter Freisler und seiner „Verhörmethode" durchaus erlaubt ist ...

Wenn ein Richter es wagt, in einem Urteil zum Maskenzwang für Kinder in den Schulen festzustellen ... dass dieser Maskenzwang unzulässig ist ... weil er das im Gesetz festgeschriebene Recht jedes Kindes auf freie Entfaltung einschränkt ... dann erlebt dieser Richter in den darauffolgenden Tagen eine Hausdurchsuchung, die Beschlagnahme seiner Computer und Mobiltelefone ...

Die Begründung lautet: Es besteht der Verdacht auf „Rechtsbeugung" ...

Die wahre Botschaft hinter diesen Aktionen gegen unabhängig urteilende Richter lautet: An alle anderen „Richter" ... wagt es ruhig Recht zu sprechen ... im Sinne der Schwächsten unserer Gesellschaft

... ihr könnt am Schicksal eures tapferen Kollegen sehen, was dann auf euch zukommt ...!"

Es gibt Ärzte, die im Übrigen gemessen haben, dass unter den Masken der CO2 Gehalt ein Mehrfaches von dem Wert beträgt, der am Arbeitsplatz erlaubt ist ...

... Weiter hat man festgestellt, dass bei einer Übersättigung der Atemluft mit CO2 ganze Hirnareale absterben ... Unsere Kinder werden also wissentlich in ihren Gehirnleistungen „kastriert" ...

Dagegen ein Urteil zu fällen führt natürlich in unseren Tagen zu Ausgrenzung, Psychoterror und Berufsverbot ...

Aber ... „jedes einzelne Menschenleben zählt" ...

„Nous sommes en guerre ..."

.....

....

...

..

.

In Österreich ... so wie in Deutschland gibt es Lungenfachärzte, die mit dem Wissen um die Gefahr der Masken ein Attest ausgestellt haben, das vom Tragen der Maske befreit ... Die Reaktion des Staates war: Berufsverbot ... Sperrung der Konten ... und Delogierung ...

Ignoranz

Gestern habe ich im Fernsehen einen Bericht über unsere Kinder gesehen ... Und ihre Situation im aktuellen Lockdown ... Wie wir alle wissen hat die Gewaltbereitschaft in den Familien dramatisch zugenommen ...

Das ist absolut verständlich und nachvollziehbar ... Zumindest für Menschen, die nicht in einer 4,2 Millionen teuren Villa mit Garten leben wie der deutsche Gesundheitsminister ...
Er und sein Ehemann (?) sind kinderlos und es ist zu vermuten, dass das auch so bleiben wird ...

Der deutsche Durchschnittsbürger allerdings wagt es nicht einmal von so einer gleichgeschlechtlichen Biedermeieridylle zu träumen ... warum?! Das tägliche Erwachen in der Realität wäre zu schmerzhaft ......

Da bewohnen oft 5-köpfige Familien 3-Zimmerwohnungen mit 97 Quadratmetern Wohnfläche ... ohne Garten ... Terrasse ... oder auch nur Balkon ...
Die Eltern sind von ihrer Arbeit weggesperrt – oder im sogenannten „Home-Office" ...

Erste Studien haben ergeben, dass das, was so idyllisch klingt eine erhebliche Einbuße in der persönlichen Arbeitsleistung bedeutet ...

Das Bild wirkt so idyllisch ... Am Morgen klingelt kein Wecker ... man muss nicht mit anderen Sardinen im U-Bahn oder S-Bahn-Waggon ihre Ausdünstungen teilen ...

Der Morgenmantel oder die Jogginghose samt fleckigem T-Shirt ersetzen die öffentliche, gepflegte Berufskleidung ... man beantwortet E-Mails ohne lästige Blicke des Vorgesetzten ... und der Weg in die Küche und zum Kühlschrank, in dem Sardinen in Tomatensauce warten ist kurz ...

Wer braucht schon die Mitarbeiter ... wer braucht Blicke ... Gespräche ... Fragen ... Wer braucht einen Teamgeist im nicht geliebten Job, der lediglich der Finanzierung der Kredite für den nächsten Urlaub in Hurghada dient ..?!

Endlich Arbeit wie Ferien ... Daheim ...

Nebensächlich dass dabei der Fortschritt der sozialen Kontakte und die Entwicklung der Firmen vor die Hunde geht ...

Aber dann sind da noch in sehr, sehr vielen Wohnungen die Kinder ...

... Der Junge, dessen Geschichte ich gestern im Fernsehen verfolgen konnte, hat mir das Herz gebrochen ...

Er hat gesagt: „Ich schaue mich in meinem Zimmer um ... und nach all den Monaten kann ich es schon nicht mehr sehen ... oder ich schaue immerzu auf den Bildschirm des Computers und kann schon nicht mehr immer folgen ... was sie da reden, ist wie in einem Goldfischglas ... ich sehe meine Freunde nicht mehr ... und kann niemals spielen gehen ... so wie früher ..."

Er war bleich ... er hatte Ringe unter den Augen und er hatte Übergewicht ...

Kinderärzte „schlagen Alarm" ... Pädagogen reden mittlerweile von einer „verlorenen Generation" ... Psychologen erzählen, dass sie immer mehr Kinder erleben, die daran denken sich das Leben zu nehmen ... oder die sich mit Messern die Haut aufritzen ...

Der Junge im Fernsehen hat ganz leise geredet ... seine Blicke waren ein einziges Flehen ... und in seinen Augen hat man gesehen, wie lange er schon nicht mehr gelacht hat ... Seine bleiche Haut, die keine Sonne erlebt hat, Speckrollen unter seinem Hemd, und seine Haare waren noch von der schlaflosen Nacht zerzaust ... Er hat mir mit seinem Hilferuf das Herz gebrochen ... Mir ... aber sonst auch schon niemandem ...

.....

Vor allem den schick gekleideten Vertretern der Regierung, die noch niemals in ihrem Leben einem weinenden Kind durch eine Nacht ohne Schlaf geholfen haben ...

In welcher Erbarmungslosigkeit sind wir angekommen ...?! In welcher mitleidlosen Kälte angesichts einer „Gefahr" ... die sich längst als Illusion herausgestellt hat?

Die Antwort ist schrecklicher als die Frage ...

Wir ... oder besser gesagt: nicht wir ... die, die uns beherrschen, sind da nicht „angekommen" ... sie sind nicht durch die plötzliche Last einer realen Gefahr so geworden ... kalt ... zynisch ... mitleidlos ... engmaschig ... unzugänglich ... Nein ... sie sind nicht durch ihre schwere Verantwortung mit einem Mal so geworden ... das könnte man ja sogar noch verstehen ...

Nein ...

Sie waren schon immer so ...

Immer schon haben sie sich mit Kälte ... Rücksichtslosigkeit ... Härte ... Verschlagenheit und grenzenloser Egomanie in ihre Ämter hoch intrigiert
...
Immer schon haben Hinterhalt und Vernichtungswille jeder tiefen Emotion gegenüber ihr Leben bestimmt ...

Wenn es nicht so wäre ... dann wären sie nicht nach Jahren und Jahrzehnten auf ihrem Karriereweg dort angekommen, wo sie heute sind ... an der Spitze der Macht ...

Erbarmen ... mit einem Kind?! Wofür...?!

Bringt das eine Erhöhung der Diäten?! Mitgefühl mit der alleinerziehenden Mutter, die nicht zur Arbeit darf und seit Monaten auf ihre „Hilfsgelder" wartet ...

Bringt das neue Koalitionen ...?!

Eines haben sie allerdings gelernt ... das muss man ihnen zugestehen ... Eines muss offen bleiben ... selbst im größten Machtrausch und

Machtmissbrauch seit dem 2. Weltkrieg …

Die Supermärkte!

Solange der Bürger noch den Kasten Bier und die Leberwust nach Hause tragen kann, wird sich kein wirklicher Widerstand regen … Die paar Zehntausend, die Sonntags „spazieren gehen" … die können unsere Wasserwerfer und die Schwarz gepanzerten „Polizisten" unserer offiziellen Schlägertrupps spielend auseinander treiben …

Der Rest … also fast alle Bürger, die in der „Neuen Normalität" lieber ersticken als aufzubegehren … die trinken das 3. Bier, verprügeln ihre Partner und bleichen Kinder … aber sie würden niemals den Fuß vor die Tür setzen, um zu demonstrieren, oder gar den Mund aufmachen, um zu protestieren …

Das wissen sie … die … da Oben in der eisigen Luft ihrer Machtzentralen … und darum starren sie auch so unerschütterlich bei ihren Pressekonferenzen in die Kameras, weil ihnen langsam aber sicher … von Tag zu Tag mehr bewusst wird … wie ihre Allmacht schmeckt …

Bis vor der sogenannten Pandemie galten noch Worthülsen von „Mitbestimmung" und „Konsens" …

Heute besteht der Konsens darin, dass sie tun und lassen können, was sie wollen … alle Grundrechte der Menschen verhöhnen … und das geile Gefühl der Unangreifbarkeit genießen, das mit jedem Tag, an dem sie nicht gestürzt werden, mehr und mehr zur Selbstverständlichkeit wird …

Test

Nun steht natürlich die Frage im Raum ... „Wie konnte es soweit kommen?!" Was ist die Grundlage für all das, was wir schon so lange in dieser angeblichen Pandemie ertragen müssen?!
Woher kommt die Rückendeckung für die Regierungen uns all unsere Rechte zu nehmen und uns zu Gefangenen im eigenen Land zu machen?!
Die Antwort ist so unscheinbar wie gleichzeitig extrem beraubend perfide. Die Antwort besteht aus dreiBuchstaben:

„PCR."

Das sind die drei Buchstaben, die einen Test bezeichnen, mit dem angeblich die Gefahr, dass wir alle bald sterben werden, bekannt werden kann ...

Warum sage ich: „Angeblich" ... ??!!

Dazu bitte ich euch um Erlaubnis die Geschichte des PCR-Tests in Erinnerung zu rufen ...

In Deutschland gibt es einen Virologen mit dem Namen „Drosten" ...
Als die ersten Anzeichen für eine neuartige Virusinfektion in der Welt auftauchten, gab Herr Drosten in einem Interview zu Protokoll, dass es sich um eine harmlose Krankheit handele. Die Zuschauer waren beruhigt und wandten sich wieder ihrem Alltag zu ...

Dann aber scheint es hinter den Kulissen einen Auftrag gegeben zu haben diese Krankheit doch zu etwas allumfassend Furchtbaren hoch zu stilisieren. Wie sonst konnte man die Masse der Menschen alarmieren und in die Bereitschaft versetzen das Ende ihres gewohnten Lebens zu akzeptieren?!

Also erschuf Herr Drosten den PCR-Test, mit dem man angeblich eine Infektion mit Corona-Viren nachweisen kann. Und hier ist es wieder: Das Wort „angeblich". Der PCR-Test kann nämlich genau das nicht!

Der Test kann nicht unterscheiden zwischen toten Viren, aktiven Viren und selbst Bruchstücken von Viren. Das bedeutet, dass selbst ein Überbleibsel eines ehemals aktiven Virus … ein Bruchstück also … von dem Test als positives Ergebnis angezeigt wird.
Um es auf die Spitze zu treiben … dieser Test kann nicht einmal zwischen Grippe und Corona …..

…. UNTERSCHEIDEN …….!!!!

Kein Scherz …… keine Satire …………!!!

In der Folge ist logischerweise eine Überzahl von positiven Tests falsch und ungültig …!!!

Dieses Ergebnis war schon lange bekannt und erst in jüngster Zeit hat auch Schweden wissenschaftliche Studien veröffentlicht, die beweisen, dass der PCR-Test keine Infektion mit Corona nachweisen kann …

Gleichzeitig ist es aber so, dass die Testergebnisse von den Regierungen als Grundlage für ihre Entscheidungen herangezogen werden. Darüber hinaus haben sich die Herrschenden darauf verständigt immer mehr und mehr zu testen. Das wiederum zieht logischerweise nach sich, dass immer mehr gesunde Menschen als kranke Menschen gelten. Das wiederum hat zur Folge, dass die Mächtigen, die geschworen haben Gefahren von uns, dem Volk abzuwenden ... uns ... das Volk in endloser Unterwerfung halten können ...

Die Frage steht im Raum: „Wie kann das sein?!"

Wie ist es möglich, dass anerkannte Wissenschaftler aus allen Ländern die Wahrheit postulieren ... und die Regierungen reagieren darauf nicht?!!

Sie reagieren nicht nur nicht ... sie setzen den erneut falsch begonnenen Weg rücksichtslos fort ...

Langsam muss es auch dem trägsten Beobachter auffallen, dass es bei all dem, was wir erleben, in Wahrheit niemals um die Gesundheit der Menschen gegangen ist ... sondern um etwas ganz Anderes ...

.....Bevor ich meine Aufmerksamkeit ... und damit euren Blick in der Zukunft auf dieses ganz Andere lenken möchte ... will ich noch einmal auf ein Paradoxon hinweisen ...

In unseren Tagen gibt es in manchen, hohen Ebenen der politischen Macht einen Satz, der wie ein Mantra ständig wiederholt wird:
„Hören wir auf die Wissenschaftler ..."
„Hören wir auf die Wissenschaftler" ... erklingt bei nahezu jeder Verlautbarung, mit der die nächsten immer schärfer und schärfer

werdenden Verordnungen erlassen werden ...
Die Frage darf lauten:

„Auf welche?!" ...

Auf welche Wissenschaftler sollen wir hören ... und welchen Wissenschaftlern wird im selben Augenblick der Mund verboten?!

In den höchsten Etagen der Macht ...

Denn ... selbst wenn mittlerweile eine Anzahl von Wissenschaftlern das Gegenteil von dem bewiesen hat ... was die Mächtigen als Grundlage für ihr Handeln nehmen ... so haben ihre Ergebnisse dennoch nicht den geringsten Einfluss auf die Entscheidungen in den Zentralen der Macht ...

Dr. Sucharit Bhakdi ist ein deutscher Facharzt für Mikrobiologie und Infektionsepidemiologie ... er war Professor an der Johannes Gutenberg Universität in Mainz und dort der Leiter des Institutes für Medizinische Mikrobiologie und Hygiene. Er hat die Bücher: „Corona-Fehlalarm" und „Corona unmasked" gemeinsam mit Dr. Karina Reiss verfasst und war und ist oft in Interviews alternativer Medien mit seinen Erkenntnissen zu Gast ...

Ich erwähne seine Biographie deshalb so detailliert, damit ihr ... in der Zukunft ... erkennen könnt, welche tatsächliche Koryphäe ich zitieren möchte ...

Wir Menschen blicken ja genauso wie unsere Freunde im Tierreich ganz genau hin, wie viele Enden das Geweih eines Hirsches hat, der die Lichtung betritt ...

Wenn es ein Zwölfender ist, sind wir schneller bereit ihn als Respektsperson zu akzeptieren ... oder zumindest aufmerksamer zuzuhören, was uns ein Mensch von offensichtlicher Reputation zu sagen hat.

In einem fast Einstündigen TV-Interview mit dem Intendanten des österreichischen TV-Senders „Servus-TV" ... Herrn Ferdinand Wegscheider ... hat Dr. Bhakdi tiefgehend erklärt, dass weder der PCR-Test eine Aussagekraft hat ... noch dass von dieser Lungenkrankheit mit dem Namen Covid-19 ... oder Corona ... eine menschheitsbedrohende Gefahr ausgeht ...!!

Professor John Ioannidis von der Stanford Universität in den USA ist mehrfach in der Öffentlichkeit mit genau denselben Erkenntnissen in Erscheinung getreten und hat in Übereinstimmung mit der WHO die Mortalitätsrate bei Covid-19 mit 0,1 bis 0,2 benannt ...

Nun ... das sind nicht nur ... irgendwelche Wissenschaftler ... das sind ausgewiesene Spitzenkräfte in ihrem Fachgebiet ... Sie haben lange an ihren Forschungen gearbeitet ... sie haben Corona nach allen Regeln der Kunst analysiert ... und sie sind zu Ergebnissen gekommen, die von einer Minute zur nächsten all den Irrsinn, den wir erleben, beenden müssten ...

Warum geschieht das nicht?!

Warum hören wir die Stimmen dieser Kapazitäten ... und warum haben sie gleichzeitig keinerlei ... „Macht"?!

„Hören wir auf die Wissenschaftler" …

Warum hören die an der Spitze der Macht nur auf diejenigen Wissenschaftler, die den Mächtigen die Argumente liefern für ihre menschenverachtenden Handlungen …?!
Welcher Alptraum beherrscht uns?!

Diejenigen, die nicht von der gewohnten Suggestivkraft der Abendnachrichten chloroformiert sind … diejenigen, die nicht in der Gewohnheit des Dienens und Folgens eingespannt sind … diejenigen, die noch bereit sind zu fragen … die sind es, die aufstehen wollen, um diesen Alptraum zu beenden …

Aber … wir haben es schon erwähnt … Ein Alptraum zeichnet sich dadurch aus, dass man nicht laufen kann … nicht reden kann … nicht atmen kann …
……

Eingesperrt im Wissen um die Wahrheit treiben so viele von uns … in unserer Zeit … in einer Blase der Ohnmacht und müssen erleben, dass keiner … auch nicht der kleinste Funke an Wahrheit … den bleiernen Mantel der Desinformation und Entmündigung heben kann …

Ja … ich kann mir sehr gut vorstellen, dass ihr … in der Zukunft … euch nun langsam zu fragen beginnt … wieso das alles so stattgefunden hat … wieso es nicht zu einer allumfassenden Bewegung des Widerspruchs gekommen ist … wieso die Menschen in den Jahren 2020 und 21 so ohne jede Gegenwehr auf der Schlachtbank ihres gewohnten Lebens sitzen geblieben sind …?!

Es braucht viel Kraft und Unerschütterlichkeit, um die nächste Facette der Wahrheit zu ertragen ... ohne darüber zu verzweifeln und in Depression zu verfallen ...

Wenn ihr ... in der Zukunft ... diese Zeilen von meinem Heute betrachtet in 100 Jahren lesen werdet ... kann es sein, dass „Die Menschen" ... sich ein wenig weiter entwickelt haben ... obwohl ich, um ehrlich zu sein, auch an diesen Zeitrahmen nicht glauben kann ... realistischer wäre ein Zeitpunkt in 32.000 Jahren ...
Wenn ihr diese Zeilen allerdings in 100 Jahren in die Hände bekommt ... dann wird sich an „den Menschen" nichts geändert haben ...

Die Wahrheit ist, dass „die Menschen" keine Zeit, keine Lust und keine Kraft haben sich mit der Wahrheit zu beschäftigen ...
„Die Menschen" ... und ich rede dabei von der Mehrheit ... ohne jetzt eine Personenzahl zu benützen ... „die Menschen" wollen, dass ihnen ihre Führer die Qual der Wahl zwischen zwei Gedanken abnehmen ...

In einer sogenannten Demokratie haben sie die Vertreter der Menschen ja auch genau dafür gewählt ... Die an der Spitze der Macht sind nun mal die „Volks-Vertreter", und ihre Aufgabe ist es für das Volk und sein Wohlergehen Entscheidungen zu treffen ...
Um eine weitere Wahrheit auszusprechen ... kann man „den Menschen" auch nicht wirklich einen Vorwurf machen, dass sie sich führen lassen wollen ... dass sie die Verantwortung abgeben ... dass sie die Entscheidungen nicht in Frage stellen ...

Das Leben der Menschen ist auch ohne die Zumutung täglicher

Nachdenklichkeit anstrengend genug ...

Die Wogen der Jugend müssen sich beruhigen ... das Erlernen eines Berufes will koordiniert werden ... die Sorge, ob man überhaupt Arbeit bekommt, beherrscht große Teile der Aufmerksamkeit. Die Partnersuche ist verwirrend und schmerzhaft ... die Gründung einer Familie noch mehr ... dann kommen die Verantwortung für die Kinder dazu ... Geldsorgen ... Kreditarten und die völlig berechtigte Angst vor Altersarmut
...

... Und in all dem Belastenden soll man sich noch darum Gedanken machen, ob Masken wirklich Millionen Tode verhindern ... oder doch mehr schaden als nützen ...?!

Wer sind schon Dr. Bhakdi oder Prof. Ioannidis ... im Vergleich mit den Herrschenden, die jeden Tag das Podium erhalten um zu führen ...?!

Die „Armee Menschheit" hat immer ... braucht immer ... und wird immer eine Führung brauchen, an die sie ihre Entscheidungen delegiert ... das ist so, und das zu erkennen befreit von der Vermutung, dass sich dieser Zustand vor dem Zeitpunkt in 32.000 Jahren ändern wird ...

Das heißt allerdings nicht, dass es in jeder Phase der Menschheit nicht einige Wenige gibt, die die herrschenden Gesetze in Frage stellen ... die einzige letzte Frage kann also nur lauten: Wie kamen diese wenigen Anderen an die Macht?!

Nur darum geht es ... in Wahrheit ...

…..

Ihr könnt mit Sicherheit … aus eurem Sicherheitsabstand in der Zukunft … verstehen, dass es in unserer Zeit einige Wenige gegeben hat, die mit der Verzweiflung gekämpft haben … die sich gefühlt haben wie die Kämpfer der Resistance in Frankreich während der Herrschaft der Nazi-Diktatur … und wenn wir zu diesem Vergleich greifen … dann muss uns Folgendes klar sein …

Damals gab es Hoffnung …!

Wie meine ich das?!

Die Diktatur in Europa hatte viele Teile der Menschheit in ihren Fängen … es hat vereinzelte gegeben, die es gewagt haben, anders zu denken als es befohlen wurde … Dagegen zu handeln hat in einer mörderischen Diktatur selbstverständlicherweise nahezu niemand gewagt … Falls es doch jemand gewagt hat, waren Hinrichtung oder KZ der Lohn für seinen Heldenmut ……

Die einzige Hoffnung derjenigen, die nicht dem „Mainstream" folgen wollten, waren die Alliierten …

Die Befreiung vom Terrorregime konnte nur von außen erfolgen.

Die Umklammerung im Inneren durch die Machthaber hat damals so wenig Raum für Befreiung gegeben, wie wir es heute in Nord Korea oder China erleben können …

Also … war der D-Day der Beginn des Zeitalters der Befreiung …

Warum lasse ich mich auf diese detailverliebte Betrachtung der Geschichte ein?!
… Die Antwort ist erschreckend … Ich sehe für unsere Diktatur, die wir in unserer Zeit erleben müssen … keine Rettung der Menschen … von außen …!

Im 2. Weltkrieg war die Welt klar erkennbar in zwei Lager aufgeteilt, die einander bekämpft haben …
Wir … in unserer Zeit … leben in einer Welt, in der eine Meinungs- und Handlungsdiktatur alle Länder der Welt in ihrem Griff hat …
Woher soll für uns die rettende Einsatzarmee kommen?!

Welche Kräfte können sich in unseren Tagen … machtvoll! … erheben, um die Diktatoren hinwegzufegen?! …
Was erleben die Wenigen, die sich in unseren Tagen offen gegen die Herrschenden stellen?!
Die Antwort ist vorhersehbar und schrecklich … Sie erleben das Ende ihrer bürgerlichen Existenz …
……..

Wenn ein Künstler es wagt der Regierung vorzuhalten, dass sie die Grundrechte mit Füßen tritt … was sie tut … dann ist die Antwort: Berufsverbot und öffentliche Verhöhnung … Existenzvernichtung und Ausgrenzung aus der Gemeinschaft der alles dominierenden „Eliten" …

Ich bin mir bewusst, dass die Vergleiche mit faschistischen oder kommunistischen Diktaturen mit größter Vorsicht anzuwenden sind …

Andererseits frage ich mich ... Warum eigentlich?!

Das Einzige, was den Unterschied macht, ist der Umstand, dass heutige Kritiker und Menschen, die es wagen, zum Nachdenken aufzurufen keine körperlichen Strafen, kein KZ oder den Tod erwarten müssen ...

Das Prinzip aber ... das Hinrichten auf sozialer Ebene der Andersdenkenden ... dieses Prinzip des Totalitarismus erleben wir ... in unserer Zeit genauso wie vor 70 Jahren unsere Vorfahren ...

Was also ... was ... frage ich, kann uns noch retten?!
Wenn es schon keine mächtigen Kräfte von außen gibt, die die Unterdrückung beenden können ...?!

??!!

Wenn ich mir die Bilder ansehe ... von den Demonstrationen, die an Wochenenden in den Städten unserer Zeit stattfinden ... dann fühle ich, dass die Menschen, die da marschieren, für den Augenblick ein Gefühl der Freiheit erleben ... Sie tragen keinen Maulkorb ... sie halten keinen Abstand, und sie gehören mit großer Wahrscheinlichkeit zu den 99,7 Prozent der Menschheit, die nicht an Corona erkranken werden ...

Immerhin ... sagt etwas in uns ... immerhin können sie diesen Moment erleben ...

Wenn ich kurz einmal zynisch werden darf ... dass ihnen dieser Moment „erlaubt" wird ... ist in Wahrheit ein Zeichen dafür, wie wenig reale Gefahr für ihre Macht die Herrschenden in diesen Aufmärschen sehen ...

Sie werden „erlaubt" ... weil nicht zu befürchten ist, dass daraus ein Funke entsteht, der zu einem Flächenbrand wird ... Das ist die Wahrheit ... und die erfüllt mich mit Trauer und Klarheit ... denn es ist klar, dass wir Heutigen nur einen einzigen möglichen Verbündeten haben ... und das ist: Die Zeit ...

Zeit

„Der Mensch fürchtet die Zeit ... Die Zeit aber ... fürchtet die Pyramiden ..."

Kann uns Heutigen dieser Satz helfen ...? Vielleicht nicht unmittelbar ... aber ein Vergleich kann uns vielleicht wieder zu etwas Humor verführen ...

An der Basis der Pyramide unserer Gesellschaftsstruktur steht das Volk ... oben an der Spitze die Wenigen, die unser Schicksal lenken ...

Wenn wir uns aber vor Augen führen, dass Verwitterung die Spitze als Erstes abträgt ... dann lächeln wir vielleicht ... und schöpfen neue Hoffnung ...

Alles ... das ägyptische Reich ... das römische Reich ...das „1000-jährige Reich" sind Vergangenheit ... und so wird es auch den Größenwahnsinnigen ergehen, die zur Zeit in unser Leben eingreifen ... die unser Leben verändern, bis hin zu unseren intimsten Gefühlen ... und die unsagbares seelisches und körperliches Leid zu verantworten haben ...

Dr. Bhakdi hat gesagt, dass der Tag kommen wird, an dem den Mächtigen der Prozess gemacht werden wird. Der Tag, an dem sie Rechenschaft ablegen müssen über ihre Kaltherzigkeit und ihren Omnipotenzwahn. In dieser Illusion ihrer durch nichts zu bremsenden Machtbesessenheit glauben sie nämlich das Allheilmittel gefunden zu haben.

Es heißt:

„Impfung" ...

Um jedem Missverständnis vorzubeugen ... Ich bin nicht generell ein Gegner von Impfungen.

Ich habe als einer der letzten in Österreich das Mysterium der Kinderlähmung erfahren dürfen ... und bin in der Folge naturgemäß von unendlicher Dankbarkeit erfüllt, dass der Mensch eine Impfung gegen Polio entwickelt hat ... Genauso wie eine Impfung gegen Typhus und Tuberkulose ...

Ihr ... in der Zukunft ... die ihr mich schon ein wenig kennt ... werdet euch fragen, welche Botschaft sich in meinen Zwischentönen verbirgt ....!?

Ich kann es euch sagen: Es ist der Feind in unserem Körper ... der den Unterschied ausmacht ... Die letzten drei genannten Feinde sind sogenannte „stationäre Viren" ... das bedeutet, dass sie ihre Form und Kraft behalten und nicht mutieren ...

Das wiederum hat unseren Forschern erlaubt die feindliche Festung ... die ihre Strukturen nicht verändert ... genau ... und bis in den letzten Baustein zu erforschen ... um letzten Endes das Gegenmittel zu finden, das den Feind in seinem unveränderbaren Erscheinungsbild dingfest machen und besiegen kann ...

Ich denke, dass euch ... die ihr in der Zukunft lebt ... nun schon klar geworden ist, was das tödliche Problem unserer heutigen „Impfungen" ist ... Der Feind verwandelt sich ... und er tut dies ununterbrochen ...

Führende Virologen, die nicht den Staatsdienern angehören, haben zu Protokoll gegeben, dass wir mit den ... in Höchsttempo entwickelten Impfungen niemals die kommenden Mutationen abdecken können ... Im Gegenteil .. wir alarmieren unser Immunsystem für eine Virusart ... und machen es dadurch doppelt anfällig für die kommenden Mutationen ...

Ja ... es stellt sich die Frage, warum wir denn überhaupt „Ja" sagen zu solchen „Impfungen"

???

...

Die Antwort findet sich weiter oben ... oder ... anders gesagt ... etwas früher in diesem Text

...

Die Menschen ... nicht Alle .. aber die Meisten ... sagen „Ja" zu diesen Injektionen, weil die Herrschenden ihnen gesagt haben, dass das die einzige Möglichkeit darstellt wieder zu dem alten Leben zurück zu kehren ...

Etwas früher in diesem Text kann man nachlesen, wie es in der „Armee Menschheit" um die Bereitschaft bestellt ist ... nachzudenken ...

„Hören wir auf die Wissenschaftler" dröhnt es aus den Verkaufsständen der Pharmaindustrie, die mit diesen „Impfungen" Abermilliarden verdient ...

Wieder einmal könnte man fragen: „Gerne ... nur ... welchen Wissenschaftlern?!"
... Aber das würde angesichts der Belastungen durch das alltägliche Leben zu weit führen ...
Ihr ... in der Zukunft ... was ich euch jetzt zu berichten habe, werdet ihr kaum glauben können ... ich aber versichere euch, dass es sich nur um die Wahrheit handelt ...

Um eine Impfung so weit zu entwickeln, dass man sie unbesorgt einsetzen kann ... vergehen im Normalfall 10 bis 15 Jahre ... so lange braucht es zur Entwicklung ... zum Testen und wieder testen ... bis jede Möglichkeit von Gefahr gebannt ist ...

In unserer Zeit wurde eine „Impfung" entwickelt, deren Produktion nur 1 Jahr gedauert hat

... in Worten ... Ein (!) Jahr (!) ...

Mit etwas Humor könnte man sagen: „Not macht erfinderisch" ... ich denke aber, dass es sich in unserem Fall dann um Galgenhumor handeln würde ...

Falls ihr euch fragt, warum ich das Wort „Impfung" in Anführungszeichen setze ... sie also dem ironischen Zweifel aussetze ... dann möchte ich euch ... in der Zukunft Lebenden ... noch Folgendes zum Nachdenken hinterlassen ...

Unsere Wissenschaftler haben in den letzten Jahrzehnten eifrig mit der Genmanipulation gearbeitet ... Das hohe Ziel Getreidesorten zu entwickeln, die aufgrund einer Genmanipulation resistent sind gegen Schädlinge, war Motor hinter diesen Anstrengungen ...
Zumindest in Europa herrschte und herrscht enorme Empörung über die Zumutung zum Beispiel genmanipulierten Mais zu importieren oder gar selbst anzubauen ...
Die Menschen ... die Verbraucher ... das Volk ... haben panische Angst selbst auf diese Weise zum Opfer einer Genmanipulation zu werden ... indem der Verbraucher ... das Volk ... genveränderten Maissalat isst ...

Diese Furcht ist nachvollziehbar, und darum haben der Gesetzgeber ... die Regierung ... die Mächtigen dem Verwenden von genmanipuliertem Getreide auch einen Verbotsriegel vorgeschoben ... So weit so gut ... so umfassend informiert ... so bewusst .. so bereit zum Widerstand gegen die geldgierige Mafia der Getreidelobby ...

Ist es dann für euch ... die ihr diese Zeilen in der Zukunft lest ... nicht erstaunlich zu erfahren, dass die „Impfung" von Pfizer Genmanipulationen in den Zellen des Geimpften vollzieht ...?!

Ich finde es vorsichtig formuliert erstaunlich, dass es in diesem Fall von genetischem Eingriff nicht zu einem Sturm des Protests kommt ... sondern zu einem erleichterten Run auf diese Injektionen ... die ein Wissenschaftler der Kategorie, die nicht von der Regierung bezahlt wird, nicht als „Impfung" sondern als „Genexperiment" bezeichnet hat ...

Man muss nämlich über das ohnehin schon Unfassbare hinaus wissen ... dass es sich bei diesen Spritzen um eine „Notfallzulassung" handelt ...

Warum?! ...

Damit es schnell gehen konnte!!!

Das wiederum aber bedeutet, dass die Menschheit als Ganzes die Stufe 4 einer möglichen Zulassung eines Medikaments durchläuft ... „Man wird sehen, wie die Spätfolgen aussehen", hat wörtlich ein regierungsnaher Wissenschaftler gesagt ... und auf die Wissenschaft sollen wir ja bekanntlich hören ...
....

Der Chef des RKI, Herr Wieler, hat in einem Interview gesagt: „Wir wissen nicht, ob die Impfungen wirken und wie sie wirken werden ... Aber sie werden kommen" ...
....
!
...

Selten ist es einem Wissenschaftler gelungen ein derart tiefgreifendes Vertrauen in seine Expertise zu erzeugen ...

Herr Wieler ist übrigens von Berufswegen ... Tierarzt ... aber das soll uns an dieser Stelle nicht ... bekümmern ...
.....
...

Skandal

Nach dieser Überschrift müsste ich eigentlich den Rest dieses Buches unter dieser Überschrift verfassen ... und bei gründlicher Analyse genau genommen das ganze Buch ...
Bleiben wir aber fürs Erste bei den kommenden Zeilen ...

Es ist November und der zweite Lockdown wurde in Deutschland und Österreich verhängt ...

In Schweden starben nicht mehr Menschen als in Deutschland oder Österreich ... die Menschen gehen einkaufen ... die die Läden geöffnet haben ... und konsumieren zur Steigerung ihrer Lebensfreude kalte und heiße Getränke auf den Terrassen der öffentlichen Restaurants ...

Dem geschulten Leser wird das Wort Lebensfreude nicht entgangen sein ...

Warum findet es sich in diesem Text?!

Jeder Facharzt ... aber auch jeder Praktische Arzt ... sogar ein Tierarzt wird bestätigen, dass wir ein Immunsystem haben.

Dieses Immunsystem ist ... wie alles im Kosmos ... ein höchst sensibles Ding ... es reagiert auf die Art und Weise, wie sein Träger lebt ... ja sogar wie er denkt und fühlt. Es gibt zur Überraschung der Regierenden eine eigenartige Wirkung von frischer Luft ... Bewegung ... und sozialer Kommunikation auf das Immunsystem ... es wird dadurch nämlich gestärkt ...

Man höre und staune!

Gleichzeitig ist es daher im Umkehrschluss so, dass das stetige Einatmen von Co2 in engen Räumen ... das Verbot vor die Türe zu gehen ... und das polizeiliche Verhindern von sozialen Kontakten ... förderlich ... für die Schwächung des Immunsystems ist ...

Wer hätte das gedacht ... aber da es ja darum geht jedes Menschenleben ... jedes Einzelne ... weil jeder (!) Tote ist einer zu viel ... da es also darum geht jedes einzelne Menschenleben zu schützen ... ist doch jede Maßnahme, die der Schwächung des Immunsystems dient ...

ein Skandal!
...

Betreiben wir also weiterhin das skandalöse Handwerk derjenigen, die dafür sorgen, dass unsere Alten in ihren Heimen ohne eine letzte Umarmung in ihren mit Resopal-Möbeln karg ausgestatteten Zimmerchen einsam und verloren dahin vegetieren, bis der Tod sie endlich von dem Grauen ihrer letzten Tage erlöst ...

Sperren wir doch weiterhin unsere immer dicker und verzweifelter werdenden Kinder in ihren von Computerbildschirmen flimmernd erleuchteten Käfigen ein, bis sich eines Tages nicht nur jedes 6. Kind das Leben nehmen will, weil es schon lange vergessen hat, wie sich das Lachen der Freunde ... draußen ... im Park anhört ... und vergasen wir alle, die noch ins Büro gehen, mit stundenlangem hirnzerfressendem Co2 ...

Nein, das sind nicht die billigen Horrorszenen aus einem misslungenen Trash-Movie ... es ist der Alltag in unserer weltweiten Pandemie ... die übrigens niemals "nationale Tragweite" hatte ... da 99.7 Prozent aller Infizierten diese Krankheit überleben ...

Es besteht allerdings „Hoffnung „dass durch die permanente Schwächung des Immunsystems mehr Menschen sterben als üblich ... noch mehr in Depressionen verfallen ... und die dramatisch gestiegene Selbstmordrate noch dramatischer ansteigt ... wenn man dann noch die Toten dazu zählt, die wegen abgesagter Behandlungen und Operationen dazukommen ... und auch noch die, die sich nicht mehr aus dem Haus und zum Arzt trauen ... dann kommt man vielleicht endlich doch zu einer steigenden Todeszahlkurve ... die nämlich auch jetzt ... neun Monate nach dem Beginn des ersten Lockdowns im März 2020 immer noch nicht und nicht steigen will ... ... und das ... das ist der eigentliche ...

.... Skandal ...!!

Was könnte ich euch ... die ihr in der Zukunft diese Zeilen gefunden habt ... noch hinterlassen ... als Tatsachenbericht eines Zeitzeugen ... ist es nicht schon genug, um euch vor Augen zu führen, dass wir in einer Periode des von Oben gelenkten Irrsins angekommen sind ...?!

Vielleicht ... vielleicht aber auch nicht ... darum erzähle ich euch noch eine weitere Facette des Wahnsinns, den wir in unseren Tagen erleben ...

Lasst uns noch einmal zu dem historischen Satz von Emmanuel Macron zurück blicken …

„Nous sommes en guerre"…

Wenn mein Großvater … der Offizier der österreichischen k.u.k.. Armee … jetzt mit mir plaudern könnte, würde ich ihn zum wiederholten Mal fragen: Großvater … was war für euch im Kampf … das Wichtigste … abgesehen von Mut und Tapferkeit und einem strategischen Plan … abgesehen von der Gulaschkanone, die kräftigende Mahlzeiten abgeschossen hat … damit ihr euren Kampf mit den euch mitgegebenen Waffen führen konntet …?!

Ich möchte an dieser Stelle all diejenigen um Verständnis bitten, dass ich in einem Tonfall über die „größte Krise seit dem 2. Weltkrieg" … (Originalton der Regierungen) … immer wieder Worte und Bilder aus der Sprache der militärischen Gewalt benütze … ich fühle mich aber seit Emmanuels Satz mehr als aufgefordert in diesen Dimensionen von Sieg oder Niederlage zu agieren …

Immerhin „verhandelt das Virus nicht" … (Originalton der Regierungen).

Da wir … ich meine jetzt alle Männer unserer Zeit … ja seit dem Beginn der Emanzipation … unser gesamtes Repertoire an männlicher Aggression in Wort und Tat … Gott sei Dank (!!!) … schon längst an der Kasse abgegeben haben … bietet uns nun die „größte Krise seit dem 2. Weltkrieg" endlich wieder einmal die Möglichkeit das Vokabular der Vergangenheit hervorzukramen … und uns als Helden zu fühlen … wenn auch mit Abstand und Maulkorb …

Genug ... Ihr wartet nun schon sicher mit Ungeduld auf die Antwort meines Großvaters ... immerhin ein Träger der vom Kaiser verliehenen Tapferkeitsmedaille ... (aber dies nur für historisch Interessierte ......)

... Er sagte zu der oft gestellten Frage immer nur ganz Weniges ... das aber war essentiell:

Er sagte: „Die Reserve ... und der Nachschub ...

Der Nachschub und die Reserve ...!"

So einfach kann es sein ... im Felde ... wenn man es tatsächlich darauf abgesehen hat den Kampf zu gewinnen ... Immerhin hat Emmanuel auch mich mit seinem Satz elektrisiert, und seitdem ist mein Bajonett der Entschlossenheit 24 Stunden 7 Tage lang pro Woche auf dem Gewehr meiner Leidensfähigkeit aufgepflanzt ...

Ihr fragt euch, worauf ich nach dieser Einleitung hinaus will ... noch ist kein Skandal zu erkennen ... Geduld ...... lasst mich berichten ...

Es ist so ... und ich bin der Letzte, der es leugnet, dass Einige wegen Corona an der Todespforte anklopfen ...

Es ist so, dass einige der Erkrankten eine Intensivbehandlung brauchen ... und das wiederum in einem Intensivbett erfahren müssen ... (wie übrigens auch Tausende von Grippepatienten in all den letzten Jahren ... wo die Grippewellen „die Intensivstationen an den Rand der Belastbarkeit gebracht haben") ...

... In diesem Kampf also ... in diesem Krieg .. in dem es um Leben und Tod geht ... (wenn auch nur 0,1 bis 0,2 Prozent diesen Kampf verlieren ... egal ... es lohnt sich um „jedes einzelne Menschenleben" zu kämpfen ... das steht außer Zweifel ...!) ...

In diesem Krieg also ... in dem auch Intensivbetten gebraucht werden, wie mein Großvater Nachschub und Reserve gebraucht hat .. ... in dieser Situation hat doch die Regierung in Deutschland ganz sicher dafür gesorgt, dass die Zahl der Intensivbetten steigt ... ... da ja ununterbrochen gemeldet wurde, dass die „zweite Welle" tödlicher verlaufen wird als die erste Welle ...

Mit Sicherheit hat sie Spitäler, die in den Jahren scheinbarer Sicherheit ... also in den Jahren der Ruhe vor dem Sturm ... Mit Sicherheit hat sie stillgelegte Spitäler ... wieder geöffnet ... um durch beide verbreiteten Maßnahmen gewappnet zu sein ... für die Großoffensive des :

„unsichtbaren Feindes" ... (Originalzitat) ...

Ja ... ich weiß ... davon geht ihr aus ... mit Sicherheit ... ihr ... in der Zukunft ... weil ihr davon ausgeht, dass wir von weisen ... intelligenten ... vorausschauenden und verantwortungsvollen Menschen regiert werden ... Menschen, die sich um uns mit aller spiritueller und mentaler Kraft, wie Heilige der Frühzeit,

... (die auf Kinder verzichtet haben ...).... sorgen .....

und in der kraftspendenden Ruhe ihrer in Ruhe gelegenen 4,2 Millionen-Villen in Verbundenheit mit ihren Lebensmenschen daran arbeiten für uns ... das Volk ... die Verbraucher ... die beste Strategie für den Endsieg zu zimmern ...

Klar ... das würde ich auch denken ... oder ... zumindest ... vermuten ... wenn ich nicht ein Mensch der Jahre 2020 und 21 wäre ...

In unserer Zeit hat die Regierung nämlich mehrere Krankenhäuser schließen lassen ...

....

Ihr könnt den Satz gerne noch mal lesen ... nein ... ich scherze nicht ... und ... es gibt noch Steigerungen ... die Anzahl der Intensivbetten wurde deutschlandweit um 20 Prozent reduziert .....

In Worten:
Zwanzig (!!!) Prozent (!!!) ....
Für diejenigen unter euch ... in der Zukunft ... denen Prozentzahlen keine Befriedigung verschaffen ... das waren 9000 Betten ... Intensivbetten ... in Worten: Neuntausend ... (!!!) Intensivbetten ...
Ich bin nur nicht sicher ... ... ist DAS jetzt der Skandal ... oder ... dass das deutsches Volk ... der Verbraucher ... NICHT zu Millionen auf die Straße gerannt ist ... ... mit Heugabeln und Fackeln die Regierungsgebäude gestürmt hat ... die Guillotine aus dem Depot geholt hat ... und den Beginn der Herrschaft des Volkes ausgerufen hat ...?!

Nein, nein ... keine Sorge, das ist kein indirekter Aufruf zur gewaltsamen Revolte ... ich bleibe nur ... da wir „im Krieg" sind, in der spirituellen Ausrichtung meiner Bilder ... angesichts der Gewalt, die im

Wort „Krieg" offen verborgen liegt …

Abgesehen von dieser kurzen, ins Philosophische abgleitenden Bemerkung möchte ich doch anmerken, dass in den Armeen der Vergangenheit ein derartiger Akt offensichtlicher Schieflage mit dem Erschießen der Verantwortlichen geahndet worden wäre …
…

Dieser doppelte Absatz in diesem Text hat einen schnell erklärten Hintergrund …

Ich sah mich gezwungen eine kurze Schreibpause einzulegen …

Warum …?!

Ich habe bemerkt, dass meine Emotionen in Gefilde abgleiten … in denen ich meine Gefühle ungern sehe …

Wut … Verzweiflung … Aggression … Hass … tauchen auf, wenn ich seit unzähligen Monaten in steigendem Maß den steigenden Irrsinn beobachten darf …

Ich wundere mich dann kurz über das Maß an Trägheit, das die Verbraucher … das Volk … an den Tag legen …

Ich staune über die Bewegungslosigkeit, mit der die Mehrheit diesen größten Irrsinn seit dem 2. Weltkrieg einfach so hinnehmen…

Was ist los mit euch?!

Ruft es in mir ... was ist los mit euch ... Wie geht es euch, wenn ihr euren Großvater mit eurem sinnlosen Stofffetzen vor dem Gesicht ... über das Tränen der Einsamkeit rinnen ... hinter der Glasscheibe seiner Haftanstalt Altersheim sitzen seht ... ??!!

Wollt ihr das Glas nicht einschlagen ... wollt ihr die desinfizierten „Helfer" mit ihren Gesundheitsschuhen, die euch daran hindern sollen euren Großvater zu umarmen ... wollt ihr die nicht aus dem Weg ...

...... bitten?!

Wollt ihr eurem Großvater nicht mit der letzten Wärme eurer Liebe den Übergang in die körperlose Welt leichter machen ...?!

??!!

Wie könnt ihr nur dastehen ... mit Stoff vermummtem Gesicht und winken ... so wie die automatisierten Glückskatzen aus Plastik ... die jedes Chinarestaurant an der Eingangstüre stehen hat?

Nicht einmal sein Gesicht könnt ihr sehen ... und er nicht das eure ... keiner weiß also, ob es ein letztes Lächeln gegeben hat ...

Was ist los mit euch ...?!
Was ist los mit euch ... wenn ihr euren Sohn oder eure Tochter weinen hört ... vor Seelenschmerzen ... weil sie vereinsamen ... und auch, weil sie eure lautstarken Streitereien nicht mehr hören können ... aber hören müssen ...

Was ist nur los mit euch …??!!

!?!!?!?

Was ist größer?! Eure Angst ... oder eure Abgestumpftheit??!!

... Ich vermute das Letztere ...

…

Kein Tier würde dumpf glotzend daneben stehen, wenn sein Junges in ein Loch gefallen ist, aus dem es ohne Hilfe nicht herausfindet und um Hilfe schreit …

Ihr aber tut es … was ist nur los mit euch?!!

Selbst wenn man versucht eine Entschuldigung für eure Lieblosigkeit zu finden …

Selbst wenn man erkennt, dass die Psychopathen, die ihr in ihr Amt gewählt habt, ganze Arbeit geleistet haben … weil sie jeden Atemzug und jede Bewegung von euch mit Todesangst vergiftet haben … selbst dann könnte man daran zweifeln, dass eure Lebensenergie und eure Liebeskraft so armselig klein ist … dass ihr es nicht schafft … aufzubegehren …

Was … um Gottes Willen ist nur los mit EUCH ?!?!!!!

Was ist nur los mit euch, dass ihr bei der ersten, kleinen lächerlichen künstlich inszenierten Nicht-Krise einknickt wie Strohhalme?!

Wo ist jetzt euer antifaschistischer Widerstand?!

?!?!?!!!

Wo ist jetzt eure lebende Empathie, die es nicht duldet, dass eine Willkürregierung in euer Leben eingreift und das Lebensglück eurer Kinder und Alten ausweglos zerstört …??!!

Erbärmliche Feiglinge seid ihr … und ihr seid es nicht erst geworden … viel schlimmer … ihr wart es schon immer …!!

Lediglich der Pauschaltourismusaufenthalt und die Sauforgien aus Plastikeimern … und die Idiotensendungen im Fernsehen … all das, was euch ruhig gestellt hat … all das hat in eurer Welt verhindert, dass man eure Wahrheit erkennen kann …

Ihr Verbraucher seid die stoffwechselnden Molekülhaufen, die ihr auch schon vor 70 Jahren wart … und die geschrien haben:

… „Ein Volk .. ein Reich … ein Führer" …

und … ihr Verbraucher … damals wie heute schaut ihr ängstlich beiseite, wenn Andersdenkende in die soziale Ächtung geschickt werden … Die Angst in euren Blicken lässt erkennen, wie viel Panik ihr habt, dass man auch euch für „Systemfeinde" hält … nur weil ihr zufällig in der Nähe gestanden seid … als der Volksfeind festgenommen wurde …

……

Nein ... ich übertreibe nicht ... im Gegenteil ... ich beherrsche mich immer noch ... das Schreiben dieser Sätze ist nur das Ventil meiner Wut ... weil ... Ja ... und jetzt kommt es ... weil auch ich Angst habe mit fünf Jahren Gefängnis bestraft zu werden ... und mit einer Geldbuße bis 25.000 Euro belegt zu werden ... wenn ich nachts gegen die Ausgangssperre in Wuppertal verstoße ...

Es ist ihnen gelungen ... sie haben uns tatsächlich in die Knie gezwungen ... und ... um all das zuletzt Geschriebene in die Dimension der absoluten Wahrheit zu heben ... muss ich sagen, dass meine Frage: „Was ist los mit euch" ... nicht korrekt ist ...

Sie beinhaltet die Vermutung, dass ich anders handele ... anders handeln möchte ... oder könnte ... ich tue es aber ebenfalls nicht ... Ich verstecke mich hinter dem humanistischen Satz: „Die Feder ist stärker als das Schwert" ... um nicht hinaus zu gehen und auf die nicht verhandlungsbereiten Polizisten einen Molotowcocktail zu werfen ...

Ach ... ein Bild der Gewalt ... HALT ... ich distanziere mich von meinen letzten Worten ... ich würde ihn natürlich nur auf die gepanzerten Einsatzwagen werfen ... oder die Wasserwerfer ... wenn die Beamten weit genug weg stehen ... so dass es zu keinem Personenschaden kommen kann ...

Okay?!...

Okay ...

Letzten Endes darf ich also nicht schreiben: Was ist los mit euch" …
ich muss fragen: „Was ist nur los mit uns …?!

Okay?!

Okay …

…

2021

30. April 2021

So ... jetzt habe ich eine Pause eingelegt ... um mein Gemüt zu beruhigen ...
Es ist sehr interessant, wie die trockenen Fakten in einem Menschenwesen die relativ heißen Gefühle wachrufen können ...

Aber ... schon König Salomon hat zu seinem Freund und Bruder gesagt: „Erfreue dich an deiner Wut ... ... sie ist ein Zeichen deiner Lebendigkeit ... aber lasse sie NIEMALS ... zur Tat werden ..."

Nun ... Salomon ... blickt schon lange aus der feinstofflichen Welt auf unser Theaterstück, das wir Leben nennen, und muss all das, was zur Zeit zur Wut gereicht, nicht ... transformieren ... in Freude ...

Aber ... weil wir gerade dabei sind ... in meiner kurzen Pause habe ich in die Ferne geblickt und dabei ist mir etwas eingefallen ... das ich euch ... die ihr in der Zukunft diese Zeilen lest ... nicht vorenthalten möchte ...

Wir haben in unseren Tagen einen Zeitgenossen ... mit dem Namen Bill Gates ... er ist ein äußerst reicher Mann und eines seiner Hobbies ist es in Pharmaunternehmen zu investieren, die Impfungen entwickeln ...

Natürlich sei jedem Milliardär sein Spleen erlaubt ... ... wozu hat man sonst Milliarden angehäuft ... und so ist es auch verständlich, dass der genannte Milliardär eben auch den Wunsch hat, dass sieben Milliarden Menschen gegen Covid geimpft werden ...

In einem Interview, das ihr vielleicht in der Zukunft auch noch aufrufen könnt, sieht und hört man, wie der Philanthrop darüber sinniert, dass man mit einem Fall schwerer Nebenwirkungen auf 10.000 Menschen rechnen kann ... dass aber bei einer Durchimpfung der Weltbevölkerung lediglich mit 700.000 Impfgeschädigten zu rechnen sei ... Schädigungen übrigens, die den Tod als Ergebnis haben ...

Ja ... wenn man diese Aussage jetzt semantisch sezieren wollte, könnte man sagen: 700.000 Menschenleben ist nicht ... ein einzelnes Menschenleben ... und darauf kommt es ja an ... wie wir gelernt haben ...

Gut ... All das erwähne ich nur, damit ihr ... in der Zukunft ... ein möglichst komplettes und abgerundetes Bild unserer Zeit vorfinden könnt ... wenn ihr über die Internetschnipsel, die der Zensur entgangen sind, euch nicht zufriedenstellend informieren könnt ...

Ja ... ihr habt richtig gehört ... Zensur!!! ... die Schwester des Wortes: „Skandal" ...
(verzeiht diesen kleinen Scherz!)

In den letzten Monaten hat sich nun endgültig die Befreiung des Verbrauchers durchgesetzt ... Also ... sie wurde durchgesetzt ... die Befreiung des Volkes ... also ... der Verbraucher ... von Informationen, die sie nicht brauchen ...

Das macht das Leben nicht nur einfacher ... sondern auch entspannter ... unbelasteter ... und in der Folge ... ruhiger ...

Und Ruhe ist, wie wir schon lange lernen durften, oberste Bürgerpflicht ...

Begonnen hat es mit dem Twitteraccount von Donald Trump ... ... man hat ihn einfach gelöscht ... früher hätte man gesagt „mundtot" gemacht ... oder: zensiert ... das aber klingt so unangenehm ... nach faschistischem System ... Heute ... also in unserem „Heute" werden Menschen ... ihre Meinungen und Inhalte von sozialen Plattformen „entfernt", weil ihre Aussagen „unangemessen" sind und höchstwahrscheinlich geringen Wahrheitsgehalt aufweisen ...
Also: Zensur!

Und weil man ja weiß, dass der Verbraucher ... also das Volk ... aufgrund nie geübter Nachdenklichkeit ... (siehe früher in diesem Text) ... zu blöd ist ... sich eine eigene Meinung auch über „unangemessene" Inhalte zu bilden ... erspart man ihm die Auseinandersetzung mit Inhalten, die ihn in seiner Bürgerpflicht ... also der Ruhe eines Friedhofes ... irritieren könnten ...

Zu solchen unangemessenen Inhalten zählen zum Beispiel die Aussagen des Professors an der Johannes-Gutenberg-Universität Dr. Bhakdi ... und auch andere Leuchttürme der Meinungsvielfalt werden einfach ... ausgelöscht ... ... also ... gelöscht ... kaum haben sie zu leuchten begonnen
...

Der Volksmund könnte jetzt melden: „Was ich nicht weiß ... macht mich nicht heiß" ... aber ob diese Facette des Humors angesichts des flächendeckenden Faschismus ... der unser Alltag geworden ist ... angebracht ist ... das könnt vermutlich nur ihr ... in der Zukunft entscheiden ... wenn ihr auf die Versuche von einigen Wenigen in unseren Tagen zurückblickt ... nicht den Verstand zu verlieren ... angesichts ... nur der trockenen ... Fakten

...

...

...

November, Dezember, Januar , Februar, März ... was ist über diese Monate zu sagen ... außer, dass der im November verhängte Lockdown ununterbrochen andauert ...

....

Die Strategie dabei ist so einfach wie durchschaubar ... Alle zwei Wochen meldet die Regierung, dass die kommenden zwei Wochen die „entscheidenden" Wochen sein werden ... und dass es um unsere letzte, große, allgemeine „Kraftanstrengung" geht ... für das Volk ... Also ... uns alle ... damit wir die Pandemie „gemeinsam besiegen" ... Das Spiel wiederholt sich durch fünf Monate hindurch, und bis auf einige Wenige protestiert niemand gegen diese Vorgehensweise ...

Der Frosch wird langsam im tiefer werdenden Wasser zu Tode gekocht ... ... und verpasst von Tag zu Tag ... von Mond zu Mond den Sprung ... hinaus ... aus seinem Folterkeller ...

So weit ... so normal ...

Heute aber ist der 30. April 2021 ...

Es gibt Tage, die vom Schicksal auserkoren sind ... Markierungen

auf dem Zeitband der Geschichte zu sein ... und heute am 30. April 2021 ... ist so ein Tag ...
Ich hoffe euer Interesse mit dieser politischen Ankündigung ein weiteres Mal geweckt zu haben ... noch dazu, wie es durchaus sein kann ... dass dieser Tag ... der 30. April 2021 auch für eure Vorfahren eine dramatische Bedeutung hatte ...

Doch nun: Der Reihe nach ...

Der deutsche Wirtschaftsminister Peter Altmeier hat in den ersten Tagen der sogenannten Pandemie in einer Talkshow gemeldet, dass kein einziger Arbeitsplatz verlorengehen wird ... und kein einziger Betrieb schließen muss ...
……..

... Es gab in unserer Zeit einige Satiresendungen im TV ... die die Funktion des Hofnarren unserer Zeit übernommen hatten ... aber ... Nein! In einer dieser Sendungen hat der Mann diesen Satz nicht gesagt.

Es war den Ökonomen unserer Zeit durchaus klar, dass man Betriebe nicht aufgrund einer sogenannten Pandemie auf unabsehbare Zeit schließen kann ... ohne dass diese Tat sich eines Tages negativ in den Bilanzen niederschlagen würde ... also ... hat die Regierung beschlossen die Anmeldung von Insolvenzen zu verschieben ... und gleichzeitig den geschlossenen Betrieben Hilfsgelder zugesagt ...

So weit ... so gut ... an dieser Stelle möchte ich kurz ein privates Gespräch zitieren, dass ich fünf Tage zuvor Tagen ... also am 25. April 2021 mit einer Freundin geführt habe ...

Auf meine mitfühlende Frage, ob sie denn kontinuierlich die Hilfen der Regierung auf ihrem Konto finden würde, teilte sie mir mit, dass sie erst vor zwei Tagen … also am 23. April 2021, die Anträge für Hilfsgelder für den Januar 2021 stellen konnte …

…

Ich persönlich fühle mich immer … befreit … wenn ich sehe, welche weisen, verantwortungsvollen, intelligenten und helfenden Menschen an der Spitze unserer Gesellschaft dafür Sorge tragen … dass … „Schaden"…. von uns abgewendet wird …

Nach diesem kurzen Ausflug ins Private nun aber zurück zur Betrachtung des Großen und Ganzen …

(Und dies, obwohl Adorno gesagt hat, dass das „Private das Politische" ist ……

… Im Großen und Ganzen mag diese Verschiebung der Pflicht eine Insolvenz anzumelden hilfreich sein … mehrere potente Ökonomen haben aber darauf hingewiesen, dass es auch eine große Anzahl sogenannter „Zombie-Firmen" gibt … die niemals aus eigener Kraft ihren wirtschaftlichen Fortgang hätten meistern können … die aber über Monate mit .. „unverdienten" Hilfsgeldern „am Leben" erhalten wurden, und die nun …ab … dem 30. April 2021 … wo die Aufschubfrist endet, als Lawine des Untergangs in die Finanzbilanzen krachen werden …

Okay?
Okay.

Der wirtschaftliche Kollaps wurde also nur hinausgezögert, aber nicht wurzeltief behandelt ... Nun aber ... mit dem heutigen Stichtag, rechnet das deutsche IFO-Institut damit, dass 750.000 deutsche Unternehmen in ihren Existenzen bedroht sind ... und ... obwohl der große ... große Crash sein Grollen des Lawinenabgangs erst in der Ferne zu Gehör bringt ... erkennt man jetzt schon, dass zunehmend die Innenstädte veröden ... da unzählige „kleine" Ladenbesitzer keine ausreichenden Hilfen bekommen haben ... und in der Folge ... definitiv 50.000 ... Unternehmen die Krise nicht überstehen werden ...

In Worten:

Fünfzigtausend ...!!!

Ja ... das mit den Speichermedien ist so eine Sache ... angesichts dieses Desasters könnte man die Sendung aus dem Speicher holen, in der zu hören und zu sehen ist ... „dass kein Einziger ... und kein einziges ... usw. usw. ... bla ... bla ... bla ..."

Na und ...?!

„Was kümmert mich meine Lügenblase von gestern?!

Im Moment der Ausstrahlung dieser zukunftsweisenden Sätze hat der Verbraucher tief und erleichtert durchgeatmet ... seinem Sofa zugenickt und raschelnd die Chipstüte aufgemacht

......

....

...

..

.

Wenn ich so über all die Lügen und den Grausamkeitsalltag nachdenke ... dann möchte ich an dieser Stelle sagen, dass mir eine Erscheinung in unserer heutigen Welt ... und in unserer heutigen Gesellschaft ganz besonders großen Kummer bereitet ...

Und das ist die nicht gelebte Solidarität ...

Wie meine ich das ...?

Wenn ihr aus der Zukunft in historischen Speichermedien forscht ... werdet ihr finden, dass es eine dramatische Zweiteilung der ökonomischen Realität unserer Zeit gibt ...

Um nicht von jetzt auf gleich komplett unterzugehen, hat die Regierung nämlich schon Teile der Industrie weiter laufen lassen ... ... damit genügend Steuern rein kommen, um die Heilsversprechen bezahlen zu können ... und außerdem gibt es ja Studien, die belegen, dass in Großbetrieben wie der Autoindustrie der Virus vor den Toren Halt macht... ...

Man also drinnen durchaus weiter am Alltag festhalten kann ... Was den Kindern in den Schulklassen verwehrt bleiben muss ... ... weil ... weil sie ... weil sie zwar nahezu nie ... in keinster Weise erkranken ... aber ... eine Geographiestunde nichts zum Bruttosozialprodukt beiträgt ...

So könnte man argumentieren, um ein System zu erkennen ...

„...... und ist es Wahnsinn ... hat es doch Methode ..."

schrieb einst ein Poet aus dem Volk der Dichter und Denker ...

Gut .. Ab , dem 30. April 2021 wird es also krachen ... und dann wird die eben angesprochene Solidarität noch mehr in Deckung gehen ...

Wenn ihr ... ihr in der Zukunft ... dann die Ausschnitte der Nachrichten ... aus den Speichermedien holt ... wird euch noch etwas auffallen ... in fast allen Gesprächen werden als Hauptleidtragende der Tourismus ... die Hotelerie ... die Gastronomie genannt ... das ist in Ordnung ... weil ... es stimmt ja auch ... und auch der weinend zusammenbrechende TV-Star-Koch ... der uns Zuschauer in einer Talkshow daran hat teilnehmen lassen ... ... dass er „am Ende" ist ... ja ... auch der verdient unser tiefstes Mitgefühl ... während wir in die Chipstüte greifen ... denn ändern oder gar ... helfen (!) ... können wir ihm auch nicht ... wer sind wir denn schon ... wir kleinen Zuschauer ... Fürs Helfen ist der Wirtschaftsminister zuständig ... und der hat gesagt, dass „kein Einziger ... usw. ... usw. ..."

Aber ... und darauf will ich hinaus ... aber von den Menschen aus dem Darstellenden Gewerbe ist in all den Sendungen nahezu nie die Rede ... fällt euch das auf...?! ... Euch ... in der Zukunft?!... Und das, obwohl das Darstellende Gewerbe den... zweitgrößten wrtschaftstreibenden Teil der Gesamtwirtschaft darstellt ...

... Warum ist das so?!

Wieso fallen Musiker ... Schauspieler ... Sänger ... Regisseure ... Autoren ... Kameraleute ... Maskenbilder ... usw. ... usw. so schnell durch den Rost der medialen Achtsamkeit ... obwohl sie die ... in Summe...... zweitgrößte Wirtschaftskraft sind ...?!

Kann es sein, dass man den Clown nicht ernst nimmt ... wenn er einmal wirklich weint ...?!

Ich weiß es nicht ... es ist nur eine so offensichtliche Ohrfeige die ... die Kunst von ... dem Geld erhält ... dass man sich zumindest einmal eine Minute nehmen darf, um über die Ursachen nachzudenken ...
...

Aber ... an diesem 30. April 2021 gibt es auch noch etwas Anderes zu vermelden ... und das ist so unglaublich, dass man beginnen könnte Hoffnung zu schöpfen ... wenn sie nicht schon lange gestorben wäre ...

Der medizinische Chefberater der britischen Regierung hat gemeldet, dass die britische Regierung Covid-19 in Zukunft wie eine normale ... saisonale Grippe behandeln wird ... In der Folge wird es in Großbritannien auch keine Lockdowns mehr geben ...

Nun ... das ist es ... was mir die Medien heute zugespielt haben ... das Einzige, worauf ich nun warte ist ein Dementi ... ein Zurückrudern ... oder ein überraschender und daher umso bedauerlicher Herzinfarkt des Mediziners ... der sein Dahinscheiden zur Tragödie macht ...

Wird es dann Solidarität geben ... wie es sie mit den Künstlern nicht gegeben hat ...?!

Diese erstaunlichen Briten haben ja der EU schon „Lebewohl" gesagt ... und dafür mit einem erstaunlich schnellen Impfpass in ihrem Land die ersten Früchte geerntet ...
Lassen wir an dieser Stelle die Diskussion über das Impfen beiseite ...
Man könnte auch ein klassisches Zitat bemühen, das da lautet: „Besser ein falscher Entschluss sofort ... als ein Richtiger, der zu spät kommt ..."

Wie auch immer ... die Briten haben auf die Karte „Impfen" gesetzt ... und gewonnen ... im Gegensatz zur EU, die sich im Schlafwagen ihrer „Impfgerechtigkeits"-Verhandlungen hat über den Tisch ziehen lassen ...

Bei euch ... in der fernen Zukunft ... gibt es da noch die EU?!
Mein Gott, was gäbe ich für einen kurzen Blick in die Zukunft ...

Aber Halt!!

Derartige Phantasiegirlanden holen mich vom „Hier und Jetzt" weg ... und das will ich nicht ... ich will ja euch ... fernen Freunden in einer fernen Zukunft ein Bild hinterlassen des Lebens, das wir ertragen müssen ... so wie ... und jetzt bin ich wieder am Thema ... die

Künstler nicht vorhandene Solidarität ertragen müssen …

„Ja … wie sollte denn die aussehen?!" Könnte sich so mancher fragen … und ich möchte mit einer Farbe der Naivität antworten …

Wenn ich erlebe, dass der Staat in relativer Art und Weise nur … einem einfachen Beamten … das Auskommen während dieser sogenannten Pandemie absichert … und wenn ich erlebe, wie verzweifelt die Künstler meiner Welt um ihren Atmen kämpfen … dann würde ich für sie um Hilfe bitten … dann würde ich … der ich relativ abgesichert bin in meiner bürgerlichen Existenz, meine Stimme erheben … mit vielen anderen … und die Regierung auffordern einmal genau hinzuschauen … dorthin, wo die heldenhaften Versuche der Künstler zu finden sind … nicht unterzugehen …

Und wie soll das aussehen …?!

Da wir Menschen ja immer Bilder und Vergleiche brauchen … um zu begreifen, dass die Erde keine Scheibe ist … möchte ich von den Salzburger Festspielen erzählen … die im Sommer 2020 stattgefunden haben … ohne ……. Menschensterben …

Die Leitung der Festspiele hat sich an die sinnlose Maskenpflicht gehalten … … sie hat die Zuschauerzahl reduziert … Sie hat Abstandsregeln verordnet … und das Festival hat stattgefunden … ohne auch nur einen einzigen Toten …
Bravo! Möchte man rufen … bravo … es geht doch … nehmen wir doch dieses Ereignis als Vorbild für auch noch andere Veranstaltungen … oder …?!

Ja?!
Nein?!

Das Schweigen der Lämmer in den oberen Etagen der Macht war dröhnend und ohne jede Hoffnung auf ein intelligentes Konzept, der Kunst in unserer Welt ihren Raum wiederzugeben ...
Ich kenne einen Theaterdirektor, der in seinem Haus eine Luftumwälzanlage einbauen ließ ... die die gesamte Raumluft mehrere Male so komplett austauscht ... pro Stunde ... dass in seinem Zuschauerraum bessere Luftqualität geherrscht hat ... noch dazu dank der Spezialfilteranlage ... als draußen auf der Straße ...

Ergebnis?!

Die Schließung seines Theaters ohne Perspektive, wann er jemals (!) wieder vor Publikum spielen darf ...
Ja ... und das sind dann die Momente, wo ich mir eine Demonstration der Solidarität erhoffe ... ich wünsche mir, dass sein ehemaliges Publikum in Scharen zum Rathaus eilt ... die Öffnung der Luftheilanstalt ... (zu der das Theater mittlerweile geworden ist ...) fordert ... Petitionen verfasst ... Unterschriftenlisten sammelt und die Regierenden zum Umdenken zwingt ...

Ganz schön naiv ... nicht wahr?! ...

„Erst kommt das Fressen ... (und zwar mein eigenes) ... dann kommt die Moral" ...

Lange hat es so ausgesehen, als wären die Künstler tatsächlich ... verstorben ...

Ich muss ehrlich bekennen ... ich war ... überrascht ...
Von diesem Schweigen aus den Reihen der sonst immer so politisch Korrekten ... aus den durch Subventionen absolut gefahrlos lebenden Theaterdirektoren ...

Wo war der kritische Aufschrei?!

???!!!

Wie oft habe ich in meinem lieben Wien an den Außenfassaden der Theater ellenlange Schriftrollen lesen dürfen ... auf denen der Faschismus bekämpft wurde ...

natürlich der vor 70 Jahren ...

Wo waren die Autoren, die in geschliffenen Reden gegen die Gefahren des Wiederkommens faschistischer Tendenzen gewettert haben ...?!

Seltsam ... in den Zeiten, in denen jetzt .. JETZT!!! ... der aktuelle angewandte Faschismus zu erleben war ... habe ich nichts gehört ... nichts ... gesehen ... nichts gelesen ...

Warum?!

Wieso bleibt es einem Dr. Bhakdi vorbehalten in dramatischer Gestik ein Tribunal ... „gleich den Nürnberger Prozessen" für die Verbrecher gegen die Menschlichkeit zu fordern?!

Wäre das nicht das Spielfeld unserer Faschismus verhindernden Theaterdirektoren, Autoren und Schauspieler des Jahres gewesen?!

„Wo warst du ... als Dr. Bhakdi der Zensur zum Opfer gefallen ist?!"

Könnten unsere Kinder die hochengagierten Hochkulturvertreter fragen ... deren Selbstverständnis ja doch auch darin besteht ... ... der Zeit der Vergangenheit den Spiegel vorzuhalten ...

Aber vielleicht überfordere ich mit diesen naiven Gedanken unsere Freunde in den Machtetagen der staatlich subventionierten Kunstelite ... Immerhin wird es ja auch für diese Katharsis unserer Gegenwart ein „Danach" geben ...

Und da ist es vernünftigerweise besser sich nicht mit Kritik an den Mächtigen tatsächlich antifaschistisch aus dem Fenster zu lehnen ...

Immerhin steht eines fest ... felsenfest ...
Die Mächtigen werden auch danach an der Macht sein ... und darüber entscheiden WER Theaterdirektor wird ... und wer welche Subventionen erhält ... da wäre es doch mehr als dumm und naiv ... den tatsächlichen Machtmissbrauch in allzu deutlichen Worten und Taten anzugreifen ...

Held ist der Künstler am liebsten dann, wenn keine Gefahr droht ...
für sein „Jetzt" ...

Das sind sie so von der Bühne gewohnt ... da wird ja auch nur mir Plastikschwertern gekämpft ... Nicht wahr?!
Und ... falls es doch zu einer Kunstaktion kommt ... zu einer überraschenden ... dann kann man an der Reaktion darauf erkennen, wie

Recht ich mit meinem eben so offen gezeigten Zynismus habe ...

Details?! ... Gerne ..!

Vor einigen Tagen ... gegen Ende August des Jahres 2021 haben 53 Schauspieler etwas gewagt ...
Offenbar war ihnen ihre selbstverordnete Selbstzensur zunehmend auf die Nerven gegangen ... oder ... der Initiator ihrer Aktion war so überzeugend, dass sie über seine motivierenden Worten vergessen haben über die Konsequenzen ihrer Aktion nach- ... oder ... vorauszudenken ...

53 Darsteller und Innen ... haben unter der Regie eines Regisseurs ... veranstaltet von einer Werbeagentur in kurzen Videoclips die Motivationskampagnen der Regierung ... verarscht ...

Ich bemühe mich in diesem Text weitgehend die verhaltenskonformen großbürgerlichen Wohlverhaltens zu wahren ... aber an diesem Punkt dieser ... großartigen ... Aktion muss man sie als das benennen, was sie ist und war ... ein Verarschen der zynischen, Menschen verachtenden Werbekampagne der Regierung für „... das Impfen und das fraglose Akzeptieren der `Maßnahmen'"!...

Die Schauspieler wählten denselben verlogen salbungsvollen Ton der Originalpropaganda und betrieben damals das ... was man Satire nennt ...

Laut Tucholsky darf Satire ja „alles", und auch unsere Politiker waren in den letzten Jahren bei Talkshows lächelnd der Meinung, dass eine Demokratie „Satire aushalten" muss ...

Ja ... schön wär's ...
Mit vielem konnte man rechnen in unseren Tagen ... aber doch nicht endgültig mit dem „Öffentlich-Rechtlichen" Sturm der Entrüstung, der daraufhin über diese mutigen Schauspieler hereingebrochen ist ...

Beschimpfungen ... Pöbeleien ... ja sogar Morddrohungen durften die erfolgsgewohnten Publikumslieblinge erleben ... und diesen anschwellenden „Bocksgesang" in einem derart sich zur realen Gefahr steigernden Crescendo ... dass einige der Protagonisten ihren Auftritt wieder löschten ...

Manche der Erschrockenen übten sogar öffentlich Reue ...!

So wie man es aus den Schauprozessen des kommunistischen China kennt, meldeten sie ... mit stockender Stimme ... und schlecht ausgeleuchtet ... wie sehr sie ihre Tat bereuen ... und dass sie niemanden „verletzen" wollten ... und dass das Ganze ein „großer Fehler" gewesen sei ...

......

Als wäre dieser Kotau nicht schon erschreckend genug ... sind auch noch die durch Fernsehhauptrollen abgesicherten Bergdoktoren über die Kollegen hergefallen ...

Auf diese Weise konnten sie dem Rollen und Brötchen gebenden öffentlich-rechtlichen Staatsfunk signalisieren, dass sie selbst immer schon auch Künstler seien ... ... aber jede Art faschistische Haltung gar nicht erst einnehmen würden ... und somit einer Vertragsverlängerung doch ... Bitte! .. nichts im Weg stehen sollte ...

Ja ... so ist das ... da ist man jahrelang abgesichert und subventioniert ein Held des Widerstandes gegen Kapitalismus und gestrige Gesinnung ... an der Spitze der Einkommenspyramide wohlgemerkt ... Aber wenn man dann wagt den aktuellen Irrsinn der Mächtigen anzusprechen ... dann darf man plötzlich erkennen, wie gefährlich das Spiel tatsächlich ist ... es ist nämlich existenzgefährdend ...

Nein ... ihr Lieben in der Zukunft ... nein ... mir geht jetzt aber nicht die Phantasie durch ... und ich übertreibe diesen kleinen Sturm im Wasserglas auch nicht ... und dass ich nicht übertreibe, soll euch folgender Tatsachenbericht zeigen ...

Nachdem die Kunstaktion der 53 Schauspieler ... „On Air" gegangen war ... und die Kamarilla der Systemdiener begonnen hatte über sie herzufallen, trat ein Mann auf die Bühne der Öffentlichkeit, der dem Rundfunkrat der öffentlich-rechtlichen Fernsehanstalten angehörte ...

Dieser Mann nun ... mit dem erstaunlichen Namen Garrelt Duin ... trat vor die Öffentlichkeit und forderte, dass die 53 Schauspieler von den Besetzungslisten der öffentlich-rechtlichen Fernsehanstalten zu entfernen seien ... und dass sie niemals wieder für die öffentlich-rechtlichen Anstalten arbeiten sollten ...

......

Ja ... das ist keine Satire ... das ist das Demokratieverständnis der

Mächtigen in unserem April 2021 ……..

…..

Ich habe kurz darüber nachgedacht, ob ich den Namen dieses Menschen in diesem Text veröffentlichen soll … ob das eventuell … „zu viel der Ehre" sein könnte … dann aber wollte es in mir, dass dieser Mensch auf lange Zeit … solange dieser Text überlebt, bekannt bleibt als Einer, der Forderungen gestellt hat … wie sie zum letzten Mal im 3. Reich gang und gäbe waren …

SIEG? …….. HEIL …..?!?!

Irgendwelche Berater haben dem Menschen dann eilig zugeflüstert, in welchen Bereich des offen zur Schau gestellten Menschenhasses er sich da begeben hat … und daraufhin hat er seinen Vorschlag zurückgezogen …

Zu spät … kann ich nur sagen … Zu spät …

Gesagt ist gesagt … und gehört ist gehört.

Das erinnert mich an die wunderbaren amerikanischen Gerichtsfilme, in denen der Ankläger sagt: „Haben Sie nichts dabei empfunden, als sie diesen roten Apfel gestohlen haben … der eigentlich für Schneewittchen bestimmt war!?!" …

Und daraufhin ruft der Verteidiger: „Einspruch Euer Ehren … es ist nicht hinreichend geklärt, dass der Apfel rot war … reines Hörensagen!!"

Und daraufhin meint der vorsitzende Richter: „Die Geschworenen werden den eben gehörten Satz nicht in ihre Urteilsfindung mit einbeziehen ….

… Ja … Zu spät! … Viel zu spät …

Gesagt ist gesagt … und gehört ist gehört …

Dieses Erlebnis zeigt aber etwas noch weitaus Schlimmeres als die Forderung nach Berufsverbot für Menschen, die Einem nicht passen …
Es zeigt, wie tief die Hemmschwelle bereits gesunken ist … in unseren Tagen …

In früheren Zeiten wurde im Hinterzimmer intrigiert und missliebige Zeitgenossen zu Fall gebracht … Heute .. im April 2021 … ist es nahezu ein Gebot der Stunde alles vom Gesetz der Macht Abweichende in Grund und Boden zu stampfen …

Es ist auch keine Satire, wenn ich daran erinnere, dass die WHO eine Kampagne gestartet hat, um Andersdenkende aus dem Internet zu eliminieren …

Wahrheit … Fakten … nicht erfunden …

Es ist kein Scherz, wenn Herr Wieler vom RKI gesagt hat, dass die Maßnahmen „niemals" …

niemals (!!!!!) …… in Frage gestellt werden dürfen …

Es gibt nur eine Meinung ... eine Regierung ... eine Führung.

„Wieler befiehl .... wir spritzen uns ...!!!..."
Wer das nicht hören will ... der darf es fühlen ... ... Und da nützen auch die bleichen Bitten um Vergebung der entsetzten Schauspieler nichts mehr ... als ihnen bewusst geworden ist, dass sie sich in den Bereich der Realpolitik vorgewagt hatten ...
Wenn ich jetzt für einen Augenblick meine Barmherzigkeit und mein Potential an Güte aktivieren wollte ... dann könnte ich sagen: Berufskrankheit ....

Wie das?!

Nun, wir alle haben doch schon ungezählte Male in amerikanischen Filmen erlebt, wie der Held ... oder die Heldin ... ich sage nur Erin Brockovich ... allein gegen eine übermächtige Mafia der Bürger angetreten ist ...

Alle haben gewarnt ... Ehen sind zerbrochen, weil der Held ... oder die Heldin ... es gewagt hat gegen den Tyrannen aufzustehen ... oder die Tyrannin ... Ja ... da geht das gut ... in Hollywood ... und dann kann es geschehen ... dass wir das Märchen auch noch glauben ... Noch dazu, wenn wir dem Berufsstand angehören ... der solche Märchen erzählt ...
Ja ... und selbst wenn der Herr Duin seinen Aufruf zum Berufsverbot zurückgezogen hat ... damit ihn nur sein engster Freundeskreis mit Joseph Goebbels vergleicht ... aber sonst niemand ....

... Dann ist das Signal bereits gesendet ...

Und dann möchte ich nicht unsichtbarer Zeuge sein … wenn es bei den nächsten Beratungsgesprächen heißt: „Moment … ähm … „XY" … hat die nicht damals in dem „satirischen Videoclip" die Maßnahmen der Regierung auf das Übelste durch den Kakao gezogen …?!

??!!

„Nein" … antwortet dann der auf den Auftrag hoffende freie Produzent … „da muss ein Irrtum vorliegen" … wir haben „YZ" im Verschlag… die sieht der nur ähnlich … … aber … die „YZ" hat erst unlängst im Bergdoktor ganz hervorragend die neue Wirtin vom Gamshof gespielt!!"
„Ach die" … ruft der Redakteur … „Ja, die ist gut … sehr gut … in die wird er sich doch auch verlieben … … nicht wahr …?!
„Wer?"
„Na der Bergdoktor"…
„Ja … klar … ja natürlich … das ändert unser Autor gerade" …
„Fein … sehr fein …"

3. Mai 2021

Die Staatsform des alten Rom ... des römischen Imperiums war die „Res Publica" ... die Republik ...
Im Gegensatz zur Monarchie ... also der Herrschaft durch einen König, oder eine Königin ... lag die politische Macht in den Händen des Volkes ...

Demokratie beinhaltet den Diskurs ... die Auseinandersetzung mit unterschiedlichen Meinungen, um so ... letzten Endes durch einen Beschluss der Mehrheit ... eine Handlung zu setzen.

Ein Gesetz wird in einer Demokratie nicht per Willkür erlassen ... es bedarf des Vorschlags zu einem neuen Gesetz ... dann wird es im Parlament diskutiert ... und wenn es eine Mehrheit findet ... wird es etabliert ...
Warum schildere ich euch ... die ihr in der Zukunft lebt ... diese für uns Heutige so klaren und einfachen Tatsachen ...?!
Ich weiß ja nicht, ob ihr in einer Demokratie lebt ... oder endgültig in der Diktatur angekommen seid?!

Wie sehen eure Gesetze aus ... ... wie sieht der Weg aus, eure Gemeinschaft zu führen ... zum Besten der Allgemeinheit?!

Demokratie ist nichts Selbstverständliches ... auch wenn sie vor Tausenden von Jahren erfunden wurde ... aus ökonomischen Realitäten geboren wurde ...

Immer wieder haben die Völker wechselnde Systeme erlebt ...

Vom Despotismus zum Liberalen ... von der Diktatur mühselig zurück zur Diktatur ...

Winston Churchill hat zu diesem Thema gesagt: „Die Demokratie ist die Schlechteste aller Regierungsformen ... aber ich kenne keine Bessere" ...

Ja ... das nennt man in unserer Zeit „Britischen Humor" ... aber immerhin hat dieser Mann auch gesagt:

„We shall never (!) surrender" ...

Und mit dieser Haltung hat er sein Volk inspiriert den Kampf gegen die Nazidiktatur aufzunehmen und ... mit vereinten Kräften der Alliierten auch zu gewinnen ...

Apropos Churchill ... da fällt mir noch eine Begebenheit ein, die ein Licht auf die Haltung dieses Mannes wirft ... das gerade uns ... in unserem Zeiträtsel ... den Weg, den wir gehen ... erhellen könnte ...

Man hat Winston angesichts der Bombenangriffe auf englische Städte gefragt, ob er denn die Läden ... die Theater ... und die Restaurants schließen wolle ... immerhin war zu befürchten, dass es in diesem Krieg ... Ja! ... Krieg ... Tote auf den Straßen und in den Pubs geben könnte ...

Winston hat gesagt: „Das werde ich niemals tun ... weil das unsere Lebensart ist ... und wofür lohnt es sich dann noch zu kämpfen, wenn wir unsere Art zu leben aufgeben ...?!"

………. …………. … ………………..   !

Es ist nicht überliefert, ob es in diesem tatsächlichen Krieg Beschwerden über eine zu geringe Anzahl von Intensivbetten gegeben hat …

Aber zurück zum Wechselspiel zwischen Diktatur und Demokratie …

…

Noch zur Zeit der beginnenden Aufklärung war das freie Wort ein ungeheures Ereignis an den Königshöfen Europas …

Voltaire hat uns den Satz hinterlassen: „Ich bin nicht für das, was mein Gegner sagt … ich würde aber mein Leben dafür geben, dass er es sagen kann!"

So kostbar und selten war die freie Meinungsäußerung, dass 2000 Jahre nach Erfindung der Demokratie immer noch … und immer wieder für sie gekämpft werden musste …

Auch Deutschland … und jetzt nähern wir uns langsam dem Hauptziel meiner Worte an diesem 3. Mai 2021 … auch Deutschland war bis zur Machtergreifung der Nazis … kurzzeitig … eine Demokratie …

Adolf Hitler ist es gelungen die Intrigen auf den Machtwegen der Demokratie so zu steuern, dass eines schlechten Tages die demokratischen Kräfte Deutschlands in einem demokratischen Prozess ihre

Meinungs- und Handlungsvielfalt aufgegeben haben. Sie haben Hitler die alleinige Macht übertragen ... und das mit den legalen Möglichkeiten ihrer demokratischen Entscheidungen ...

Ich kann mir vorstellen, dass ihr in den Speichermedien eurer Zeit diese Analyse ebenfalls finden könnt ... und ihr werdet vielleicht sagen:
„Oh ... das erinnert uns an das alte Rom" ...
Ja ... antwortet meine Stimme aus der Vergangenheit ... ja, ihr habt Recht ... die Römer waren sehr pragmatisch. Sie hatten erkannt, dass die Spielregeln der Demokratie sehr gut dafür geeignet waren in Schönwetterperioden der Politik alle Zeit der Welt zu haben, um in endlosen Diskussionsforen die Brotpreise zu diskutieren. Pro und Kontra waren Spielbälle, die begnadete Redner im Senat hin und her warfen ...
Dabei haben sie natürlich auch immer darauf geachtet, dass ihre Reden mitgeschrieben wurden, um dem Volk ... und der Nachwelt ... die strahlende Wortgewalt des Redners vor Augen zu führen ...

Plötzlich aber konnte es sein, dass Hannibal vor den Toren stand ... oder ein anderer Barbar, der ohne lange Diskussion Rom einfach in Schutt und Asche legen wollte ...

Alles war in so einem Moment gefragt, aber keine endlosen Pro und Kontra-Plaudereien. Die Armee musste kampfbereit gemacht werden ... ... Die Strategie musste gewählt werden ... und so schnell und reibungslos der Krieg ... ja, der Krieg ... gewonnen werden.

Dazu braucht es klare und eindeutige Führung und keine Gesprächsrunden auf gepolsterten Senatsbänken ...

Also ... hatten die Römer ein effizientes System für einen Krieg ...
Ja! ... Krieg ... entwickelt ...

Für einen abgesteckten Zeitraum wurde alle Macht in die Hände eines Diktators gelegt.
Dieser Mann konnte daraufhin Befehle erteilen, ohne sich jedes Mal für einen taktischen Schritt rechtfertigen zu müssen.

Das nennt man Krieg ... Ja! ... Krieg ... und so ... und nur so kann man einen Krieg auch gewinnen ...
Wenn man auch noch die Parole ausgibt: „We shall never (!) surrender" ... dann hat man mit diesem System wirklich gute Karten ...
So ... Nun ... von Rom zu Hitler ... zurück zur römischen Lösung der Kurzzeitdiktatur ... und wieder zu Hitler ...

Die Anderen waren besser, und darum haben sie auch den Krieg gewonnen ...
So einfach kann man den zweiten Weltkrieg zusammenfassen ... wenn man sich nicht mit den Details aufhalten will ...

Die Frage, die aber auftaucht, lautet: Ja ... und dann?!

Nach dem Sieg ... was tun?!

Die Alliierten hatten einen Plan ...

Sie hatten großes Interesse daran, dass Deutschland als Bollwerk gegen den Kommunismus aufgebaut werden konnte ... und ... sie wollten verhindern, dass dieses Land jemals wieder in den Bereich kommt, in dem es aus einer Demokratie wieder zur Diktatur werden kann ...

Die Alliierten haben also ohne lange Diskussion Deutschland zum Förderalismus verholfen ...
...
Das ist das Gegenteil zum Zentralismus ...

Zentralismus bedeutet, dass man aus einer ... Zentrale ... (!) Anordnungen erteilt ... die durch die Befehlskette selbst das kleinste Dorf erreichen ...

Wer sich dieses Bild vor Augen führt, erkennt, dass eine zentralistische Staatsform nur einen kleinen Schritt von der Möglichkeit zur Diktatur entfernt ist ...
In einer föderalistischen ... Bundesrepublik ... hat jedes einzelne Bundesland das Recht, eigene Gesetze zu formulieren und auf Krisen individuell zu reagieren ...
Das also stellt das Gegenteil von Diktatur dar ...

Nun ... ihr ... in der Zukunft Lebenden ... ... was ich euch nun berichte, ist die Wahrheit ... Ihr könnt das, was ich euch nun hinterlasse, gerne mit den Informationen in euren Datenspeichern vergleichen ... weil ich mir sehr gut vorstellen kann ... dass ihr es nicht glauben könnt, was am 22. und 23. April 2021 in Deutschland geschehen ist ...

...

Ich sollte noch vorausschicken, dass die Situation im Land angesichts der sogenannten Pandemie ... ... die keine Übersterblichkeit nach sich gezogen hatte ... und die mit einer Sterblichkeit von 0,1 bis 0,2 Prozent im Rahmen einer saisonalen Grippe gelegen war ... dass die Situation also im Land ... etwas angespannt war ...

Die Bevölkerung war durch das Fremdfeuer der Regierung, des RKI und der staatsfreundlichen Medien ... die täglich Todesangst verbreiteten, an der Grenze zur Hysterie angekommen ...

Trotzdem haben es einige lokale Politiker gewagt mit dieser relativ harmlosen Erkrankung so umzugehen, wie man es vielleicht als verantwortungsvoller Politiker tun sollte ... mit ruhigem Duktus ... und Gelassenheit ...

Lasst mich das Beispiel der Stadt Tübingen noch einmal hervorholen ... während ganz Deutschland nahezu lückenlos eingesperrt war ... hatte der Oberbürgermeister ... Herr Palmer ... verfügt, dass die Menschen in Tübingen ... mit dem Testnachweis, dass sie nicht infiziert waren ... ein relativ normales Leben weiterführen konnten ...

„Relativ Normal" heißt in dem Fall, dass die Geschäfte und Restaurants geöffnet hatten, und die Menschen frei nach Churchill ihre „Art zu leben" pflegten ...

Am 22. Und 23. April 2021 war mit dieser vernünftigen Art zu leben schlagartig Schluss ...

!

Die Bundeskanzlerin der Republik Deutschland hatte ein Gesetz eingebracht, das den Förderalismus in Deutschland beenden sollte ...

Der Hintergrund war, dass sie per Gesetz verpflichtend im ganzen Land eine einheitliche Vorgangsweise erzwingen wollte, die verhindern sollte dass …

„TÜBINGEN!!!" …

zu einem Schlachtruf der intelligenten und wohlmeinenden Demokraten werden könnte …

Nun fragt ihr euch … ihr … in der Zukunft … mit großer Wahrscheinlichkeit … wie es ausgerechnet in Deutschland dazu kommen konnte …?!

Wie konnte es möglich sein, dass ein Land, das den Schrecken der Diktatur niemals vergessen wollte …

…!

Wie konnte es möglich sein, dass ein Land, das den Siegern auf ewig dankbar sein müsste … dass diese die Möglichkeit zur Diktatur verhindern wollten … wie sollte es möglich sein, dass dieses Land, das in den fetten Jahren einen märchenhaften Wohlstand im demokratischen Leben genießen durfte … wie also konnte es möglich sein, dass dieses Land sich selbst … . schon wieder … selbst kastrierte?!

Schon wieder …?!

??!!? ……………… ???????

..

Zwischenbemerkung ... Ich habe im Lauf meines Lebens eine Erfahrung gemacht ... ...

Ich habe in jungen Jahren geglaubt, dass in der Politik ... im Wirtschaftsleben ... im Beruf die offensichtlich Starken ... die Lauten ... die dominant auftretenden Typen ... die Gefährlichen sind ...

Ja ... man erschrickt, wenn ein Anführer brüllt und mit dem Schwert auf den Schild trommelt ...

Aber ... (!) aber die Hauptfrage sollte doch sein ...

Wer behält die Macht ...?!

Die Lauten .... oder die Bleichen ... Leisen ... Unattraktiven ... Intriganten...?!

Das Leben und meine Beobachtung haben mich gelehrt, dass die wirklich Gefährlichen diejenigen sind, denen man auf den ersten Blick nicht einmal die 5. Reihe zutraut ...

Details?! ...
Gerne ...!

Lasst mich ... ... ihr Freunde in der Zukunft ... lasst mich, bevor ich in Details gehe, bitte noch eine Bemerkung machen ...
Es wird euch nicht entgangen sein, dass ich in den Zeilen, die ich für euch schreibe, langsam in den Bereich komme, wo ich euch von den politischen Zuständen in unserer Zeit berichten möchte ...
Falls ihr euch fragt, wieso das so ist ... möchte ich euch gerne eine

Antwort geben ...

Was wir in unseren Tagen erleben, ist eines der spektakulär inszeniertesten Ereignisse der so genannten Neuzeit ...

Eine relativ harmlose Krankheit ... die keinerlei Übersterblichkeit zur Folge hat ... deren Sterblichkeitsrate im Bereich einer saisonalen Grippe liegt und die zu keinem Zeitpunkt das Gesundheitssystem von Deutschland oder Österreich überlastet hat ... diese harmlose Krankheit also hat es geschafft unsere Welt an den Rand des Kollaps zu bringen ...
Wirtschaftlich ... sozial ... emotional ...

Die Gesellschaften verhalten sich so, als wäre ein Monster entfesselt, das die Menschen wie Fliegen auf den Straßen zu Millionen tot zusammenbrechen lässt ...

Keine einzige der Untergangsprophezeiungen der herrschenden Klasse ist auch nur ansatzweise Realität geworden.

.... !!! ...... !!!! .... !!!!!!

Was allerdings Realität geworden ist ... ist eine Menschheit, die in weiten Teilen in einem aberwitzigen Alptraum gefangen gehalten wurde, der von oberster Stelle sorgfältig durchdacht und geplant wurde ...

Diese Erkenntnis herrscht unter denjenigen, die in unserer Zeit noch nicht vor Panik jeden Verstand verloren haben ...

Die Frage muss also lauten:

Warum?!

Warum inszeniert die politische Ebene in unseren Tagen in weiten Teilen der Welt dieses Psychodrama ...?!

Ich wähle dieses Wort, da es sich ja weder um ein gesundheitliches ... ökonomisches ... oder soziales Drama handelt ...
Es ist nur so, dass dieses Psychodrama beginnt ein gesundheitliches ... ökonomischen ... und soziales Drama zu werden ...

Jeder Schwarzmagier des Voodoo-Kultes weiß aus der schwarzmagischen Praxis, dass man einen Menschen so manipulieren kann, dass er an seinen eigenen Tod glaubt ... wenn er nur das aufgestellte Tabu auf seinem Lebensweg bricht ...

In dieser Phase befinden wir uns ...

Die Schwarzmagier in unseren Regierungen haben uns mit Stofffetzen geknebelt und weg gesperrt ... und uns so lange mit Todesdrohungen zugedröhnt, bis in unserem Unterbewusstsein ein Tabu erwachsen ist ...

Frei zu sein ... eigenverantwortlich zu sein ... den Maulkorb abzunehmen ... all das ist für die meisten meiner Mitmenschen in meiner Zeit so unvorstellbar geworden ... dass sie bereit sind sich in lebende Tote zu verwandeln ... und ihrer „Art zu leben" den Abschied gegeben haben ...

...

Warum?!

Viele noch nicht komplett unterworfene Menschen in meiner Zeit sind der Meinung, dass es einen Masterplan hinter dieser Zerstörung unserer bekannten Welt gibt ...

Bill Gates schwadroniert von der Reduzierung der Weltbevölkerung ... unter anderem durch Impfungen (!) ...

....!

Klaus Schwab inszeniert sich und in seinen Büchern als den Prophet eines „Great Reset" ...

der eine „Neue Weltordnung" nach sich ziehen soll ... in der:

„niemand mehr etwas besitzen wird und alle damit einverstanden sind ... und glücklich ..!"
.... !

Nein ... meine Phantasie geht nicht mit mir durch ... lauscht in eure Speichermedien eurer Frage nach und gebt die Namen und Suchbegriffe ein ... dann werdet ihr erkennen, dass ich euch nur vom Beginn einer alles umfassenden Weltdiktatur berichte ... deren Anfänge ich ... und andere überleben Wollende in unseren Tagen heraufdämmern sehen ...

Falls unsere Vermutungen stimmen sollten ... und die endgültige Antwort auf diese Frage könnt nur ihr ... in der Zukunft ... geben ... dann braucht es zur Umsetzung dieses Planes aber eine Bevölkerung, die es verlernt hat diesem Erscheinen der Diktatur Widerstand zu leisten ...

Das Gegenteil ist in unseren Tagen zu beobachten ...

Daher ... weiter mit den Details ...

In Deutschland gab es bis zum April 2021 ein regelmäßiges Treffen der Ministerpräsidenten der Bundesländer ... Es wurden in langen Nachtsitzungen Strategien entworfen, mit welchen Maßnahmen auf die „tödlichste Seuche der letzten hundert Jahre ... (Originalzitat) ....reagiert werden sollte ...

Schließungen ... Verbote ... Heimarbeit ... Kinderfolter ... all das wurde in großer, dramatischer Runde allgemein verbindend abgenickt ...
Im Anschluss fuhren alle Ministerpräsidenten nach Hause, und schon am nächsten Tag legte jeder von ihnen die beschlossenen Regeln individuell für sein Land aus.

Ich sage nur:

TÜBINGEN!!!

Das war die Erlaubnis, die der Förderalismus in seiner demokratischen Liberalität den Führern gab ...

Die Bundeskanzlerin war über diese Entgleisungen in Richtung individuelle Handlungsweise mehr als unglücklich, und ihre Alarmrufe und ihr Bekenntnis zu mehr Härte und Strenge steigerten sich nach jeder weiteren Runde mit ihren Kollegen ... was aber nicht zu einer schärfer werdenden Härte führen wollte ...

Der Höhepunkt an Frustration war kurz vor Ostern 2021 erreicht ... In einer bis drei Uhr früh andauernden Nachtsitzung beschlossen die Landesjuristen eine ... „Osterruhe" ...

Nett formuliert, dachte ich damals, als ich die Nachricht hörte ...

Ich war neugierig, wie dieses erweiterte Zusperren des Landes vom Volk aufgenommen werden sollte ...
Der Plan war so dilettantisch wie durch Übermüdung gegen 2 Uhr 53 Minuten gezeichnet dumm ...
(..... was sonst ....?!)
Der Donnerstag vor Ostern sollte ein Schließtag sein ... der Samstag nach Karfreitag dagegen offen für die Supermärkte und der Montag dann wieder alles zu ...
Das war das Ergebnis des Beisammensitzens und Verhandelns über 26 Stunden von den Erwachsenen, die das Volk in ihre Ämter gewählt hatten ... ... damit diese Erwachsenen Fürsorge pflegen sollten für das Volk ... den Verbraucher ... und um:

„Schaden von ihm abzuwenden ..."

Der Proteststurm der Wirtschaftstreibenden, die zu diesem Zeitpunkt schon ganz klar erkennen konnten, dass die Wirtschaft in den Abgrund getrieben wurde ... ließ keine Minute auf sich warten. Es war offenbar angesichts dieser Dummheitsdemonstration so überraschend heftig, dass die Bundeskanzlerin den Beschluss zur „Osterruhe" in den Mülleimer verbannte ....

und ......

Ja ... und ab da wurde es gefährlich ... und sich für diesen „Fehler" öffentlich ... bei einer Rede im Parlament entschuldigte ...

Ich erinnere mich sehr gut daran, dass ich vor dem Fernseher gesessen bin und mir gedacht habe ...

„Oh mein Gott ... jetzt ... wird es wirklich gefährlich ..."

... Und ... ich sollte Recht behalten ...

…..

Für die Frau an der Spitze war eines klar geworden ... Mit diesem Demokratischen Theater konnte sie niemals ... wirklich ... ich betone wirklich! ihren Machtanspruch durchsetzen ...

Diese Erkenntnis muss sehr schmerzhaft gewesen sein ...

Immerhin war sie in einer Diktatur ... der ehemaligen Deutschen Demokratischen Republik aufgewachsen und „sozialisiert" worden ...

So nennt man es in unseren Tagen, wenn ein Mensch von klein auf Glaubensbilder eingetrichtert bekommt ...

Und wer in einer Diktatur zu leben gelernt hat ... was wird dieser Mensch wohl tun, wenn er die Möglichkeit zur Macht erhält?!

....??!!

Die Geschichte kennt die Antwort ...

Diese Frau hat nicht nur erleben müssen, dass ihr Wille demokratisch ignoriert wurde … … es hat sie sogar die offensichtliche Dummheit des Plans dazu gebracht sich öffentlich entschuldigen zu müssen …

„Oh Gott …", habe ich gedacht, als ich die … nach wie vor von keiner Emotion … bewegte Mimik und Stimme dieser so mächtigen Frau gesehen haben …
„Oh mein Gott … dafür wird sie Rache nehmen …"

Ich hätte mich so gerne geirrt … aber meine Erfahrungen unter den Menschen haben mich gelehrt, dass die stillen … emotionslosen ... Unattraktiven die größte Gefahr sind ... Für die Lebendigen … Starken … Gefühlvollen …
……..

Was also hat diese mächtige Frau nach ihrem Auftritt gemacht?!
Sie hat ein Gesetz auf den Weg gebracht, das endgültig den Föderalismus beendet und alle Macht in ihrer Hand vereinigt …

Dies alles lief unter dem Namen „Infektionsschutzgesetz" ab … was aber in Wahrheit nichts anderes war, als der tödliche Anschlag auf die lästige Individualität einer gerade noch so funktionierenden Demokratie …

Das Fürchterliche an diesem Vorgang war aber nicht nur der Plan die Demokratie abzuschaffen … das Fürchterliche war die Art und Weise, in der es tatsächlich gelungen ist …

Es hat nämlich tatsächlich eine „Debatte" gegeben … Im Parlament …

Ja ... die Vertreter der Opposition hatten die Gelegenheit ans Rednerpult zu treten und daraufhin zu weisen, welche Gefahr für die Demokratie darin besteht den Förderalismus auf dem Misthaufen der Geschichte zu kompostieren ...

Von Links bis Rechts standen die Redner da und mühten sich daran ab ihren eigenen Berufsstand als Wahrer der Demokratie zu zeigen ...
......
...

Nun ist es aber so, dass in diesen Tagen eine Koalition von CDU-CSU -SPD in Deutschland die Mehrheit hat ...

Und um ein Gesetz zu verabschieden braucht man nur ...

Ja! ... ...

Die Mehrheit ...

Da können die oppositionellen Redner mit Engelszungen plaudern ... das Ergebnis steht schon vor der Demokratie-Show für die daheim Gebliebenen vor dem Fernseher fest ...

Felsenfest!

Jetzt könnte man sagen: Na gut ... die Mächtige ... die das demokratiezerstörende Gesetz vorschlägt ... die ist ja immerhin vom Volk gewählt worden ... und ihre ... Schlägertrupps ... vollstrecken in der

Mehrheit den Willen der Partei, die die Mehrheit beim Volk hat …
… also … dem Verbraucher …

Es bleibt nur die ebenso lästige wie sinnlose Frage im Raum stehen … ob der Verbraucher voraussehen konnte … bei seiner Wahl … dass die mächtige Frau ihr Mandat dazu nutzen würde, um das System abzuschaffen?!

(… Das letzte Mal war das in Deutschland einem Mann gelungen, dessen Hund „Blondie" hieß ………)

Das System, das ihr ermöglicht hatte an die Macht zu kommen, um Schaden abzuwenden …
….

Es war schlimm genug diesem Trauerspiel der Ohnmacht zusehen zu müssen … nach all den eloquenten Reden kam es zur Abstimmung, und obwohl bei der namentlichen Abstimmung sogar einige Politiker der Regierungsparteien gegen das Gesetz gestimmt hatten … die Mehrheit hatte die Mehrheit …

Es muss auch angemerkt werden, dass die Obersten in den Parteizentralen sich genau ansehen … wer bei namentlichen Abstimmungen wofür seine Stimme abgibt …
Die Historie hat gezeigt, dass es in der Karriere von Politikern, die es einmal zu oft gewagt haben gegen die Stimme von Oben zu stimmen, einen erkennbaren Knick in der Laufbahn gegeben hat …

Wen überrascht es, dass die Linie dann nach unten gezeigt hat?!

Tja …!

……..

Um dem ganzen Trauerspiel die Ironie aufzusetzen, gab es nach dieser Abstimmung im Bundestag auch noch am nächsten Tag die Abstimmung im Bundesrat … wo die einzelnen Ministerpräsidenten zum Teil „große Bedenken" gegen dieses Gesetz … gezeigt haben … aber zum Ende dann doch … zugestimmt haben …

Ja ... Zugestimmt …!!!

Nach …!!!

„Bedenken …"

!!!

Seit diesem Moment muss im gesamten Bundesgebiet … also … Bundesweit … alles! … zugesperrt werden ... wenn auf einer Insel vor Helgoland die Inzidenz über 100 steigen sollte …

Das ist kein Scherz und keine Satire ...

auch falls man das in Tübingen glauben sollte ...

Ja … würde Wilhelm Reich sagen … ja … So sieht die Rache des „kleinen Mannes" aus ... ... auch wenn es in diesem Fall die Rache eines Menschen ist, der nach Auskunft des Geburtsscheines als Frau geboren wurde …

.. ja ..

...

Was sagt ihr nun ... ihr ... geliebten Freunde in der Zukunft?! ...

„Alles schon mal da gewesen", könnte man sagen und an die deutsche Geschichte vor über 70 Jahren denken ... Und ... „Aus der Geschichte nichts gelernt", wäre auch eine griffige Floskel ... und all das zeigt nur eine erstaunliche Realität ...

die Ohnmacht ...

Krieg ...!!

Ja ... es herrscht tatsächlich Krieg ... Krieg der Willkür gegen die Vernunft ... gegen das Mitgefühl ... gegen den gesunden Menschenverstand ...!!

Ihr .. in der Zukunft .. vielleicht staunt ihr soeben über diesen kurzen Ausbruch meiner Emotionen ... ich bin auch gerne bereit euch zu erzählen, wie es ... eben jetzt ... in diesem Moment ... dazu kommen konnte ...

Ich sitze jeden Tag vor meinen weißen Blättern und versuche euch ... meinen unbekannten Freunden in der Zukunft ... ein Bild zu hinterlassen ... Ein Bild der Ereignisse und Umstände, mit denen wir ... hier ... ... in meiner Gegenwart zu kämpfen haben ... Ich versuche eine Abwägung zu treffen darüber, was ich euch berichten kann ...

Ich versuche dabei objektiv zu sein und euch den Lauf unserer Geschichte zu erzählen so ... als wäret ihr dabei ...

Ich versuche auch meine Emotionen in einem ruhigen Modus zu halten, um nicht von den einzelnen Ereignissen, die ich euch erzähle, weggeschwemmt zu werden ... in meinen Gefühlen ...

Ich habe zwar am Anfang meines Berichts erwähnt, dass ich euch auch meine Gefühle zeigen möchte ... gleichzeitig aber bemerke ich doch meine Bemühung in all dem vielfältigen Irrsinn ... so etwas wie Daraufsicht zu bewahren ...
...

Ich muss allerdings jetzt ... in genau diesem Moment am 3. Mai 2021 um 15 Uhr und 10 Minuten gestehen ... dass es mir eben jetzt wieder einmal ... kurz ... zu viel gewesen ist ...

Was denn?!

Der Irrsinn ... der sich täglich mehr und mehr zu einem alles verschlingenden Tsunami der Geisteskrankheit der Mächtigen unserer Tage aufbäumt ...
…..

Also gut ... Details ... ...

vielleicht gelingt es mir darüber meine Wut und meine Fassungslosigkeit abzukühlen ...

Stellt euch vor, dass ich an meinem Schreibtisch sitze ... an euch denke und Satz um Satz schreibe, bis ich glaube ein wenig von der

Realität meiner Welt an euch übermittelt zu haben …

So auch heute … ich habe mich um 10:30 Uhr an meinen Tisch gesetzt und zu schreiben begonnen … um ca. 14:50 Uhr habe ich eine Pause gemacht …

Ich habe neben meinem Tisch einen kleinen Wasserkocher stehen … ich gehe jeden Tag mit einer blauen Flache zu meinem Tisch … in der Flasche ist 1 Liter Wasser … ich versuche so viel wie möglich daraus zu trinken … aber circa ¼ Liter fülle ich in den Wasserkocher, um mir Kaffee zu machen …

So auch vor ungefähr einer halben Stunde … Ich habe ein Glas mit Instant-Kaffeepulver in meinem Schreibzimmer ... ich gebe zwei Teelöffel davon in meine rote Porzellantasse … und gieße das heiße Wasser auf, und fertig ist meine Kaffeepause ... in der ich ohne Maske an meinem Tisch sitze … meinen Kaffee trinke und kurz einmal auf meinem I-Pad die Tagespresse anschaue …

…..

Und heute … vor circa einer halben Stunde habe ich mehrere aktuelle Meldungen gelesen … die mich …

wie sage ich es ...?!

… Die mich bewegt haben … Und darum kann ich … eben jetzt und heute nicht mehr so, wie es meine Absicht war, mit historischen Betrachtungen fortfahren …

Ich muss ... und will euch von meiner Wut erzählen ... ... nachdem ich die Tagespresse gelesen hatte ... vor circa einer halben Stunde ...
....

Da stand, dass „die Wissenschaft" aktuell erkannt hat, dass Kinder in geöffneten Schulen weniger krankheitsgefährdet sind als beim sogenannten „Homeschooling" ...

Die bundesweiten Schulschließungen sind also grundfalsch und die Begründung für dieses Verbrechen an unseren Kindern ohne „wissenschaftliche Basis"!!!

Es steht die Empfehlung im Raum ... die Empfehlung der Wissenschaftler ... die Schulen wieder zu öffnen ...!!!

Auf derselben Seite stand zu lesen, dass die Infektionskurve bundesweit schon lange vor dem Verhängen des letzten Lockdowns zu sinken begonnen hatte ... das Abflachen der Kurve also nichts mit dem Lockdown zu tun hatte ...

Gleichzeitig kam eine „Expertin" zu Wort, die dem Leser ... also mir ... erklärte, dass es in Deutschland ... nach einem Jahr (!) der sogenannten Pandemie (!) noch immer (!) kein „Monitoring" gibt (!!!) ... Für das Für und Wider von Lockdowns ... (!!!)

!!!!!

„Die Bundesregierung bezieht ihre Informationen über die Sinnhaftigkeit von Lockdowns aus einer Studie der Universität Oxford ... die die Ergebnisse mehrerer verschiedener Lockdowns in verschiedenen Staaten zu verschiedenen Zeitpunkten beinhaltet"...

Im Klartext: Es gibt keine Untersuchung in Deutschland, die das Für und Wider von Lockdowns in Deutschland betreffen ... !!!

Nach einem Jahr der „größten Katastrophe seit 100 Jahren".....

Und unsere Kinder werden aufgrund irrationaler Vermutungen seelischer und körperlicher Folter ausgesetzt ...

.....

Ich bitte euch ... meine Freunde in der Zukunft ... um Vergebung ... aber ich hatte in diesem Moment das dringende Bedürfnis eine Bombe in den Regierungspalast zu werfen ...

Keine Sorge ... ich lasse meine Wut nicht zur Tat werden ... aber wenigstens euch muss ich doch berichten dürfen, was diese offenkundigen Beweise an Verbrechen am Volk in mir auslösen ...

Wut ...

Verzweiflung ...

Hass ...

Rachelust ...

…….. und gleichzeitig ... Ohnmacht ... entsetzliche ... würgende ... dunkelschwarze....

Ohnmacht ...

Wo soll das hin führen?!

Brüllt es in mir ...

…….. wenn ich dann auch noch das Foto der fettleibigen, mächtigen Frau mit maskenverdecktem Gesicht in ihrer gepanzerten Limousine neben den aktuellen Berichten sehe ...

Wo soll das noch hinführen ... wenn ich ... und unzählige Andere wieder einmal erleben werden, dass auch diese Tatsachenberichte nichts ändern werden ...

am Omnipotenzrausch der kinderlosen Luxusvillenbesitzer und ihrem ... „Mir kann nichts geschehen"-Grinsen im vom Machtrausch verquollenem Gesicht ...

Ja!! Bevor ich es vergesse ... in einem der Berichte stand auch noch zu lesen, dass die Prognose des RKI für den Anstieg der „Infektionen" um gut 60 Prozent übertrieben war ...
Aber das deckt sich ja mit der Prophezeiung von „Hunderttausenden" Toten, die uns mitgegeben wurde ...

Die Ärzte, die heute in diesem Artikel zu Wort gekommen sind, meinten auch, dass die Politik sich an den real sinkenden Zahlen der Intensivbettenauslastung orientieren sollte ... und nicht an den alarmistischen ... falschen Prognosezahlen des RKI ...
Ist mir an dieser Stelle die Bemerkung erlaubt, dass das „Robert

Koch Institut" in der Neuzeit vollständig von der „NS-Ideologie" durchdrungen und in die NS-Gewaltpolitik involviert war?!

Der Direktor und fast alle Abteilungsleiter waren ... naturgemäß ... Mitglieder der NSDAP ...!

Ich bin weit davon entfernt zu vermuten, dass auch im heutigen RKI nur Nazis am Werk sind ... Ich erlaube mir nur zu bemerken, dass damals ... wie heute das RKI die Grundlagen dafür liefert dem Volk ... dem Verbraucher ... unsagbares Leid zuzufügen.

...

All die Kinderseelen, denen das Urvertrauen zerstört wird ... all die Menschen, die aufgrund aussageloser PCR Tests in unserer Welt als „Kranke" stigmatisiert werden ... all die verzweifelten, einsam sterbenden Menschen, denen eine letzte Umarmung verwehrt wird...

... all diejenigen können sich bei Herrn Wieler vom RKI dafür bedanken, dass er ihre Herzen und Seelen auf zynische Weise missbraucht und zerstört hat ...

Ihr in der Zukunft ... holt euch doch einmal eine Bildaufzeichnung von einer Pressekonferenz des Herrn Wieler auf euren Bildschirm ...

Dieser kaltherzig starrende ... empathielose Mensch mit seiner kratzend, kalten, kaputten Stimme, den ihr da sehen werdet ... das ist der Mann, der das RKI leitet und die Verantwortung trägt für all die Fehlentscheidungen, die die Regierung aufgrund seiner Irrtümer trifft ...

Ein letztes Wort erlaubt mir … ich bitte euch … Die Quantenphysik hat uns bewiesen, dass Materie Informationen speichert … und weitergibt … Die naziideologieverseuchten Wände des RKI wurden niemals abgerissen … macht euch mal eure eigenen Gedanken dazu …..

….

4. Mai 2021

So ... nun habe ich eine Nacht „darüber geschlafen" ... über die letzten aktuellen Informationen ... und habe gehofft mit einem besseren Gefühl aufzuwachen ...

Weit gefehlt ...

Wie sollte auch ein Schlaf all den Irrsinn auflösen ... es kann doch nur der Versuch einer Verdrängung sein ...

Ich bin mir bewusst, dass es in unserer Zeit Millionen von Menschen so geht wie mir in diesen Tagen und letzten Stunden ...
Wir schauen mit steigender Fassungslosigkeit auf das Schlachtfeld dieses Krieges ... und können kein Ende erkennen ...

Damit man auch nur ja nicht in den Verdacht gerät es könnte nach einem halbtiefen Schlaf am nächsten Morgen irgendwie „besser" geworden sein ... damit man also nicht in einer Selbstbelügung strandet: ... gibt es die aktuellen Nachrichten zum Tag ... heute ... am 4. Mai 2021 konnte ich folgende Informationen auf den größer werdenden Stapel des Wahnsinns ablegen ...

Die mächtige, kinderlose Frau an der Spitze der deutschen Regierung hat sich doch tatsächlich mit Künstlern getroffen ...

Was tut man nicht alles, um sich den Anschein der gebildeten Weltoffenheit zu geben ...?!

Im Gespräch mit den Künstlern hat die Frau an der Spitze dann erfahren, dass die Künstler seit über einem Jahr ihrer Profession nicht folgen können ... und die Hilfsgelder nur schleppend ... oder gar nicht ankommen ...
Als wäre das überraschend, setzte die Frau an der Spitze ein besorgtes und überraschtes Gesicht auf und erklärte:

„Dass sie ... das (!) ...... mitnehmen werde" ...

Wohin?!

Mag sich der eine oder andere Künstler gefragt haben?!
Das Detail war dann aber auch nicht weiter von Interesse, weil die Kanzlerin mit endlich fröhlichem Gesichtsausdruck erzählte, was die bundesweite Machtergreifung im Detail bedeutete ... Zum Beispiel bei Gerichtsurteilen ...

Ja ... jetzt wird es spannend ... denn seit der Abschaffung der Demokratie ... und dem sie darstellenden Förderalismus hat sich nämlich auch Entscheidendes in der Rechtsprechung getan ...
Bis zum 22. bzw. 23. April ... dem Datum der deutschen demokratischen Selbstkastration auf politischer Ebene, konnten die Verwaltungsgerichte Urteile fällen, die sich dem Wahnsinn der Verordnungen entgegenstellten ...

So hatte zum Beispiel ein Richter in Weimar einen Richterspruch gefällt, in dem er das Tragen von Masken für Kinder in der Schule für nicht rechtens erklärte ...
In dem mehrere Seiten umfassenden Urteil erläuterte der Humanist, dass Kinder in ihrem Recht auf freie Entfaltung schwer behindert

würden ... durch das Tragen einer Maske ... die nach medizinischer Expertise gesundheitsschädlich sei ...

Das Urteil wurde von den verbliebenen Vernünftigen im ganzen Land und über seine Grenzen hinaus mit großem Jubel aufgenommen ...

Das allerdings hatte zur Folge, dass die Frau an der Spitze der Volksverräter die Annullierung des Urteils durch..."Höhere Instanz" durchsetzte ...

Endlich musste sie sich nicht mehr mit den Störenfrieden in Gestalt unabhängiger Richter und Richterinnen auf Provinzebene herumschlagen ... endlich galt das Machtwort aus dem Bundeskanzleramt für jeden auch noch so kleinen Landkreis ... jede Stadt und jedes Dorf ...

...

„Seltsam" ... denkt es in mir ... sehr seltsam ... Da hat also die ganze Umerziehung eines ganzen Volkes nichts genützt ...

Wie meine ich das?!
Nun ... viele Jahre lang hat ein Volk gebrüllt: „Ein Volk ... ein Reich ... ein Führer" ... und ... um dieser Überschrift noch etwas mehr Genauigkeit zu verleihen, schrie das Volk ... also ... der Verbraucher:

„Führer befiehl... wir folgen dir!!!"

Ja ... das hatte Kraft ...

Das war eindeutig ... und mit diesen Reden auf den Lippen wurde dann auch der Krieg ... ... der letzte ... ich meine ... den echten! ... verloren ...

In den Jahren und Jahrzehnten danach wurde dieses Volk dann auf Demokratie ... zurück getrimmt ...

Umerzogen .....

... Ja ... ...

es scheint so, als wäre dabei etwas schiefgelaufen ... aber warum?!

Woran kann es liegen, dass dieses Volk nicht zu Hunderttausenden auf die Straße geht ... und die Regierenden hinwegfegt ... Ich glaube, ich habe nur eine fürchterliche Antwort bereit:

Sie lautet:

Weil sie es nicht wollen ...

.....

Natürlich ist man jederzeit bereit in gefälligen Talkshows darüber zu philosophieren, wie wichtig die Freiheit des Einzelnen doch ist ... ... auch das höchste Gut ...
Und dass man ja wohl aus der Zeit des Faschismus gelernt hat ... usw. ... usw. ...
Aber ... wenn es dann hart auf hart kommt ... Bis hin zum ... Ja! ... Krieg! ... um die Freiheit und die Demokratie ... nicht schon wieder

zu verlieren ... dann schweigt des Volkes Stimme

...

Natürlich richtet sich genau dieses deutsche Volk so augenscheinlich als Modellfall an ... mit seiner ... erstaunlichen Geschichte von Diktatur und Demokratie ... aber ... ich bin nicht so naiv, um zu glauben, dass diese Unterwürfigkeit nur ein deutsches Merkmal ist ... nahezu alle Länder meiner Zeit ... und ihre Völker ... haben „Ja" gesagt ... zur Entrechtung ... Zur Unterwerfung ... Zur Aufgabe ihrer Grundrechte ...

„Wollt ihr den totalen Krieg!!??"

... hat Joseph gefragt ... „Ja" ... hat ihm der Chor des Volkes entgegen gebrüllt ...

In den Jahren seit ich begonnen habe ein wenig Bewusstsein zu entwickeln ... also ... sagen wir ... ab dem 14. Lebensjahr ... habe ich ... und alle (!) Anderen (!) meiner Zeit diesen Moment wohl Tausende Male gesehen ... im Fernsehen ... im Schulunterricht ... ... in Gedenksendungen ...

Tausendmal wurden wir darauf eingeschworen dem Faschismus und dem blinden Kadavergehorsam eine Absage zu erteilen ... Wann und wo ... und wie auch immer wir ihm begegnen sollten ...

Und jetzt?! ...

In einer Umfrage, die ich vor Kurzem im Fernsehen gesehen habe, war zu lesen, dass 76 Prozent der Menschen im Land die Maßnahmen als: „zu schwach" ... empfinden ...!

Als: zu schwach!!!

... Ihr habt richtig gelesen ... meine Freunde in der Zukunft ...

76 Prozent hätten es gerne noch härter und noch schärfer ... 76 Prozent wünschen sich also ... dass ihre Kinder noch länger traumatisiert werden ... noch länger jeden humanen Umgang verlernen ... noch mehr Kinder an Selbstmord denken ... und ihn vielleicht auch endlich begehen ... dann herrscht Ruhe in der viel zu kleinen Wohnung ... im 6. Stock ... am Stadtrand ...

... 76 Prozent wollen offenbar, dass die Großeltern überhaupt keinen Besuch mehr empfangen sollten ... nicht einmal durch die Plexiglaswand ... 76 Prozent wollen offenbar chinesische Verhältnisse ... wo die Eingangstüren zu Wohnflächen zugeschweißt werden ... damit alles drinnen bleibt ...

76 Prozent stimmen also für noch mehr Ausgangssperren ... wahrscheinlich am Besten von 0 bis 24 Uhr ...

und 76 Prozent wünschen sich offenbar eine Dauerpräsenz der Polizei auf allen Straßen ... und härteres Vorgehen gegen ... Terroristen ... die ohne Maske ... allein ... am Flussufer spazieren gehen ...

Ja ... Das (!) ist des Volkes Wahrheit ... in diesen Tagen ...

Mit Erstaunen erinnere ich mich daran, dass vor vielen ... vielen Jahren ... in Brokdorf noch an die 100.000 Menschen gegen die Polizei und die Atomkraft angetreten sind ... damals ging das noch ... und heute ..?!

... ???!!!!

Was ist geschehen mit diesem Volk ... Welches Mittel hat man ihm heimlich in das Trinkwasser gemischt ... damit es gefügig wird ... und „Ja" brüllt ... wieder einmal ... zu 76 Prozent ...

So viel hatte in der Schlussphase nicht einmal Adolf Hitler ...?!

Halt ...

Ich muss mich zur Ordnung rufen ...

Ich habe beinahe vergessen, dass ich all das hier für euch schreibe ... ... meine Freunde in der Zukunft ... und nicht als Aufruf für uns ... die Heutigen ...

Ja ... es ist ein eigenartiges ... so noch nie gekanntes Gefühl der Ausweglosigkeit ... in die uns die Mächtigen unserer Zeit manövriert haben ... und in diesem Zustand ... in dem wir gefesselt um unseren Atem kämpfen ... in diesem ohnmächtigen Zustand beginnen sie uns immer offener zu verhöhnen ...

Wie das?!

Kehren wir zum Thema der Impfung zurück ...

Es gibt wachsame Ärzte, die darauf hinweisen, dass die Injektionen, die den Menschen zur Zeit millionenfach verabreicht werden, gar keine „Impfung" darstellen ... sondern unter medizinischem Aspekt als „Wirkstoff" zu sehen sind ... der lediglich den Krankheitsverlauf abmildern soll ...

Unglaublich ... aber wahr ...

Das Mittel ... die Mittel ... auf die die Menschheit zur Zeit ihre ganze Hoffnung richtet, immunisieren nach letzten Erkenntnissen NICHT gegen das Virus ...

!!!!!

„„„„!!!!!!!!

Darum wird auch von den Herrschenden verlangt, dass die „Gespritzten" ... ich vermeide jetzt mal das Wort Geimpften ... dass also die „Gespritzten" weiterhin Masken tragen und Abstand halten ...

So weit ... so irrsinnig ...

Aber ... wie ein lieber alter Freund von mir gesagt hat: „Es gibt noch Steigerungen ..."

In der Folge der kontrollierten Desinformationen haben die Herstellerfirmen des „Wirkstoffes" gemeldet, dass man nicht nur mit einer ersten und zweiten ... „Spritzung" ... rechnen soll ... sondern dass nach einiger Zeit eine dritte ... Injektion nötig sein wird ...

Genug vom Irrsinn ohne Ende?!

Nein ... „Es gibt noch Steigerungen" ... was bedeutet, dass ich in einem Videoportal eine launige Botschaft des Bayerischen Ministerpräsidenten Söder gefunden habe ...

In launigem Butterbretzelton ... und dazu passendem Lächeln sagt er: „Wir sind uns doch alle einig, dass es mit den ersten Impfungen nicht getan sein wird ... es wird eine 3. und 4. Impfung brauchen ... und dann so weiter ... die nächsten Jahre hindurch ... es braucht also keiner glauben, dass es mit zwei so Stichen getan ist ..."
……..

Breites ... bayerisch gemütliches ... wohlwollendes Abschlusslächeln ... und: Schnitt!

Kein Scherz ...

Keine Satire ...

Realität im April 2021 ...

Sehen wir noch am selben Tag dieser Botschaft Hunderttausende auf den Straßen vor dem Amtssitz des Ministerpräsidenten, um seine Demission zu ordern?!

... Hören wir die Sprachchöre, die „Rücktritt ... Rücktritt!!!" ... fordern?!

Nein ... Aber wahrscheinlich können die 100.000e nicht auf die Straßen ... weil sie den Vorhersagen der Mächtigen gefolgt sind ... und folglich schon längst an Corona verstarben ...

Muss ich mich für diese kurze ... ohnmächtige.... Entgleisung entschuldigen ...??!!

Ich denke: Nein! ... Immerhin möchte ich ja nicht mit den panischen Künstlern verwechselt werden, die für ihre Satire beim Volk ... und den Mächtigen für ihren mutigen Impuls also ... um Vergebung flehen ...

Da haben wir also einen genmanipulierenden Stoff ... von dem niemand eine Ahnung hat, was er für Langzeitwirkungen hat ... da starben bereits die ersten Hundertschaften unmittelbar nach der Spritzung an Thrombosen ... und Herzentzündungen ... und das Volk schweigt ...

Ist in Ordnung ... ich muss das nur hinschreiben, damit ihr euch in der Zukunft ein Gesamtbild machen könnt ...
Damit nicht genug ... planen sie jetzt auch noch demnächst Kinder ab 12 Jahren zu ... spritzen ... und demnächst auch noch Babies ... Mit einem Wirkstoff, der sich immer noch in Testphase 4 befindet ... weltweit ...

Da kommt mir folgender Gedanke ...
Wir haben doch gelernt ... „dass jedes einzelne Menschenleben zählt" ... So weit ... so gut ...

Nun erfahren wir aber, dass der Wirkstoff auch eine interessante Wirkung hat ... er kann auch töten ...

!

Als das erkannt wurde, hat man sogar ein paar Tage mit dem Spritzen aufgehört und gewartet, was die europäische Oberautorität in Sachen Gesundheit dazu zu sagen hat ...
Die Antwort war ... erstaunlich ...
Die Analyse hat ergeben ... dass: „Der Nutzen der `Impfung´ ... den Schaden ... überwiegt".

Vereinfacht gesagt ... „Sollen ruhig ein paar sterben ... wenn wir dadurch ein paar Andere leben lassen ..."
...

Ist das zynisch ... ... abgebrüht ... oder einfach nur ökonomischen Interessen geschuldet ...?!
Vielleicht hilft bei der Antwort folgendes Detail ... Die Chefin der Europäischen Arzneimittelbehörde hat vor diesem Amt für die Produktionsfirmen der Wirkstoffe gearbeitet ...!!!!!

!!!!!!

Alles klar?!
Alles klar ...

....

Wir leben also in einer Welt, in der Teile gegen Teile aufgerechnet werden ... das muss man nur wissen ... um seine Entscheidungen zu treffen: Pro oder kontra der ... „Spritzung" ...
Abgesehen von diesem Detail möchte ich kurz einmal auf den:

„Nürnberger Codex"

hinweisen ...

Nach dem 2. Weltkrieg waren die Alliierten so entsetzt über das, was sich manche deutsche Ärzte ... wie zum Beispiel Dr. Mengele geleistet hatten ... dass sie es verbieten wollten ... dass jemals wieder medizinische Experimente an Menschen vorgenommen werden ... Die NSDAP-Affinität des Robert-Koch Institutes möchte ich an dieser Stelle nicht noch einmal erwähnen ...

... Die Nürnberger Gesetze ... die sich die Nazis gestaltet hatten, waren nämlich die „Grundlage" zu Grausamkeiten gegen die Menschlichkeit ...

Was aber machen wir ... in unserer Zeit ... mit den Menschen unserer Zeit ...!

?!

Richtig ... wir benützen sie für ein Genexperiment, von noch nie da gewesenem Ausmaß ...

Dr. Bhakdi hat schon mehrmals darauf hingewiesen, dass die Zeit kommen wird, in der sich die heute Verantwortlichen für ihre Aktionen werden rechtfertigen müssen ...
Wie das Urteil ausfallen wird ... das wisst nur ihr ... meine fernen Freunde in der Zukunft ...

5. Mai 2021

Es ist früh am Morgen ... sagen wir ... 5:30 Uhr ... Es klopft vehement an der Tür ... der aufgeschreckte Mann in seiner Wohnung öffnet ... Polizeikräfte dringen in sein Haus und beginnen mit einer Durchsuchung ... Sie beginnen zielstrebig im Arbeitszimmer und ziehen Computer und andere Datenträger von der Steckdose und stopfen sie in mitgebrachte Tragetaschen ... Sie arbeiten sich in der Folge durch sämtliche weitere Räume der Wohnung ... untersuchen den Bücherschrank ... Schreibtische ... Wäscheladen .. ... Sie kontrollieren Tagebücher und Briefverkehr und stecken jedes Blatt Papier in die mitgebrachten Tragetaschen ... ... dann verlangen sie von dem Bewohner das Handy ... und Anschlussgeräte ... Nach einer guten Stunde verlassen sie die auf den Kopf gestellte Wohnung und fahren in die Morgendämmerung davon ...

Ja ... ... denkt ihr jetzt mit Sicherheit ... So war das ... im Jahr 2021 ... in Ländern mit einem totalitären Regime ... schrecklich, schrecklich ...

Verzeiht ... aber ich muss euren Bildungshorizont etwas erweitern ... Heute Morgen ist mir nämlich bewusst geworden, dass ich gestern vergessen hatte, die eben beschriebene Szene niederzuschreiben ... Sie hat sich nämlich nicht in Nord-Korea zugetragen oder in einem Land wie Saudi-Arabien ... Nein ... diese Ereignisse haben den Richter betroffen, der es gewagt hatte das kinderfreundliche Urteil in Weimar zu fällen ...

Ja ... wirklich ... keine Übertreibung ... keine Verschwörungstheorie ... darüber hinaus hat das ihm übergeordnete Gericht diese Hausdurchsuchung und Beschlagnahmung seiner Arbeitsunterlagen verfügt ... ... weil der „Verdacht auf Rechtsbeugung" vorgelegen sei ...

Rechtsbeugung ... muss sich im Jahr 2021 ein Richter vorwerfen lassen, wenn er zum Wohl der misshandelten Kinder ein Urteil fällt, um Schaden von ihnen abzuwenden ...
Man kann den Behörden vieles nachsagen ... aber nicht, dass sie aus der Geschichte nichts gelernt hätten ...

Sie haben ihren Mao-Tse-Tung sehr gut und nachhaltig studiert ... Immerhin hat der große Visionär und Verursacher von Millionen Toten folgenden Satz hinterlassen:

„Bestrafe Einen ... erziehe Hundert!"

Damit ist eigentlich alles gesagt ... Nein?!

Was glaubt ihr ... wie viele Richter werden es noch wagen gegen den erklärten Willen der Herrscherin noch menschenfreundliche Urteile zu fällen?! ...

?

Aber Halt!!! ... Die Frage ist verständlich ... aber obsolet. Seit dem 22. und 23. April haben die Verwaltungsgerichte ja keine Macht mehr ... die liegt jetzt einzig und allein im Willen des Bundeskanzleramtes ... Verzeihung ... Bundeskanzler- ... Innen ... amtes ...

Jetzt kann man natürlich noch besser und ... faktenbasiert ... verstehen ... warum die Frau an der Spitze der Macht so selig gelächelt hat ... als sie den Künstlern davon berichten konnte ... dass die Gerichte in den Landkreisen endgültig ausgeschaltet sind ...

Bewundernswert ... Machiavelli 2.0 ... oder wie werde ich Despot ... in ... in nur zwei Wochen ...
Apropos Despot ... und ... a propos totale Machtübernahme ... es gibt so viel zu lernen in unseren Tagen ... ... für kommende Diktator...innen ...

Wie ich das belegen möchte ...?! ... Nun gut ... ich erzähle es euch ...
....

Aus dem Handbuch des angehenden Putschisten ... „Kapitel 1 ..."

Was haben Revolutionäre ... Putschisten ... Umstürzler jeder Couleur zu allen Zeiten als Erstes getan ... noch bevor der König ... oder die Königin geköpft wurden ....?!

Richtig ......

... Sie haben sich die Hoheit über das Nachrichtensystem gesichert!

Ist doch einleuchtend ... damit das Volk ... der Verbraucher ... daheim erfährt, wer ihm ab heute mitteilt, wie er zu leben hat ... dazu erstürmt man als Erstes Radio und Fernsehstationen ... und die Kraftwerke, die die Elektrizität liefern, damit Radio und Fernsehen funktionieren ... Logisch ...

Beim klassisch, altmodischen Putsch ist man dann laut schreiend und

schießend in das Hauptstudio eingedrungen und hat begonnen, das neu geltende Vaterunser dem Volk vorzubeten ...
Das war ... naturgemäß sehr laut und manchmal auch blutig ... alles in allem nicht ... smooth ... wie wir in unserer Zeit sagen ...

Unlängst aber konnte ich staunend beobachten wie ... smooth ... das Ganze in unserer Zeit über die Bühne gehen kann ...

Es gibt in unserer Zeit die eine oder andere Talk-Show, in der mehrere, handverlesene Politiker und Journalisten so tun, als würden sie einander zuhören und Lösungen für die Rätsel unserer Zeit suchen ...

Da es immer dieselben Darsteller sind, entbehrt das Format jeder Innovation ... lässt aber das Volk ... im Glauben es würde in einer Demokratie leben ... in der wirklich jede ... auch abweichende Meinung zu Wort kommen darf ...

Manchmal ... zu besonderen Anlässen, gibt es auch ein Einzelgespräch der bekanntesten Moderatoren mit dem jeweiligen Regierungschef ... bzw. Chefin ...
So auch erst vor Kurzem ... angesichts der dramatischen Katastrophe ... der größten seit den letzten hundert Jahren ... die eine Sterberate von 0,1 bis 0,2 Prozent aufweist ... und 99,7 Prozent der Verbraucher vor jeder Gefahr oder sogar Tod verschont ...
Es sitzen sich also die Chefin der Regierung und Anne Will ... ... die bekannte Moderatorin ... gegenüber und beginnen zu reden ....

...

„Das wird spannend" ... denke ich und vergesse darüber sogar in die

Chipstüte zu greifen ...

„Jetzt muss doch ... ... unter Wahrung des journalistischen Ethos eine beinharte Befragung beginnen ... seitens der bekannten Moderatorin ... jetzt wird sie doch gleich Fragen stellen, die die misshandelten Kinder und Alten betreffen ... und die überhaupt nicht überlasteten Intensivstationen ...

.... dass sie nicht überlastet sind, ist keine Verschwörungstheorie ... sondern lässt sich daran messen, dass Deutschland Kranke aus Nachbarländern aufnehmen kann ... aus Ländern, deren Gesundheitssystem noch mehr beschädigt wurde als das der B.R.D ...

Gut ... sie wird sicher fragen, wie die mächtige Frau es rechtfertigen will, dass die Wirtschaft den Bach runter geht und Hunderttausende ... Achtung! ... nicht sterben ... sondern vor dem Ruin ihrer Existenz stehen ...

Das wird spannend ... denke ich ... Gott sei Dank leben wir in einer Demokratie ... in der es Journalisten aus den USA gelungen ist, für so ein investigatives Interview auch den entsprechenden Namen zu finden: „Grillen!" ...

Ich freue mich also gleich zu erleben, wie die Frau, die die Macht hat, gleich gegrillt wird ... und erlebe ... Folgendes ...

Die bekannte Moderatorin, deren Aufgabe es wäre ... und deren journalistischer Ethos sie ja eigentlich dazu verpflichten würde ... kritische Fragen zu stellen, sagt am Beginn der Märchenstunde: „Ich habe mir überlegt WIE ich dieses Gespräch mit Ihnen führen möchte

... und ich habe mich dazu entscheiden in ihrem KOSMOS zu sein ..."

...

Ja ...

...

Ihr könnt den Satz gerne ein zweites Mal lesen ... oder abspielen ...
„In Ihrem Kosmos" ...

...

Ich durfte also an diesem Abend Zeuge sein ... wie ... die Machtübernahme über die Rundfunkstationen aussieht ... wenn man es ... zeitgemäß ... smooth ... angehen lässt ...

Die Moderatorin hat sich flach wie ein Bettvorleger vor die Person auf den Rücken gelegt, die sie mit hartnäckigen und unangenehmen Fragen auf das Äußerste hätte prüfen müssen ...
Sie hätte Vermutungen, die sich als absolute Wahrheiten tarnen, als Chimäre entlarven müssen ... ... Sie hätte Forschungsergebnisse, die dem Regierungsgespräch zuwiderlaufen in die Diskussion bringen müssen ... Sie hätte kurzgesagt ... den Grill anwerfen müssen ...
...

Nichts von alledem ... stattdessen ...ein Kotau Nord-Koreanischer Manier, um der Mächtigen gefällig zu sein ... und die Sendung zu behalten und den Moderatorenposten … über deren Besetzung der Chef der Sendeanstalt entscheidet … der von der Regierung eingesetzt wird … in den öffentlich rechtlichen Sender … der von Steuergeldern finanziert wird … die die Regierung verteilt …

Ja …

Um dem Ganzen auch noch die Krone aufzusetzen, kam es dann noch zu dem magischen Moment, an dem die Moderatorin der Chefin eine ultimative Horrormeldung als mögliche Realität unterbreitet …

Details?! Gerne …

Zum Zeitpunkt des Gespräches … vor gut sechs Monaten … von meinem Heute … am 5. Mai angerechnet … 2021 … lag die Zahl der … „Neuinfektionen" in Deutschland bei circa 25.000 bis 26.000 pro Tag …

Das alles mit PCR Tests gemessen, die nach wissenschaftlicher Expertise für den Nachweis einer tatsächlichen Infektion nicht geeignet sind … wie wir bereits gelernt haben … Der Chef des RKI … des Robert-Koch-Institutes … … das in der Vergangenheit von NSDAP-Schergen personell verseucht war … (aber das ist ja Gott sein Dank lange her und heute nicht mehr relevant … Quantenphysik hin oder her …)
…

Der Chef des RKI … Herr Wieler … hatte nämlich am Vortag der Sendung rechtzeitig prognostiziert, dass sich „schon sehr bald" 100.000 Neuinfizierte pro Tag ergeben können …

100.000!

Was für eine Zahl ... Drunter machen sie es nicht ... die Menschen, die angetreten sind für unser Wohl Sorge zu tragen ... und angesichts der 100.000enden von Toten ... die es immer noch nicht gibt ... (!) ... kann ich gut nachvollziehen, dass die Sorgen berechtigt sind ... Wenn ich aber auf 100.000 Neuinfizierte hoffe ... dann komme ich auch ... eines Tages zu einigen Toten mehr ... hoffentlich ... Diese Prognose also legte die Moderatorin der Machtfrau zu Füßen ... welche auch sofort dankbar zugriff und meldete ... dass sie: „Jedenfalls nicht zuschauen werde, dass wir 100.000 Neuinfizierte haben werden ... pro Tag ..."
...

„Donnerwetter" ... dachte ich mir ... „das nenne ich mal ein Drehbuch!" ... Kann man besser den Steigbügel halten für das, was dann angekündigt wurde ... diese alles bedrohende Zahl wurde zum pseudorealen Anlass ... das Infektionsschutzgesetz zu planen ... durchzupeitschen ... und die Demokratie zu beenden ... So schnell und effizient geht Politik in unserer Zeit ... So . smooth ... und geräuschlos ...

Alle Beteiligten in den unteren Rängen sind so dermaßen aneinander und ineinander verfilzt ... dass eine Selbständigkeit oder gar gegenteilige Meinung zum Regierungsbefehl als smoother Selbstmord verstanden werden kann ... Wieder einmal stellt sich die Frage, was wir Heutigen unseren Kindern antworten werden ...

Es könnte ja sein, dass sie uns eines Tages fragen werden ... „Warum habt ihr das alles geduldet?!"... Die Lügen ... die Entmündigung ... das Aufgeben einer Demokratie ... für ein Lügengebäude ...??

... Ob wir Heutigen dann ein „Déjà-vu" erleben werden ...?!

?

Immerhin haben wir ja unsere Eltern nach ihrer Beteiligung am Diktatursystem befragt ... mit vorwurfsvollem Ton ...
Jetzt ... könnte uns langsam klar werden ... wie schwer es unsere Eltern hatten ... in ihrer Zeit der Unterdrückung ...
Es lässt sich so leicht moralisieren ... in den Zeiten des wohligen Wohlstandes ... in dem alle Annehmlichkeiten ... bis hin zu freier Meinungsäußerung selbstverständlich zu sein scheinen ...
Von einem Tag auf den anderen gelingt es dann plötzlich einem Märchen unsere ganze Welt in ein System der Entmündigung zu drehen ... und dann ... dann erst wird uns bewusst ... auf welch dünnem Eis unsere Demokratie dahin schlittert ...

Wenn eines Tages die Führer beschließen, dass es keinen Grund mehr gibt ... Grundrechte aufrecht zu erhalten ... dann wird es ... über Nacht ... ungemütlich ...
Dann genügt ein Verdacht auf eine Gefahr als Grund ... die Grundrechte aufzuheben ...
Und dann ... .. ist das dann schon der Anlass für das Volk auf die Straße zu gehen und zu revoltieren?

Leider ... Nein.

…..

Gleichzeitig bleibt nämlich das wichtigste Kampfmittel der Mächtigen gegen das eigene Volk und ihr Recht … unberührt …

Das …………

……

……. Klopapier …

…

Verzeiht … ich konnte nicht widerstehen … aber diese weichen flauschigen Papierrollen sind das archetypische Symbol dafür … wie der Verbraucher mit dem Verdacht einer Krise umgeht …
So dumm ist es ja auch nicht angesichts der Panikmache in den ersten Tagen der „größten Krise seit 100 Jahren" an den Untergang zu denken … und das Verhungern … Also … ab in den Supermarkt ...
... Nudeln, Reis und Ketchup holen und … für danach …

Das Klopapier …

Was jetzt in diesen Zeiten wie ein Scherz daher kommt … ist in manchen Teilen der Welt aber bereits bittere Realität …

Heute Morgen war in den Nachrichten die Meldung zu vernehmen, dass aufgrund zusammenbrechender Lieferketten in den ärmsten Ländern weiteren 100 Millionen die Hungersnot droht …

….

In Worten: Hundert Millionen ... Warum?! Weil die Lockdowns der reichen Länder bewirkt haben, was die WHO dann doch vorausgesagt hat ... Armut und Hunger ... ... aber Gott sei Dank nicht in Hamburg ... Paris .. Berlin ... Wien ... Kassel ... Rom, und Wuppertal ... dort hält man das Volk ruhig ... mit offenem Supermarkt und 5 lagigem Klopapier ...

Apropos Horrormeldung ... besser ... Falschmeldung ... bzw. ... Überreaktion ...
Der Handstreich, mit dem das Volk von der Demokratie entbunden wurde, nimmt eine erheiternde Farbe an ...
Die „Notbremse", die über das ganze Land verhängt wurde ... und für deren Umsetzung die Demokratie abgeschafft wurde ... hat sich nach einer heutigen ... wissenschaftlichen ... Meldung ... als Schuss in den Ofen herausgestellt ... Wie das?!

Details?!
Gerne ...

Es gilt ... seit Einführung der „Notbremse" ... dass jeweils bei Überschreiten einer Inzidenz von 100 alles komplett dicht gemacht wird ...

So weit .. so ... egal!

Seit einigen Tagen beginnt im ganzen Land die Inzidenz in den freien Fall überzugehen ...
Ist das nicht großartig ... jubeln die Mächtigen an der Spitze der Nah-

rungskette ... und wollen uns damit sagen, dass die „Notbremse" und damit die Aufgabe der Demokratie dafür verantwortlich sind. ... Und folglich der Putsch absolut gerechtfertigt war ... weil Hunderttausende ... was schreibe ich?! ... weil Millionen Menschenleben dadurch gerettet wurden ...

...?

... Ihr ... meine Freunde in der Zukunft ... ihr, die ihr mich mittlerweile besser und besser kennt ... wisst ... dass es ... wenn ich so schreibe ... mit Sicherheit ... ganz anders ist ...

Richtig!

Die Wahrheit sieht nämlich wie folgt aus ...
Im Bundesgebiet der ehemaligen Demokratie Deutschlands gab ... gibt es nämlich Landkreise ... in denen die Inzidenzen immer (!) weit unter 100 gelegen sind ...
Das wiederum bedeutet ... dass sie auch in den letzten Zeiten niemals über 100 gestiegen sind ... in der Folge hat es also auch niemals ... und schon gar nicht aktuell ... einen kompletten Shotdown gegeben ...

Und trotzdem fallen in diesen Gebieten ... wie in den Gebieten, die mit der Notbremse kalt gestellt wurden, die Inzidenzzahlen ... Das wiederum aber bedeutet, dass die Notbremse ... der Lockdown ... das Zerstören jeder Normalität ... nicht den geringsten Einfluss auf das Infektionsgeschehen hat ...

....

Es ist also, wie die WHO gemeldet hat ... vor ... einiger Zeit ... Lockdowns bringen nichts ... außer Not, wirtschaftlichen Ruin ... und letztlich ... Tod ...

So ist die Realität in unseren Tagen ... ... aber wie wir das eines Tages unseren Kindern verkaufen wollen ... wenn sie uns nach unserem Widerstand fragen werden ... das weiß ich nicht ... tut mir leid ...
…..

Ob Anne Will all das bedacht hat ... als sie die füllige Machtfrau hofiert hat ... für die Einleitung für den Putsch ... gegen die Demokratie ... im Volk der Dichter und Denker ...?
Und selbst wenn sie es gewusst hat ... was ich glaube ... denn sie ist ja nicht blöd ... dann war es ihr ... egal ...

Ist ja auch menschlich ... wer will schon sehenden Auges die Hand schlagen, die ihn oder sie ... füttert?!
Und ... „Erst kommt das Fressen ... und dann erstmal ganz lange überhaupt nichts ...
Moral?! Treue .. ... Solidarität ... Hallo?!... Ich meine, selbst Petrus hat Gottes Sohn ... von dem ihm klar war ... dass er es ist ... verraten ... mehrmals ... „noch ehe der Hahn gekräht" hat ...

Was also erwarten wir von den Textlieferanten unserer heutigen Presse ... die natürlich vollkommen unabhängig agiert ... deren Blätter lediglich voll sind mit Anzeigen ... die von der Regierung bezahlt werden ...

Alles klar ...?!
Alles klar!

So ...! Ich finde es wird Zeit für eine Verschwörungstheorie ... oder zumindest für die Frage nach einer Verschwörungstheorie ...

Zuvor aber ... eine kleine Bemerkung ... als Erinnerung ... während all das geschah und geschieht ... sitzt ein schwedisches Liebespaar in der Nähe des Königspalastes in einem Straßencafé und trinkt einen ... Kir Royal ... So weit ... so gut ...

Also ... weiter ... während all das geschah ... und geschieht ... hat es in Florida niemals einen Lockdown gegeben ... und wird ihn auch niemals geben, solange der derzeitige Gouverneur Ron DeSantis im Amt ist ...

Die Pointe an dieser Bemerkung besteht darin, dass es in Florida keine bemerkenswerte Erhöhung der Krankheits- und Todesfälle gab und gibt. Im Gegenteil ... Florida hat sogar eine niedrigere Todeszahl als Staaten der USA, in denen ein strenger Lockdown verhängt wurde ...
In Florida gab es auch niemals eine Maskenpflicht ... und wird es auch nie geben ... Ist das nicht erstaunlich?!

Mindestens so erstaunlich ist auch, dass in Texas alle Restriktionen vor geraumer Zeit aufgehoben wurden ... und kein Anstieg der Todeszahlen zu bemerken war ...
So ... und all das gilt mittlerweile für insgesamt 22 Staaten in den USA ...
Lohnt es sich darüber nachzudenken, dass diese Staaten allesamt von

Republikanern geführt werden ..?!

……

Interessant, wohin sich die Aufmerksamkeit verschiebt, wenn man die Fake-Pandemie nicht mehr als Götzen der Entrechtung anbetet …

So!! … Da ist es … zum ersten Mal in diesen Zeiten … das Wort …

„Fake-Pandemie" …

Wieso erst so spät?!

… Ich wollte euch … in der Zukunft erst einmal ein wenig vom Wein des Wahnsinns kosten lassen … bevor ihr dieses Wort akzeptieren könnt …

„Fake-Pandemie" … nennen es die Einen … „Plan-Demi" noch Weitere …

„Wie denn das, um Gottes willen?", könnte man rufen … Aber angesichts der nicht und nicht sterben wollenden Abermillionen ist es erlaubt … auch einmal über Verschwörungstheorien nachzudenken … Noch dazu, wo sie in meinen Tagen eine nach der anderen … zur Realität wurden … wie zum Beispiel der Impfpass … der Grüne … und die Impfpflicht … die nicht vorhandene …
Genug … nur eine kurze interessante Geschichte … zur Einstimmung …

…..

Am 18. Oktober 2019 fand im New Yorker Hotel „The Pierre" ein Pandemie-Planspiel statt, das den Namen „Event 201" trug …
!
Vertreter aus aller Herren und Frauen … Länder haben daran teilgenommen … unter anderem auch Vertreter aus … China!
!
Die Simulation einer Pandemie … weltweiten Ausmaßes wurde vom John Hopkins Center for Health Security … gemeinsam mit dem Weltwirtschaftsforum und … der Bill-Gates-Stiftung abgehalten ………….
…!
Ja … Richtig gelesen …
Ist das nicht interessant, könnte der historisch interessierte Verschwörungstheoretiker nun fragen, dass all diese Staatenlenker und ihre Finanziers genau das durchspielen … was kurz danach eintritt …?!
….!!!

Es gibt interessante, sehr ähnliche … „Übungen" … zu besonderen Ereignissen … die dann überraschenderweise auch sehr zeitnah zu den „Übungen" eintreten … so wie zum Beispiel das US-Militär den Terrorangriff mit Passagierflugzeugen auf amerikanische Städte durchgespielt hat … Zeitgleich zum Terroranschlag „Nine -Eleven" … da kann es schon zu einer Theorie werden, dass es Verschwörungen gibt … von denen Anne Will besser nichts hören will … Sonst müsste sie auch das … umformulieren.

…

Ja ... Und?! ... Könntet ihr euch jetzt in der Zukunft fragen ... Ja ... Und ... das ist also alles eine Verschwörung?! ... Gut ... zu welchem Zweck ...?!

Ich kann die Frage verstehen ... aber ... bevor wir zu einer möglichen Antwort kommen ... noch ein paar Details ...

Details, die darüber aufklären ... wie ... das Volk ... subtil ... manipuliert wird ...

Das beginnt schon bei den ... nicht aussagekräftigen PCR-Tests ... gehen wir davon aus, dass ein Mensch tatsächlich „Corona" hatte ... in so milder Form wie über 90 Prozent aller Menschen ... dass er nicht einmal etwas davon bemerkt ... Sein Immunsystem ... gestärkt durch frische Luft und verbotene soziale Kontakte ... hat nämlich das getan, was es seit Anbeginn der Menschheit tun soll ... es hat das Virus bekämpft und besiegt ... als Ergebnis von diesem ... Krieg ... schwirren nur noch Bruchstücke des Virus im Körper herum ... der Test spürt diese auf ... und da er nicht zwischen aktivem und totem Virus unterscheiden kann ... gilt dieser gesunde Mensch ... als kranker Mensch ... somit kann man die Zahlen der Kranken endlos in die Höhe treiben und die Verbraucher in den Wahnsinn ...
....

Zweitens ... in den ersten Monaten der Fake-Pandemie fand ich im täglichen Rapport der TV-Nachrichten ein Schaubild ... Es zeigte ... Infizierte ... Tote und (!) .....
Genesene!!!

!!!

Daran könnte jedermann ablesen, dass ca. 99 Prozent aller Betroffenen ... gesund wurden ... da diese Informationen bei mir nicht der geringste Anlass zur Panik war ... hat man sehr bald auf die Bekanntgabe der Genesenen verzichtet ...

Seit circa acht Monaten sehe ich also nur Infizierte und Tote ... ... welch ein Horror ... trotz fehlender Millionenzahl ... zeigt man meinem Unterbewusstsein ... „Infizierte ... Tote ... Tote ... Infizierte" ... das hinterlässt seine Spuren ... und zu guter Letzt folgt ein besonders raffiniertes Detail ...

Haben wir ... zum Beispiel eine Grippe ... ... dann teilt man uns die Toten ... pro Saison ... mit ... und beginnt die neue Zählung mit Jahresbeginn ...

Jetzt aber wird keine Unterbrechung gemacht ... es wird seit dem ersten Toten weitergezählt ... ohne Punkt und Komma ... daraus ergibt sich natürlich auf den ersten Blick eine höhere Todeszahl als die überlieferten Zahlen der Grippetoten in den letzten Jahren ... Toll ... Nicht wahr ... all das summiert sich und lässt mich mit kaltem Angstschweiß zum Waschbecken eilen ... um mir die Hände zu waschen ... so lange wie es dauert, um „Happy Birthday" zu singen ...
...

Nein ... kein Scherz, keine Satire ... Am Anfang der „größten Katastrophe der letzten 100 Jahre" hat man noch nach den allgemein verbindlichen Handgriffen gesucht ... um das sinkende Schiff verlassen zu können ... und dabei ist man darauf gekommen, dass das Virus eine gewisse Zeitlang gewaschen werden muss ... bis es abstirbt ...

Ja ... und dann haben sie festgestellt, dass es nicht die Gesangsdauer von „Frère Jacques" ist, sondern die von „Happy Birthday" ... ... damit der Verbraucher eine Orientierung hat ...
......
....
...

6. Mai 2021

Guten Morgen ... ich hoffe sehr, dass ihr ... meine lieben Brüder und Schwestern in der Zukunft ... einen guten Morgen hattet ... Ich ... in meiner Zeit beginne mir diese Hoffnung langsam abzugewöhnen ... wie auch immer man schlafen geht ... man kann sicher sein ... dass es noch Steigerungen gibt! ...

Also: Details? Gerne:

In Amerika gibt es eine Gesundheitsbehörde ... sie trägt den Namen „CDC" ... diese Gesundheitsbehörde hat eine astronomische Zahl von Toten gemeldet die „an Corona" verstorben sind ....
Die Zahl war so überwältigend hoch ... dass man hätte Angst bekommen können ... Viele, viele Verbraucher haben natürlich auch Angst bekommen und sind dem Rattenfänger von Hameln gefolgt ...
Auch in den Vereinigten Staaten von Amerika gibt es aber immer noch beherzte Menschen, die mit kluger Skepsis Meldungen aller Art ... hinterfragen ... nachbohren ... nicht locker lassen ... und Beweise bringen, die das Gegenteil von dem zeigen, was eben noch als Letzte aller Wahrheiten gemeldet wurde.

... Diese tapferen Nachkommen der ersten Pilgerväter von der „Mayflower" haben nun mit ihrer Recherche das „CDC" in steigendem Maß unter Druck gesetzt ... So lange bis das „CDC" zugeben musste, dass ...

Achtung (!)

94 Prozent der ursprünglich als Covid-19 deklarierten Todesfälle ... keine Covid-19 Todesfälle waren ...!

In Worten: Vierundneunzig Prozent ...!

Diese Toten mussten ihr Sterben auf Influenza, Pneumokokken, Herzinfarkt, Atemwegsinfektionen usw. ... usw. ... zurückführen ... Das half ihnen zwar nicht dabei weiterzuleben ... aber auf diese Weise waren sie wenigstens nicht gezwungen gegen ihren Willen am größten Fake der jüngeren Geschichte teilzunehmen ...

94 Prozent!

Dazu muss angemerkt werden, dass natürlich auch in meinen Nachrichten in Deutschland oder Österreich nach den ersten Wochen der Fake-Pandemie ... in denen noch von Corona-Toten gesprochen wurde ... dass sich da der Sprachgebrauch „AN oder MIT-Corona verstorben" eingebürgert hat ...

An ... oder ... Mit ...

Also ... für mich macht es schon einen gewaltigen Unterschied, ob der Mensch, der von einem Geisterfahrer auf der Autobahn in den Himmel genommen wurde, an Lungenkrebs gestorben ist ... oder am Frontalzusammenstoß ... Ginge es nämlich nach dem „Neusprech" unserer Fernsehanstalten ... und Radiosender ... und Hofberichterstattungen in der Presse ... dann wäre dieser Mensch „an und mit Lungenkrebs" verstorben ...

.....

Nein ... kein Scherz ... keine Satire ... Unsere Zeit ...

Ja ... aber ... werdet ihr in der Zukunft sagen ... ... ja, aber ... das geht doch nicht ... das ist doch eine Verzerrung der Tatsachen!!

Ja ... das könnte man sagen ... wenn man sich nicht die Mühe machen würde, um hinter die Kulissen zu schauen ...
Man muss sich nämlich fragen dürfen ... warum dieses immense Aufblähen der Coronazahlen stattfindet ...

Ich gebe euch drei mögliche Antworten ... Ja ... doch ... lasst uns dieses Spiel spielen ... Bitte!!

Also: Lösungsantwort *Nummer 1*: Es geht um medizinische Sorgfaltspflicht ...
Nummer 2: Bewusstseinsarbeit an den bildungsfernen Schichten unserer Gesellschaft, um ein erhöhtes Wachsamkeitspotential zu erschaffen ...
3.) Geld
....!!....

Es tut mir leid ... aber Antworten 1 und 2 sind nicht richtig ...
Genug gescherzt ... Wieso Geld?!
Also ... betrachten wir einmal die Realsituation in deutschen Kliniken ... Dort gibt es Intensivbetten ... So weit ... so gut ... die wurden selbstverständlich in der Zeit der beginnenden „größten Katastrophe" massiv erweitert ... also ... ihre Anzahl ....

Nein!

Kein Scherz ... diejenigen, die bisher wirklich jede Zeile dieses Textes gelesen haben, erinnern sich, dass die Intensivbetten um 20 Prozent ... also circa 9000 Einheiten ... abgebaut wurden ... warum ... weil die Krankenhäuser nur dann Zusatzgelder vom Staat erhalten, wenn die Auslastung der Intensivbetten über (!) 75 Prozent liegt ... Klar ... dann bekämpft man das Virus deutlich leichter ...

Wenn ich also nun als Leiter eines Krankenhauses sehe, dass ein Unterschreiten der magischen Linie von 75 Prozent droht ... was mache ich dann?!
Gehe ich an die Öffentlichkeit und melde hocherfreut, dass die schweren Fälle zurückgehen ... und bitte den Staat das Geld, das ich erhalten könnte ... oberhalb der 75 Prozent-Linie, in psychologische Betreuung selbstmordgefährdeter Kinder zu investieren ...?

Oder ... Möglichkeit Nummer 2 ... reduziere ich flugs die Anzahl meiner Betten, bis die Handvoll Patienten, die eines brauchen, wieder über 75 Prozent Belegung ausmachen ..?!

Richtig! Antwort 2 ist ... richtig!

Das ist nur ein relativ kleiner Aspekt ökonomischen Handelns ... weil Deutschland im Vergleich zu den USA weniger Milliardäre hat ... darum gibt es in Amerika auch 94 Prozent von Fake-Fällen ... weil die Gelder für die Kliniken angesichts von völlig echten, absolut tödlichen Corona-Fällen ... deutsche Phantasien übersteigt ...

„Think Big" ... nicht nur bei Limousinen ... Burger .. und Oberweiten ... „Amerika ... du hast es besser ..." haben sich mit Sicherheit die Finanzberater all der Kliniken gedacht ... als wieder einmal ein

Krebspatient an Corona ... oder .. halt MIT ... Corona hinübergegangen ist ... in die ... bessere Welt ...

Tja .. „Ist der Ruf einmal ruiniert ... lebt´s sich gänzlich ungeniert ..."

Gleichzeitig muss man aber auch bemerken, dass es in Deutschland auch noch andere Stimmen gibt ... sogar offizielle ... und darum möchte ich unter Wahrung der Sorgfaltspflicht und unter zu Zuhilfenahme meines Ethos folgende Nachricht ebenfalls zu Papier bringen: Der „Beirat des Bundesministeriums für Gesundheit" hat festgestellt:

„Im Jahresdurchschnitt waren ... 4 Prozent aller Intensivbetten mit Corona-Patienten belegt."
Die Mitglieder des Beirates betonen (!), dass die Pandemie zu keinem Zeitpunkt (!) die stationäre Versorgung an ihre Grenzen gebracht hat ...! Zu keinem Zeitpunkt ... Ja ... was soll man dazu sagen ...?!

?

Ich könnte verstehen, dass ihr ... in der Zukunft ... langsam an unserem Verstand zu zweifeln beginnt ... aber ... ich bitte euch doch ... aus der Vergangenheit ... um Barmherzigkeit ...

All das ist nichts anderes als ein Dokument der menschlichen Realität ...
Lügen .. betrügen ... fälschen ... das ist doch das Rüstzeug für jeden Mächtigen ... durch all die Jahrtausende ... wenn es einmal in Tausenden von Jahren einen gegeben hat wie König Salomon ... dann erntet der auch gleich Unsterblichkeit ... weil er ein lebendes Allein-

stellungsmerkmal war ... in der realen Welt der realen Menschen ...

Die Masse der Menschen folgt jedem Schreihals, wenn der nur laut genug fragt, ob man den totalen Krieg will ... und genauso geht es auch uns ... in unserer heutigen Zeit ...

Wer hat denn schon die Möglichkeit sich die tatsächlichen Fakten zu besorgen?!
...

Sie zu studieren und zur Grundlage seiner Verweigerung zu machen?!

....

Die Miete will bezahlt werden ... der Job wackelt ... Die Kinder rasten zusehends aus ... nach über einem Jahr „Guantanamo" in den Durchschnittswohnungen am Stadtrand ...

Die Begegnung mit anderen Menschen ... Nähe .. Wärme ... Zärtlichkeit ... Austausch ... All das ist gestorben ... und die Verbindung zum Lebenspartner wird in der permanenten Nähe und Ausweglosigkeit so hart geprüft wie noch nie ...

Und da soll der gewöhnliche Verbraucher auch noch überprüfen, ob es stimmt, dass schon morgen 100.000 ... taumelnde Zombies pro Tag heranrücken ... wie „the walking dead"?!

.....?

Nein ... dafür habe ich eine mächtige Frau gewählt, die dabei „nicht zuschauen" wird ... und „Schaden von mir abwenden" wird ...

Aber ... das muss ich schon zugeben ... was mich angesichts der Erkenntnis ... wie der Mensch nun mal ist ... doch noch fasziniert, ist folgender Umstand: Dass das Volk am Beginn einer ... Situation ... die so noch nie da war. leicht in Angst und Schrecken zu versetzen ist ... das kann ich nachvollziehen ... Dass aber kein Widerstand entsteht, wenn mir die Wahrheit täglich mehr und mehr zu Ohren kommt ... das erstaunt mich doch immer noch ...

Nichts ist völlig wasserdicht ... auch die „Message Control" mit der unsere Regierungen ihre Lügen absichern ... hat kleine Risse... durch die die Wahrheit zu erkennen ist ...

Noch kann man die Bücher von Dr. Bhakdi kaufen ... und lesen ... in denen die Wahrheit zu finden ist ... der Bericht des „Bundesministerium für Inneres" ... aus dem hervorgeht, dass es „zu keinem Zeitpunkt eine Pandemie von nationaler Tragweite" gegeben hat ... ist vorhanden ... Und doch ... gehorcht das Volk ... seinen Peinigern ... erstaunlich ... nicht wahr?!
Aber ... bevor wir uns in diese ... ergebnislosen Nachdenklichkeiten verstricken ... könnten wir den freien Fluss der Gedanken darauf richten ... warum das alles so stattfindet ... Wir hatten etwas früher im Text schon damit begonnen ... also bitte ich euch ... mit mir auf Forschungsreise zu gehen ...

Beginnen wir mit einer einfachen Frage: „Cui bono?", hätten die Römer gefragt, wenn ein Kriminalfall nicht auf den ersten Blick offenlegte ... WEM ... mit erstaunlichen Ereignissen gedient wird ...

„Wem nutzt es?", muss man sich fragen, wenn man die Blutspur der Verwüstung ansieht, die seit den ersten Meldungen einer neuartigen Viruserkrankung durch das ökonomische Leben unserer heutigen Zeit gezogen wird?
Wem nutzt es, dass Betriebe schließen mussten ... Kurzarbeit verdeckt, dass die Auftragslage verheerend ist ... weil die Verbraucher verunsichert sind, und allein in Deutschland 100 Milliarden Euro nicht in Konzerne aller Art investiert wurden ...?!

Wem nutzt es, wenn der Einzelhandel trotz vollmundiger Überlebensgarantie der Wirtschaft mindestens 50.000 Schließungen erleben wird ... und über 750.000 Betriebe in Schieflage geraten ...?!

Eine schnelle, erste Antwort lautet: AMAZON und Google ...

Das mag unglaublich einfach klingen ... ist aber die harte Realität ... Zu Hause im Internet bestellt ... per Bote geliefert ... und flugs steht die neue Bratpfanne mit Hochgriff auf dem Herd ... und genauso Abermillionen andere Konsumgüter ...

Währenddessen veröden die Innenstädte, und der Videospielmarkt und die Pornoportale boomen ...

In wie weit es im letzteren Fall aktuelle Neuproduktionen gibt, kann ich nicht beurteilen, da ich nicht darüber informiert bin, wie die Abstandsregeln beim Gang-Bang-Dreh ausgelegt werden ...
Aber ... mit voranschreitender Durchimpfung der Bevölkerung sehe ich auch für die darstellende Filmbranche ein Licht am Horizont ...

So ... also ... man kann kurz zusammengefasst sagen: Alles, was über das Internet an Ökonomie am Leben erhalten werden kann ... läuft!

Und, das nicht nur recht und schlecht ... es läuft mit unvorstellbaren Zuwachsraten ...
So weit ... so gut ... was die Nutzwerber der Fake-Pandemie im ökonomischen Sinn betrifft ... das ist noch messbare Realität ...
Ich möchte das nur an dieser Stelle noch weitergeben ... und mich ganz bewusst in den Bereich der Hypothese vorwagen ...
Wem nutzt es aus politischer Sicht, dass unser Leben und unsere Demokratie ... wie wir sie noch vor kurzem kannten, beerdigt wurden ...?!

...?

Gehen wir auf der Suche nach einer Antwort ein wenig in die ... Geschichten ...
... Genau gesagt in das Jahr 2019 ... in das Hotel „Le Pierre" ... in dem das „Event 201" durchgespielt wurde.
Die Annahme einer weltweiten Pandemie und ihrer wirtschaftlichen (!) Folgen ...

„Cui bono?!"

Bei diesem Manöver war China mit beteiligt ... und Bill Gates ...
Selbst mit einem schnellen ... oberflächlichen Blick erkennt man, dass diese beiden Spieler zu den Hauptgewinnern der Fake-Pandemie gehören ...
Wer sich die Zuwachsraten der chinesischen Wirtschaft ansieht ...

im Vergleich zum Rest der Welt ... wird erkennen, dass China ein Mehr ... Mehrfaches an Wirtschaftskraft zugelegt hat ... als der Rest der Welt ...

Das ist Punkt 1.

Punkt 2 ist Bill Gates und seiner Sehnsucht nach Durchimpfung der Weltbevölkerung geschuldet ...

Nachdem er der Hauptfinanzier auf dem Sektor der Impfindustrie ist ... kann man sich an einigen Hundert Milliarden Fingern ausrechnen, wie hoch sein Profit sein wird ...
Ich sage an dieser Stelle nicht nur „IST" ... sondern ... „sein wird" ... da ja schon die Werbetrommel gerührt wird für ein lebenslanges Impfen ... jedes einzelnen Menschen ... dreimal pro Jahr ... mindestens ...
Nicht einmal Coca-Cola hat es geschafft mit seiner ... Erfrischung ... in alle Blutbahnen vorzustoßen ... ... So weit ... so offensichtlich ... wir haben also schon einmal zwei Gewinner festgestellt. ... Aber ... gibt es darüber hinaus ... über das Finanzielle hinaus ... meine ich ... noch ein weiteres Gewinnschema ...?!

?

Denken wir doch einmal frei nach ... in assoziativem Duktus ... Ergebnisoffen ... Okay?!

Wir haben gelernt, dass bei dem „Event 201" auch China am Truppenübungsplatz anwesend war ... dem virtuellen ... Gut ...

Schauen wir uns doch einmal an ... was China in seinem Land so treibt ...

In diesem Land ist eine der größten Überwachungsaktionen der Menschheitsgeschichte angelaufen ... Nicht Hunderttausende ... nein ... Abermillionen von Kameras werden installiert ... die jeden Schritt jedes einzelnen Verbrauchers überwachen ... diese Kameras scannen jedes einzelne Bewegungsprofil ... jedes einzelne Gesicht ... jeden einzelnen Einkauf ... jedes Gespräch ... jede Emotion ...

Diese Flut an Informationen werden mit „KI" ... also ... künstlicher Intelligenz gefiltert ... sortiert ... und es werden Schlüsse gezogen ... Schlüsse ... über die einzelnen Verbraucher ... die letzten Endes zu Konsequenzen führen ...
... Um das noch deutlicher zu erklären ... China hat ein soziales Punktesystem eingeführt ... wie im Kindergarten ... Für brav sein und schlimm sein ...

Nur leider nicht so lustig ...

Jeder Bürger wird in seinem sozialen Verhalten kontrolliert und mit Punktegewinn oder Punkteverlust bestraft ... Das soziale Verhalten ist ein dehnbarer Begriff ... ... aber gründlich, wie der Chinese am Überwachungscomputer nun mal ist ... betrifft „soziales Verhalten" ...

ALLES!

Ob man freundlich oder unhöflich grüßt ... rechtzeitig bei der Arbeit erscheint ... im Sozialbau bei Gehsteigreinigung mithilft ... ob man sich in einen Partner verliebt, der der Partei angehört oder den Uiguren ... all das wird registriert und zu einem Gesamtbild zusammengesetzt ... Ist dieses Bild für die Gemeinschaft ... also die kommunistische Partei Chinas ... nützlich oder schädlich ... das lässt sich nach einigen wenigen Schritten des unter Beobachtung stehenden Verbrauchers sehr schnell erkennen ...

Wehe ... ... man hat systemkritische Gedanken geäußert ... oder sich über die Farben der Einheitsanzüge der Delegierten am Parteitag abfällig geäußert ... alles ... jeder Atemzug und jeder geäußerte Gedanke wird abgewogen ... und wenn es ein schlechtes Verhalten zeigt ... das Individuum ... dann wird es eben bestraft ...
...

Und die Strafen sind vielfältig ... von Reiseverbot in andere Provinzen ... wie das Verbot den eigenen Stadtteil zu verlassen ... bis hin zu Berufsverboten und Internetentzug reicht die Skala ...

Die endlosen Schattierungen an Bestrafung aufzuzählen, würde den Rahmen dieses Textes sprengen ... nur so viel ... der Begriff: „Chinesische Folter" ist völlig zu Recht weltweit ein Alleinstellungsmerkmal ...

Da haben wir also ein Land ... aus dem das angeblich so gefährliche Todesvirus in alle Welt exportiert wurde ... (die scherzhafte Formulierung erlaubt mir bitte, da China nichts unternommen hat, um die Verbreitung in die Welt zu stoppen ...)
Aufmerksamen Beobachtern wird auch aufgefallen sein, dass es in Peking keine Coronafälle gab ... obwohl der „unsichtbare Feind" sich im Rest der Welt in Windeseile bis in die Hinterhöfe von Reckling-

hausen und Ohio verbreiten konnte ...

„OHIO ...... Wieso ?!"

Da haben wie also ein Land, das nach kurzer Zeit in Wuhan ... wo der Liebling von Dr. Drosten und Wieler herkommen soll, wieder maskenlose Discopartys feiert ... und wir haben ein Land, das neben dem Sieg auf dem Kriegsgebiet der Wirtschaft dem Rest der Welt vorführt ... wie die totale Unterdrückung geht ...
Spannend ... nicht wahr ...?!

Und was machen ... Deutschland und Österreich ...?! Sie gebärden sich wie Aufnahmeaspiranten in den Club des Entmündigers ...

Ausgangssperren ... Polizeiüberwachung ... Meinungsdiktatur ... Führerhuldigung in allen Medien ...
Das können wir doch auch ... vielleicht noch nicht besser ... aber gebt uns noch ein paar Jahre ... dann wird das schon ...

Ihr dürft nicht vergessen ... liebe Vorbilder in China ... wir haben erst vor Kurzem die Demokratie abgeschafft ... diesen Unsinn, auf den ihr euch gar nicht erst eingelassen habt ... also bitte ... schenkt uns etwas Zeit und Vertrauen ... dann werden wir auch mit gewohnter Gründlichkeit beweisen, wie Entrechtung funktioniert ... Ein Handwerkszeug haben wir dafür schon in der Entwicklung ...

Den „Grünen Pass"!!!

Schauen wir uns doch einmal die Geschichte an ... die sich hinter diesem fröhlichen Begriff verbirgt ...

Am Beginn der Fake-Pandemie ... als noch niemand irgendeine Richtung erkennen konnte, in die sich die Ereignisse entwickeln würden, gab es einige sehr laute Meldungen der Mächtigen ...

In Österreich und Deutschland haben die Verantwortlichen zum Beispiel gemeldet, dass das Tragen von Masken sinnlos ist ... und sogar gesundheitsschädlich ... bevor er das Gegenteil behaupten musste, hat sogar Herr Dr. Drosten vom Tragen einer Maske abgeraten ... dann hat er ... das Gegenteil behauptet ... (Zuschauerbemerkung: Ich liebe klare, deutliche Befehle auf dem Schlachtfeld ... also ... im Krieg ... Mein Großvater und Emmanuel geben mir sicher Recht ...)
Egal ... man hat schon damals damit gerechnet, dass es zum Spritzen einer Wirkstofflösung kommen wird ... (die man Impfung genannt hat). Und ... es war allen Beteiligten klar, dass es auch bei dieser Art der Spritzung bis zu 30 Prozent des Volkes geben wird ... die das nicht wollen ...

...

In pseudodemokratischem Talkshowsprech wurde auch sofort gefällig postuliert, dass es „niemals" zu einem Impfzwang kommen wird ... Das klingt doch toll ... oder?!
Wie also zwinge ich den Verbraucher dann doch dazu sich zu spritzen ... ohne dass es ein offizieller Zwang ist?!

Ein Vergleich: Stellen wir uns vor, wir befinden uns in einem Schulungsflug der US Marines ... ein erster Fallschirmabsprung wird geübt ... der Ausbilder ruft: „Okay ... ihr werdet alle springen ... Alle!! Diejenigen, die dabei KEINEN Fallschirm wollen ... die werde ich nicht zwingen! Verstanden?!

„Sir ... Yes Sir"!!

.... antwortet der vielstimmige Chor der härtesten Kampftruppe der Welt ... und erstaunlich ... aber wahr ... aufgrund absoluter Freiwilligkeit springen alle Jungs ... mit ... Fallschirm ...
Wie lege ich nun, als pseudodemokratischer Politiker, dieses brachiale Beispiel ... smooth ... in meine aktuelle Realität um ...?!

Das ist ganz ... ganz ... einfach ... Ich bestimme ... per Gesetz ... wie sonst ... dass Gespritze ... weiterhin in ein Restaurant dürfen ... Freunde treffen ... und endlich wieder ins Bordell können ... weil die Mädchen doch auch alle gespritzt wurden, um körperliche Dienstleistungen ausüben zu dürfen ...
Ich fühle mich aufgehoben und in meiner demokratischen Wahlfreiheit unsagbar wertgeschätzt ... dass nur die Regierung freistellt ... ob ich wieder am Leben teilnehmen will ... ... oder nicht ...

Es liegt einzig und allein in meiner Hand ... Und ... damit ich jeden Polizisten bei einem nächtlichen Ausflug von meiner Unschuld überzeugen kann ... entwickelt die Europäische Union sogar den digitalen Impfpass ... der jederzeit auf meinem Handtelefon beweist ... dass ich den Vorgaben der Partei Folge zu leisten willens bin ...

Heute ... ja ... heute ... hat die mächtige Frau Deutschlands mit ihrem wohlwollendsten Lächeln verlautet, dass man den Geimpft-, den Gespritzten ihre „neuen Grundrechte" zurück ... geben ... wird ... können ..."
....
!!!

…

Ja … so weit haben wir es gebracht … im Mai 2021 … Die Mächtigen haben uns kollektiv die Grundrechte entzogen … um dann als Wohltäter dazustehen, die sie uns ... vereinzelt … zeitlich begrenzt wieder … zugestehen …

„Hier mein Junge ... sollst einen Fallschirm haben ... kein Problem …"

Da wird allgemein salbadert, dass es gilt die „Spaltung der Gesellschaft" zu vermeiden …

… als gäbe es die nicht schon seit dem ersten Tag dieses Welttheaters …

Die Oppositionsparteien in Deutschland und Österreich benennen es immer, was diese Erpressung ist … nämlich … eine Erpressung … aber ... wisst ihr, wer die Mehrheit hat …?!

??!?!?!!

Genau … die Anderen …!!!

Und warum sollte man dieses berauschende Gefühl freiwillig wieder aufgeben … das Gefühl mit dem Herdenvieh alles … aber auch wirklich alles machen zu können?!

Aufstand ... Widerstand ... Gegenwehr?!

Dröhnendes Lachen in den Regierungszentralen ist die Reaktion auf diese Pfadfinderfragen ... ...

Wer in das Land der neu gewählten „Freiheiten" einreisen will ... also in das Vater- und Mutterland seiner Grundrechte ... die jedem Bürger bei seiner Geburt in die Wiege gelegt wurden ... der braucht ab sofort ... einen: „Grünen Pass", ansonsten kann er ja auch gerne draußen bleiben ... bei den Aluhut-Trägern ... bei den Systemkritikern ... den Wachsamen ... denjenigen, die noch Fragen stellen ...

Das wird sicher auch noch aufhören ... keine Sorge ... Früher musste man einen gelben Stern tragen ... um zu zeigen, dass man nicht der deutschen Volksgemeinschaft angehört ... so konnte jeder Systemdiener rechtzeitig die Straßenseite wechseln. ...

Heute bedeutet es diesen Stern zu tragen ... wenn man keinen „Grünen Pass" hat ...
...
...
...

10. Mai 2021

… Ich bin sehr traurig …

… Bevor ich euch … die ihr alle das staunend in der Zukunft lest … weiterhin meine Gedanken zu unserer Zeit … und dem „China-Syndrom" erzählen möchte … muss ich heute kurz unterbrechen …

weil ich sehr traurig bin …
…..

Der Grund meiner Trauer ist schnell beschrieben: Sie wollen jetzt damit beginnen Kinder … und Schwangere zu impfen … Ja … ihr habt richtig gelesen … Kinder … und Schwangere … sollen mit einem Wirkstoff gespritzt werden, der nicht (!) die Voraussetzungen erfüllt als Impfung bezeichnet zu werden!

Vielmehr handelt es sich um einen experimentellen Gen-Wirkstoff, der in das Immunsystem des Menschen eingreift …

Die Menschheit dient zur Zeit als Massenexperiment für diese Wirkstoffe, mit denen sie begonnen haben zuerst die Alten und Behinderten zu spritzen … und jetzt wollen sie dasselbe mit Kindern und Schwangeren tun ……
….

Es gibt bereits erste Todesmeldungen von 2-Jährigen, deren Eltern ihr Kind für Versuchsreihen zur Verfügung gestellt haben …
Da ja „jedes einzelne Menschenleben zählt" … sind diese sterbenden

Kinder einzeln gezählt in die Geschichte eingegangen ... als Versuchsobjekte von „Big Pharma" ...
...

Wenn Erwachsene Gehirnwäsche erhalten und dann hysterisiert nach dem totalen Lockdown rufen ... und sich freiwillig Gift injizieren lassen ... dann muss man das hinnehmen ... Da sie weder lesen ... noch denken ... noch hören wollen ... dürfen sie fühlen, was diese experimentellen Genwirkstoffe mit ihnen anstellen ... (immerhin haben sie genug Enthusiasmus, um gegen Genmanipulierten Mais zu demonstrieren ...). ....

Sie aber ... diese „Erwachsenen" hätten die Wahl jederzeit „Ja" oder „Nein" zu diesem Massenexperiment zu sagen ...

Aber die Kinder im Mutterleib ... die werden jetzt umzingelt und niedergemacht ... um in der Sprache des Krieges zu bleiben ...

„Nous sommes en guerre" ...

Allerdings Emmanuel ...

Das antiquierte Ethos meines Großvaters hätte ihm verboten Frauen und Kinder in die Kampfhandlungen zu ziehen ...
...

Ja ... und darum bin ich traurig ... weil meine Erkenntnis, wo wir angekommen sind ... keine ... Beschönigung mehr zulässt ...

Es ist so weit ... der Krake hat seine Fangarme um die ganze Welt gelegt ... er dringt in jeden Winkel und jede Ritze ... und nun holt er sich die Schwächsten ... die Unschuldigen ... die ... die wir in Sicherheit bringen müssten ...

Wer steht auf?! ...

Wer geht auf die Straße!

Wo sind die 100.000enden, die sich der Willkür der Mächtigen in den Weg stellen, um ihre Welt, ihr Leben und das ihrer Kinder zu beschützen?!

????!?!? ....

Es gibt sie nicht ...

Gelähmt vom vollen Kühlschrank hocken sie daheim und hoffen, dass sie niemanden grüßen müssen ... das Virus soll sich ja über die Augen übertragen ... also ...

Versteht ihr, dass ich traurig bin?

...

Auch darüber, dass wir in eine neue Spirale der Hysterie hineingetrieben werden durch das neue Lieblingswort MSM ... (Mainstream-Media). Das neue Lieblingswort lautet:

„Indien" ...

Ich bemerke, dass mir der Stift in der Hand den Dienst verweigern will … … Zu viel Hysterie und Fake-News hat er schon beschreiben müssen … in diesem Text … … Aber gut … um es euch kurz zu berichten:

… Indien wird vermutlich sehr bald total ausgestorben sein … wenn man den Bildern im Fernsehen glauben will … wo man auf den Straßen brennende Feuerhaufen sieht …
…….
….. wenn ihr euch genug erschrocken habt … in der Zukunft … wenn ihr diese Bilder in euren Speichermedien gefunden habt … dann gebt bitte so lange Suchbegriffe ein, bis ihr die aktuellen statistischen Kurven findet, die euch den Verlauf der Fake-Pandemie in Indien und Deutschland vergleichen lassen ….

Ja … und jetzt … wo ihr sie auf eurem Bildschirm habt, könnt ihr sehen, dass Indien einen deutlich entspannteren Verlauf der Infizierten und Todeszahlen hat … als Deutschland …

Die Bilder von brennenden Leichen gehören allerdings zur indischen Bestattungstradition und haben für westliche Augen größere Schockkraft … das stimmt …

Und dass das indische Gesundheitssystem den Namen nicht verdient, ist auch keine Neuigkeit … aber … sie wollen es so … in unserer Zeit … in der es ihnen zu lange … zu gut gegangen ist … darum ergötzen sie sich daran, wie ihre Welt zerstört wird …
…

Sozial … emotional … ökonomisch … und zu guter Letzt … opfern

sie ihre Kinder ... und das macht mich gerade heute ... etwas traurig ...
...
..
.

Bin ich sentimental ...?! Glaube ich noch daran, dass unsere „Kultur" eine Selbstheilungskraft hat ... die aus unserer Geistestradition genährt wird ...?!

Wir haben doch erlebt, dass Mozart ... Newton ... und Pythagoras die Gaskammern nicht verhindern konnten ...
Warum also glaube ich, dass Mozart ... Newton und Archimedes den Selbstmord unserer demokratischen Gesellschaft verhindern können?!

Wir wissen doch, dass es keine Demokratie gibt ... sondern lediglich des Umsetzen des Willens der stärksten Partei ... in allen Instanzen ...
Die Widerworte der Opposition sind doch nur Demokratietheater ... für das Publikum ... das glauben soll ... es würde eine demokratische Lösungsfindung stattfinden ... durch das Vergleichen der jeweiligen Standpunkte ...

Das ist ein Kindermärchen ... die stärkste Partei diktiert ... und die Anderen ärgern sich darüber ... öffentlich ...

Und die ... die zur Zeit diktieren, zerren jetzt unsere Kinder in die Spritzkammern ... und die Eltern begehren nicht dagegen auf ... weil sie alle wieder mitspielen wollen ... beim Besuch im Fußballstadion ... und im Biergarten ... von Theater und Oper rede ich erst gar nicht ...

Und weil sie ... alle ... fast ... fast alle ... sehen, wie es ihnen blüht ... wenn sie sich verweigern ... springen sie lieber mit dem Fallschirm aus dem Flugzeug ...

...

Hat eigentlich schon jemals einer von denen, die da springen, darüber nachgedacht ... was sie dann am Boden erwartet?! ...

Was werden sie tun ... mit dem „Grünen Pass" in der Hand, wenn all das eintritt, wovon Hunderte und Tausende Ärzte ... Doktoren ... Nobelpreisträger von Dr. Ioannidis bis Sucharit Bhakdi warnen ... Was werden sie dann sagen, wenn ihre Genstruktur irreparablen Schaden genommen hat?!

Was werden all die Männer sagen, die an Herzmuskelschwäche leiden werden ... und all die Frauen, die an Gehirnthrombosen sterben ...

Was werden sie sagen ...?!

Ihr wisst es ... ... in der Zukunft ... wenn ihr studiert ... wie sie darauf reagiert haben ... und dass sie wieder einmal „Ja" gebrüllt haben ... wieder einmal ...

...

Zurück zu China ... und unserer Ansicht auf dieses „Reich der Mitte."
Lasst mich einmal ... zu eurer Überraschung einen Aspekt beschreiben, der euch vielleicht verwundern wird ...
...

Legen wir einmal Humanismus, Demokratie und Menschenrechte beiseite ... und blicken wir auf die Alltagssituationen dieses Landes ... und seiner vielen, vielen Menschen ...

Es gibt Theorien, die besagen, dass sich die Gesellschaft eines Landes von seiner Agrarwirtschaft ableitet ...
Das mag jetzt erstaunlich klingen, aber in China baut man seit Jahrtausenden Reis an .... In großen Flächen ... und in Griechenland nicht .....
Was soll das?!

Nun ... in Griechenland ist die Demokratie entstanden ... und in China die Autokratie alles dominierender Kaiser ...

In Griechenland haben Stadtstaaten gegeneinander konkurriert ... und das Bürgertum hervorgebracht, das mitreden wollte ... bei Krieg und Frieden ... und in China haben straffe Machtstrukturen die Massen der Bauern auf riesigen Reisfeldern koordiniert und ein Kollektiv erschaffen ... ... das Führung von der Spitze der Machtgemeinde gefordert hat ... um effizient zu sein ...

Diese so unscheinbar wirkenden Wurzeln eines Volkes sind das Gegenteil von unscheinbar ... sie formen eine Gemeinschaft.

So ist aus den Myriaden gleichgeschalteter Bauern, die im Gleichtakt Reispflanzen gesetzt haben, eine Staatsorganisation geworden … für die ein individuelles Ausscheren aus dem Kollektiv kontraproduktiv war … und ist …
…

Wenn wir nun die Situation von Armut und Hunger betrachten … dann erkennen wir, dass es der Diktatur in China gelungen ist … die Armut und den Hunger zurück zu drängen …

Das allerdings ging und geht nur, wenn man abweichende Wege gar nicht erst zulässt …
Alle müssen gemeinsam in dieselbe Richtung streben … dann erreichen alle gemeinsam dasselbe Ziel … und das heißt ganz banal: Keine Hungersnot mehr!

Wenn ich als Führer so einer Volksgemeinschaft nun wissen will, wer auf diesem Weg nützlich ist … und wer ihn stört … dann muss ich die Mitglieder meiner Gesellschaft überwachen und ihre Aktivitäten kontrollieren …

Hunderttausende Chinesen wurden in den letzten Jahren aus ihren Dörfern zwischen kargen Felsen in neu gebaute Städte umgesiedelt
…

Gestern noch war ihr Leben vom Brunnen im Dorf bestimmt … Heute haben sie Wohnungen mit fließendem Wasser mit Heizung und sogar einem Balkon … die Kinder gehen in die Schule und Busse fahren auf geteerten Straßen …

Wer das gering schätzt ... hat noch keine Hungersnot erlebt ...

Ja ... es gibt dann Überwacher im Dorf und in der neu gebauten Siedlung, die darauf achten, dass kein Unrat auf den Straßen liegt ... und wer ihn liegen lässt ... bekommt eben Strafpunkte im Sozialsystem ...
Wer allerdings zum Besen greift und sauber macht ... dessen Sozialstatus steigt ... und seine Kinder dürfen studieren ...

Was ist schlecht daran?!

Ist es wirklich erstrebenswerter individualistisch seine Straße verdrecken zu lassen ... anstatt im Kollektiv für saubere Gehwege zu sorgen?!

Kluge Chinesen orientieren sich auch bei der Partnersuche am Sozialpunktestand eines möglichen Heiratspartners ...
Möchte ich mit einem Nerd oder Freak in der Kaltwasserbude am Dorfrand sozial geächtet individuell versauern ... oder mit einem gemeinsam positiv aufgeladenen Punktekonto von der 3 Zimmerwohnung in die 4 Zimmerwohnung wechseln ...

Ich denke die Antwort ist klar ...

....

Spaß beiseite ... das ist angesichts von Hunderttausenden Hungertoten, die China noch vorgestern erleben musste ... keine Frage mehr, dass dieses System dem Wohlstand seiner Bürger mehr gebracht hat als das „Gestern Hü ... morgen Hott" ... demokratischer Ineffizienz.

Welches Land hat seine Bürger radikal kaserniert und die Fake-Pandemie (zumindest bis heute) beendet ...

China ... oder Europa ...?!

Wir kennen die Antwort ...

Ich habe es sehr bemerkenswert empfunden, wie einige europäische Politiker mit dem Blick auf das Beispiel Chinas am Höhepunkt der Fake-Pandemie gemeldet haben ... dass man von der chinesischen Effizienz durchaus lernen kann ...

...!!!

Das Grandiose ist mittlerweile, dass es den westlichen Politikern ... zumindest in Europa und einigen Teilen Amerikas gelungen ist ... das von China Gelernte tatsächlich in die Praxis umzusetzen ... ohne dafür aber offensichtlich eine Diktatur zu werden.

Die Diktatur hat sich demokratisch selbst legitimiert ... und das ist eigentlich schon wieder bewundernswert ... dieser Taschenspielertrick ... Gesetze werden eingebracht ... Abstimmungen werden gespielt ... (deren Ergebnis steht schon beim Schreiben des Textes fest ... aber egal ... die Show beginnt ...) ... und flugs gibt es keine Demokratie mehr ... ... aber den „Grünen Pass" ...

Was ist der denn Anderes als das chinesische Punktesystem ... nur in etwas abgeänderter Verpackung?!

Eben!

„Impfe Einen … zwinge Millionen es auch zu tun" … und die, die das nicht wollen … können ja … zuschauen … wie die „Grünen" wieder Fondue bestellen … „In-door"... gespritzt und ein einig Volk von Gleichgestellten.

Romantisches Seufzen am Lagerfeuer der Diskussionsrunden basisdemokratischer Wohlstandsbürger können nicht übertönen, dass eine neue Zeit angebrochen ist … so gnadenlos und effizient wie selten zuvor …

Früher … haben noch Sturmtruppen gegnerische Parteilokale zu Kleinholz zertrümmert …

…

Heute löscht der anonyme Zensor bei Youtube … WhatsApp … oder Google mit einem lässigen Knopfdruck ganze Lebenslinien …

Informationen?!

Gerne … wenn sie dem Reisanbau dienen!!!

…

Wer sich nicht überwachen lassen will … gerne … aber teilnehmen an der großen Familie der Weltverbesserer … das kann man dann getrost vergessen ...

... Und ... nicht vergessen ... Keiner zwingt dich den Fallschirm anzulegen ...

Es ist wieder einmal Zeit für einen Witz ... einen jüdischen ... angesichts der menschlichen Allgemeintragödie gehören sie zu den Realitätsnahesten ...

Also: Vor vielen Jahrzehnten gab es in Wien ... oder Berlin ... noch offen fahrende Straßenbahnwaggons ... so auch in Tel-Aviv ...

Nun der Witz:

In Wien und Berlin gibt es ein Schild am Ausgang des Waggons: „Abspringen verboten" ...

In Tel-Aviv hängt an derselben Stelle ein Schild mit folgender Aufschrift: „Springen Sie nur ab ... Sie werden schon sehen ...!
...
...

Die Wahrheit ist ... dass wir in einer Zeit angekommen sind ... in der wir lernen müssen, dass unsere Welt ... die wir gekannt und gelebt haben ... nicht mehr existiert ... und niemals wiederkehren wird ... Sie haben viel zu schnell erkannt ... wie leicht es war sie uns zu nehmen ...
...

Und wenn wir schon über China plaudern ... dann muss auch die Meldung des Tages in diesen Text ... Erstmals hat China 30 Prozent des Weltausstoßes von CO2 zu verantworten ...

!!!

So viel wie alle Industrieländer des Westens zusammen ...

!!!

Dafür gibt China aber auch bekannt, dass es bis 2050 „klimaneutral" werden „möchte"....

... Achtung ...

Sprache ... „

Möchte" .... bedeutet nicht „wird sein" ... sondern „möchte" ...

Bis dahin werden mit Sicherheit noch unzählige weitere Kohlekraftwerke aktiviert und der Reisanbau verzehnfacht ...
Soll man da jetzt lachen oder weinen, wenn man weiß, dass Deutschland gerade mal zwei Prozent Co2 zu verantworten hat?! ... Und mit gewohnter Gründlichkeit Atomstrom und Kohlestrom mit Höchstgeschwindigkeit abbaut ... und auf Wind und Sonne setzt ... obwohl es manchmal dunkel wird ... und Flaute herrscht ...?!

Egal ... So lange Frankreich seinen Atomstrom noch exportiert, geht sich auch dieser Sprung ohne Fangnetz schon sicher irgendwie aus ... und wenn nicht ... dann verlängern wir eben die bei Corona eingeführten und geübten Lockdowns bis ins Nirvana ...

Woher kommt denn jetzt diese Bemerkung?!

Nun … Die Verfechter des „Great Reset" des „Zauberers von OZ" …
in Gestalt von Klaus Schwab … haben uns schon wissen lassen …
… dass es nie wieder „Normalität" geben wird … und dass wir, um
das Klima zu schützen alle zwei Jahre einen Generallockdown machen müssen … mindestens …

alle zwei Jahre …
um das Klima zu schützen …
…………….

Kein Scherz … Keine Satire …

Es soll auch keine Flugreisen mehr geben … und private Autofahrten … „Niemand wird mehr etwas besitzen und darüber glücklich
sein" … (Originalzitat Schwab … Ihr findet es in seinem Buch …) …
Dann … ja dann … brauchen wir natürlich auch keinen Strom mehr
… dann geht sich die Rechnung mit den Windrädern wieder aus …
ganz einfach … man muss nur … mitdenken …

All das haben wir einem kleinen … „unsichtbaren Feind" zu verdanken … aus Wuhan … in dem eines der weltgrößten Labore für Virenforschung liegt …
…..
In dem am Coronavirus geforscht wurde … finanziert von Dr. Fauci
…

..... dem Gesundheitsexperten der US-Regierung ... ... der den Amerikanern empfohlen hat „drei Masken übereinander" zu tragen ..."(O-Zitat!)
... Und den Donald als „Idioten" bezeichnet hat ... (O-Zitat)

Die Finanzierung der Virusforschung in Wuhan haben Dr. Fauci und die Seinen deswegen in China finanziert, weil die USA eine „Patentierung" eines Virus abgelehnt hatten ...

...

Kein Scherz ... Keine Satire ...

...

Die US-Patentanwälte waren der Meinung, dass man A) ein Original-Bio-Virus nicht patentieren lassen kann ...
und B) für den Fall, dass es ein manipuliertes Virus ist ... erst recht nicht ... da es zur Bio-Waffe werden kann ...

Also ... Ab nach China ... da werden manche Dinge sehr eng gesehen ... andere dafür aber gar nicht ...
Aber ... auch für den unwahrscheinlichen Fall, dass so ein Virus freigesetzt wird ... so als wäre es wie eine Waffe ... gegen den Rest der Welt ... dann hat man diesen unwahrscheinlichen Fall schon beim „Event 201" durchgespielt ... mit China als einen der Teilnehmer ... sechs Monate bevor das Drehbuch von „Event 201" textgenau in die Realität umgesetzt wurde ...

Pardon ... ... Entschuldigung ... es muss heißen: Bevor die Reali-

tät erstaunlicherweise das erlaubt hat, was zuvor ... vorhergesagt wurde ...
China ist der größte Handelspartner von Deutschland ... erstaunlich ... nicht wahr?!
Nicht Amerika ... nicht Russland ... oder gar Indien ... alles keine kleinen Läden ... aber China ist der größte Wirtschaftspartner ...

Warum dieser Hinweis ...?!

Ihr ... in der Zukunft ... ihr kennt die Antwort ... weil ihr vielleicht mit ihr leben müsst ...?!
Also: Ist es nicht naheliegend, dass ich mir ansehe, mit welchen Mitteln China seine Wirtschaftsmacht ständig ausbaut ... und wie es dabei seine Bürger sorgsam auf dem richtigen Weg ... hält ...?!

Liegt es dann nicht nahe ... dass ich als deutscher Mächtiger ... damit beginne ... ebenfalls ein Belohnungssystem einzuführen ...?!
Ein ... Grünes ... das ich so effizient bewerbe, dass alle mitspielen wollen ... und ich somit vielleicht gar nicht mehr strafen muss ... weil ... Nicht-Freiwillig-Mitmachen ohnehin dem sozialen Selbstmord gleichkommt ...?!

Ihr ... meine fernen Freunde ... ihr kennt die Antwort ... habt ihr ihn ...?! Oder ... habt ihr ihn nicht ...?! Den ... „Grünen" ...

…..

?

11. Mai 2021

Gestern war gestern ... und heute ist heute ... ... Ihr fühlt es ... meine Stimmung ist etwas heller!

Warum?!

Weil es gerade Nachrichten gibt ... in den Medien, die die Bewussten ... Gebildeten ... und hoffnungsvoll Neugierigen konsumieren!

1000 Anwälte und 10.000 Ärzte weltweit verklagen die „CDC" und die „WHO"!!!
Aus welchen Gründen, habt ihr schon früher in diesem Text erfahren ... Und ... Der Gouverneur von Florida verklagt ebenfalls die „CDC".
Seine Begründung: Es kann nicht sein, dass eine Organisation, die NICHT vom Bürger gewählt worden ist ... das komplette soziale und ökonomische Leben per Verordnung lahmlegt ...

Darum verklagt dieser Amerikaner im „Land of the free" nun die „CDC"...

Weiter hat er sämtliche Restriktionen für beendet erklärt und wird als der wahrscheinliche Kandidat für das Amt des Vizepräsidenten gehandelt ... wenn Donald Trump wieder Präsident sein wird ...

Verzeiht mir meine heutige Leichtigkeit des Seins ... sie rührt daher, dass es doch Zeichen gibt, dass der faschistische Tenor noch nicht die letzte Zelle Lebendigkeit vergiftet hat ...

Ihr in der Zukunft ... ihr könnt es mir sagen ... „Könntet" ... Konjunktiv (!) ... Wie war die Wiederamtseinführung von Donald Trump ... nachdem der Wahlbetrug nicht mehr zu vertuschen war...?! ....Ich wüsste es zu gerne ...

In meinen Tagen findet ein „Audit" in Arizona statt ... Man überprüft tatsächlich die Gültigkeit der Wählerstimmen ... so als wäre man in einer Demokratie ... und bis heute ... am 11. Mai 2021 ... hat man bereits über 400.000 ungültige Biden-Stimmen gefunden ... und über 200.000, die Donald Trump zugerechnet werden müssen ...
... wohin wird das noch führen ...?!

Ihr wisst es ... meine Freunde ...

Apropos ... ... „Präsident" ... Ein weiterer Grund für meine kurzzeitige Heiterkeit ist die Rede des Präsidenten von Ghana ... dieser mutige Mann hat doch tatsächlich die Verbindungen der Rockefeller-Foundation ... und Bill Gates ... und Dr. Fauci ... zum Anlass genommen seine Landsleute darüber zu informieren, dass er nicht daran denkt in Ghana genmanipulierte Wirkstoffe in die Körper seines Volkes spritzen zu lassen ....!!!

!!!!!

Ein Held ... angesichts der Tatsache, dass sich der Präsident von Tansania ähnlich geäußert hat ... und leider ... am Herzinfarkt gestorben ist ....

Nicht sehr lange, nachdem in einem Artikel der Organisation, die von

Bill Gates finanziert wird, dazu aufgerufen wurde … den Präsidenten von Tansania … „zu zügeln" … Kann sein, dass diese Unhöflichkeit das Herz des Präsidenten gebrochen hat …

…..

Egal … auch der Präsident von Marrakesch hat ja veröffentlicht, dass die WHO ihm 20 Millionen Dollar geboten hat …

Wofür … fragt ihr?!!

Nun in Marrakesch heilt man Corona-Patienten erfolgreich mit einem Heilmittel afrikanischer Herkunft … Dem Präsidenten wurden daraufhin 20 Millionen Dollar geboten, wenn er „Zusatzstoffe" einmischen würde ….

… Zusatzstoffe …

Er hat dieses Ansinnen öffentlich gemacht … abgelehnt … und heute … am 1.. Mai 2021 … lebt er noch … das ist schön …

Ich beginne mich zu fragen … ob Afrika das Epizentrum einer Revolution werden sollte?!

Ihr wisst es … meine Freunde … ich … noch … nicht …

….

25. Mai 2021

Oder ... die Rache einer gekränkten Frau sollte niemand unterschätzen ...

Da bin ich wieder ...
Ich war eine Zeit lang in meinem geliebten Wien ... (Wo auf den Straßen kein Maskenzwang herrscht ...)

im Gegensatz zu Spanien ...

Warum in einem geeinten Europa so etwas möglich ist, übersteigt zwar mein Begriffsvermögen ... (aber das ist seit dem Beginn der Fake-Pandemie ohnehin im Ausnahmemodus ...)

Ich war also in Wien und konnte in diesen wenigen Tagen einen Erdrutsch beobachten ... in den Medien ... und diesen Erdrutsch, der Bill Gates unter sich begraben hat ... verdanken wir der Rachelust seiner Frau ...

Wie erinnern uns ... Bill war noch vor 17 Tagen der weiße Ritter auf dem Pfad der Rettung der Welt ...

Ihm und seiner Foundation hatten wir es zu verdanken, dass das Wort „Impfung" den Stellenwert der heiligen Kommunion in der heiligen katholischen Kirche bekommen hatte ...

Großzügig ließ uns Bill Gates wissen, dass man bei Durchimpfung von sieben Milliarden Menschen mit nur 700.000 Toten durch „Nebenwirkungen" bei Impfungen zu rechnen habe ... Und kein Aufschrei ging durch die Medienlandschaft ...

Dann offenbarte Bill, dass er Gott vorgeschlagen hatte das Klima auf unserer kleinen blauen Kugel zu retten ... und Gott hatte erkannt, dass Bill sein bester Mentor war und gab seinen Segen ... Wozu?!

Nun ... Bill ... plante ... und plant ... (!) ... Die Sonne zu verdunkeln!

!!!!!!!!!!

Kein Scherz, keine Satire!

!!!!!!!!

Millionen Tonnen „Spezialstaub" will Bill in die Atmosphäre schaffen, um die Sonneneinstrahlung zu reduzieren!
Einige Wissenschaftler ... (die von der Sorte, deren Klugheit, Intelligenz, Fachwissen und Weitsicht niemals zu realen Reaktionen bei den Mächtigen führt ...) ... haben fassungslos darauf hingewiesen, dass so ein Eingriff nicht vorhersehbare Konsequenzen haben wird ... bis hin zum totalen Desaster des Weltklimas ...

.....

!

.....

Egal ... Bill .. der Herr, der Gott ...... will die Bibel verbessern - also „Go for it"...
Wer braucht schon den antiquierten Satz: „Es werde Licht" ...

„Es werde Dunkel" ... ist doch viel abgefahrener ...

Aber ... obwohl dieser Plan aus einem Irrenhaus stammen könnte: Kein Aufschrei in den Medien ...
Also ... wie kam es, dass der Herr, der Gott ... also Bill ... seit ein paar Tagen plötzlich mit der Zerstörung seines Rufes zu kämpfen hat ...?!

Die Antwort ist so einfach wie dramatisch:

Er hat eine Ehefrau.

So weit so konventionell ...

Das Erstaunliche ist lediglich, dass Melinda von der Sorte Ehefrau ist, die zu Gekränktheit neigt ....
... Und der daraus abgeleiteten ....Rache ...

Details?! Sehr gerne ...

Historisch Interessierte unter euch ... meinen Freunden in der Zukunft ... wird nicht entgangen sein, dass es in unseren Tagen einen Mann gegeben hat, der „Epstein" geheißen hat ...

Ich schreibe in der Vergangenheitsform ... weil er heute ... also am 25. Mai 2021 schon wieder tot ist ...

Nach einem aufregenden Leben, in dem er einen guten ... oder besser ... schlechten Teil seiner Tage damit verbracht hat minderjährige Mädchen zu Sexsklaven abzurichten.

Zum eigenen Vergnügen ... aber auch zum Amusement einiger Vertreter der „obersten 342" ...

Prinz Andrew zum Beispiel hat noch daran zu knabbern, dass er mit der Bestie „befreundet" war ... und im New Yorker Stadthaus von Epstein übernachtet hat ... mit kleinen Mädchen ... Bill ... nein der Andere ... Bill Clinton ... ist unzählige Male mit Epsteins Privatjet auf die Haremsinsel der Bestie geflogen ... genau gesagt ... 26 Mal ... ! ...

(Der Jet hatte übrigens den einfallsreichen Namen „Lolita-Express" ...) und ja ... auch unser Bill ... also ... der große Bruder Gottes: Gates ... war an Bord ...

So weit so pervers ... Erstaunlich ist aber nicht nur dieses Flugtagebuch, sondern folgendes, spannendes Detail ...

Die Bestie wurde wegen seiner sexuellen Abartigkeiten verurteilt ...

So weit so gut ...

Sein Männerfreund Bill aber hatte vor, die Bestie mit einem Fonds für „Philanthropie" in Verbindung zu bringen ... um „das Image zu verbessern" ...

Erstaunlicherweise hat Melinda dann daraufhin im Jahr 2019 begonnen sich mit den besten Anwälten der Welt zu beraten, wie man aus der Kirche austreten könnte …
Klartext: Wie man sich von Gott lossagt … noch klarer: Wie sie sich von Bill scheiden lassen kann …

Immerhin geht es um mehr als 150 Milliarden Dollar …

Und … als ließe der Herr Manna vom Himmel regnen …. tauchten plötzlich Fotos auf … die die beiden Brüder im Geiste, Bill und die andere Bestie … in tiefster Geistesbruderschaft zeigen ….
Und hast du es nicht gesehen, kann plötzlich die ganze Welt den Namen „Gates" auf dem Foto des Flugplanes des Lolita-Express bewundern …

Und: Nein! … Es war nicht sie … sondern … „Er"

Seltsam … nicht … all diese Dokumente gibt es seit Jahren … in geheimen Schubladen … aber jetzt … wo die Scheidung in die heiße Phase geht … da liegen sie plötzlich … auf der Straße … vor den Redaktionen der ganzen Welt …

Und … Hoppla ... Hopp … fallen sie plötzlich alle über Bill her …

Von Amerika bis Europa empören sich die seriösesten Blätter und Sender bis hinunter zu Frauke Ludowig von RTL … Deutschland … über Bill … und seine Kontakte zu einem Mädchenhändler …

.!.!.!.

Das ... ist eine Bombe ... das ... ja!

Dass Bill das Weltklima zerstören wollte ... und will ... und Hunderttausende Impftote als „Kollateralschaden" in Kauf nimmt ... das hat keinen Hund hinter dem Ofen hervorgeholt ... aber ... siehe da:

Unterschätze niemals die Rache einer gekränkten Frau ...

Man könnte jetzt fragen, was dieser Hinterhofdreck mit Corona zu tun hat?!
Ich werde es euch sagen ... Also ... meine Meinung dazu ... Andere sehen all das vielleicht anders ... aber ihr ... meine Freunde in der Zukunft ... von euch möchte ich ja, dass ihr mich versteht ... mich ... „einen einfachen Mann, der seinen Weg durch das Universum sucht" ...
(Zitat ... wer weiß es?!)

Ich also sage euch: Die moralische, totale, ... alles verfinsternde Verderbtheit dieser Hauptdarsteller hat etwas damit zu tun ...

!

Diese Geisteskranken, die uns so lange dank ihres PR-Managements vorgaukeln konnten, dass sie „Philanthropen" seien ... dieser Abgrund des realen Bösen hat etwas damit zu tun ...

Dieses reale Böse ... zum Beispiel in der Gestalt von Bill Gates ... der mit seinem Geld Regierungen, Medien und die offiziellen staatlichen Gesundheitssysteme des Westens „zuscheißt" ... (Zitat aus Kir

Royal: „Ich scheiß dich zu mit meinem Geld" …) …

……. dieses reale Böse wird durch die Inszenierung der Fake-Pandemie und dem damit einhergehenden Wirtschaftseinbruch 30 Millionen Hungertote zu verantworten haben …

In Worten:
Dreißig …… Millionen …….

Das weiß man …
Hat die Welt der Medien bei dieser Prognose aufgeschrien?!

Die Antwort lautet: Nein …

Andererseits muss man schon das Außergewöhnliche bemerken … an der plötzlich stattfindenden medialen Verprügelung von Bill …

Woran mag das liegen …? Vielleicht habt ihr in der Zukunft die Antwort gefunden … nach der ich heute noch suche ...
Was hat den Unterschied gemacht ...?!

Ist es das Thema Sex?!

Ist es so banal?!

Wir müssen nicht darüber reden, wie verabscheuungswürdig alles ist, was Epstein inszeniert hat … und wie verabscheuungswürdig alle sind, die mit der Bestie und seinem „Vergnügungsangebot" in Kontakt gekommen sind … aber … bei der Verbindung mit rechtlich nicht erlaubtem Sex … also Sex mit Minderjährigen … bei dieser Verbindung beginnt von heute auf morgen eine weltweite mediale Hinrichtung eines Mannes, dem gestern noch alle .. ALLE!!! aus der Hand gefressen haben ... und bei seinen Todesopfern, die er zu verantworten hat ... und die er für die Zukunft „billigend in Kauf" nimmt ... da herrscht ... Stille ...?!

Das ist ... wie sage ich es ... ??!!

unverhältnismäßig?!

Egal, ... ich habe keine Antwort ... es kann aber auch sein, dass die schwarzen Mächte im Hintergrund Bill als öffentlichen Bauern opfern ... um den Blick von sich selbst abzulenken ... wer weiß!!

Ist es doch zum Beispiel auch so, dass Herr Dr. Fauci ... der in Wuhan Virusentwicklungen mit finanziert hat, stets geleugnet hat, dass das Corona-Virus in Wuhan entstanden sein könnte ...

... Hat er gelogen?! ... Wie komme ich zu dieser Frage?!

Recht einfach: Die New York Times hat in dieser Woche einen Bericht des US Sicherheitsdienstes veröffentlicht ... nachdem in Wuhan Labormitarbeiter mit schweren Krankheitssymptomen unmittelbar vor Bekanntwerden von Corona ins Spital eingeliefert wurden ...
Mit Symptomen, die auf Corona hinweisen ...
Kaum wurde dieser Bericht veröffentlicht, meldete Dr.Fauci, dass das Virus in einem Labor entwickelt worden ... sein ... könnte ... und schlug eine Untersuchung vor ... Eigenartig wie schnell Winde drehen können ... in meinen Tagen ...

…..

In sentimentalen Momenten sehe ich dann den Kampf von Gut und Böse vor mir … und manchmal beginnt dabei auch die Wahrheit zu siegen …
Wie zum Beispiel im Fall der Bestie Epstein … der sich ja in seiner Zelle umgebracht hat …

Umgebracht haben soll … muss es heißen … durch … Selbsterwürgung …
…..

Wie das geht, mag ich mir gar nicht vorstellen … interessant ist nur, dass ein Mediziner darauf hingewiesen hat, dass bei einem Bruch des Zungenbeins, den die Bestie aufgewiesen hat … Fremdeinwirkung die Ursache ist … was für ein Wort für einen unangenehmen Mord … „Fremdeinwirkung" …
„Ja, aber" … haben in unserer Zeit manche gerufen … „das ist eine Verschwörungstheorie … Gerade Epstein war ja in seiner Zelle dauerüberwacht …"
Wer das immer noch glaubt, dem möchte ich folgende aktuelle … Nachricht … von heute … nicht vorenthalten …

Die zwei Wächter, die Epstein … „dauerüberwachen" sollten, haben schriftlich(!) zugegeben, die Überwachungsprotokolle der Todesnacht gefälscht zu haben …

!!!

Donnerwetter! ... Ja, aber ... ist das nicht ein strafwürdiges Vergehen ...?!

Ja, das ist es ... aber die Wächter haben offenbar mit der Justiz einen Deal gemacht: Besser spät als nie die Wahrheit zugeben ... und dafür nicht ins Gefängnis gehen, also überführt werden und jahrelang „schmoren" ...

So ... bleibt nur mehr die Frage ... WER ... für das lächerliche Zungenbein verantwortlich ist ... als die beiden Jungs mal eben kurz „weggesehen" haben ...

Ja ... ein Kampf Gut gegen Böse ... und vor allem um die Meinungsmehrheit ... darauf kommt es an ... aber ... um wieder einmal Gott ins Spiel zu bringen:

Seine „Mühlen mahlen zwar langsam ... ... dennoch ... unaufhörlich fein ..."

Und so kommt es, dass in unseren Tagen ... so viele Medien plötzlich alle Hände damit zu tun haben ihre Positionen von gestern um 180 Grad ... heute zu relativieren ...

Annalena Baerbock ... die Kanzlerkandidatin der Grünen ... die von Klaus Schwab und seiner Truppe gepusht wird ... (Schwab ... das ist der, der prophezeit, dass wir 2030 nichts mehr besitzen werden ... und darüber glücklich sein werden) ....

Annalena aber hat „vergessen" Zehntausende Euro, die sie als - Achtung (!) - „Corona Bonus" erhalten hat ... dem Bundestag zu melden ... „Corona Bonus" ... Das ist das Geld, das die unterbezahlten Hilfskräfte in den Kliniken bekommen sollen ... Womit wir wieder beim Hauptthema sind ... Corona ... und wie sich damit Kasse machen lässt ... im Großen ... und ... im Grünen ...

Annalena fand das Ganze auch einen „blöden Fehler" ... Na ... Immerhin ...

Herr Lauterbach ... der Krankheitsexperte von der SPD ... der uns alle auf ewig einsperren möchte, fand es wenigstens einen „Riesenfehler" ... dass er Zehntausende Euro „vergessen" hat zu melden ... Blöd aber auch ... Corona scheint Vergesslichkeit zu beschleunigen ...
Nicht aber seine eigene Gefährlichkeit ... wie komme ich zu diesem Satz?!

Details?! Gerne:

Der böse alte Mann im RKI – der mit der kaputten Stimme - hat gemeldet, dass die Zahl der Corona-Toten bei 1 Prozent und / oder darüber liegen wird ... das ist ehrfurchtgebietend ...

Diese Fake News werden durch die Berechnungen von Herrn Ioannidis von der „Stanford Universität" ins Reich der Geisterbahn verwiesen ... Dieser Profi hat nämlich nach Auswertung weiterer Daten ermittelt, dass die Todesrate ... 0,15 Prozent beträgt ... ja ... das macht allerdings nicht so viel Panik wie die Behauptung des 10fachen ... Ist doch offensichtlich ...

Gut gegen Böse ... der Kampf wird nie endgültig beendet sein ... aber dass er überhaupt noch stattfindet ... allein das macht mir Hoffnung ...

Details?! Bitte sehr ...:

Dr. Reiner Füllmich hat nun erklärt, dass in zwei bis drei Wochen die großen Prozesse gegen die Vertreter und Betreiber der Fake Pandemie beginnen werden …
Er nennt es „Nürnberg 2" … in Gedenken an die Nürnberger Prozesse und die Verbrechen gegen die Menschlichkeit, die dort verhandelt werden …

An dieser Stelle möchte ich mir eine Frage erlauben …: Wieso sprechen wir von „Verbrechen gegen die Menschlichkeit"?!... Ich empfinde das als eine höchst irreführende und damit unzulässige Formulierung …

Ich weiß schon, dass damit gemeint ist, dass böse Leute guten Leuten etwas antun … aber … genau DAS ist doch menschlich!

!!!!

Es ist … um genau zu sein, das Menschliche, was mir im Zusammenhang mit bösen Taten einfällt … Es ist geradezu ein „ASM" … Ein Alleinstellungsmerkmal des Menschen Böses zu tun …

Also ist das, was wir „Verbrechen gegen die Menschlichkeit" nennen … falsch benannt … Es würde ja bedeuten, dass „Menschlichkeit" gleichzusetzen ist mit Liebe, Wärme, Empathie, soziales Wohlverhalten und Güte … weit gefehlt … diese Attribute finden wir bei einem Löwenrudel, das seine Jungen durch das Leben begleitet … aber der Mensch?! Er hat die Wahlfreiheit zwischen Gut und Böse aufgrund der Einsicht in die Konsequenzen seines Handelns … und entscheidet sich trotzdem für … das Böse …

DAS ist Menschlichkeit ...!

Um also genau zu sein, müsste man sagen: Die Nürnberger Prozesse haben über die Taten gerichtet, die bewusst handelnde Menschen anderen Menschen zu deren Schaden angetan haben ...

Ist vielleicht nicht so ein Hit, die Formulierung – aber sie hilft dabei mit einem großen Irrtum aufzuräumen. Der Irrtum lautet: Menschlichkeit ist die Ursache für das ausschließlich Gute ...

... Was ... siehe oben ... falsch ist ...

Diese Gedanken führen uns nun zum Hauptthema zurück ... Zu Corona ... Bill Gates ... den Regierungen und ihren Zuflüsterern und der alle und alles manipulierenden Pharmaindustrie ...
Vorschnell könnte man sagen: Die Pharmaindustrie begeht Verbrechen gegen die Menschlichkeit ... (Das wollen wir aber nach den eben genannten Argumenten nicht so stehen lassen ...).
Also schließe ich mich der differenzierten Anklageschrift von über 1000 Anwälten und 10.000 Ärzten weltweit an, die nicht nur die sogenannten „Maßnahmen gegen Corona" angreifen ... sondern auch – und das im Besonderen – das Menschheitsverbrechen, das durch die sogenannte Impfung begangen wird ...

Bevor ich explizit in die medizinisch nachprüfbaren Details gehe ... erlaubt mir bitte eine kurze Einleitung:

Noch nie ... ich wiederhole: Noch nie ist es gelungen eine mRNA

„Impfung" zu einer Zulassung zu bringen!
Obwohl dies seit über einem Jahrzehnt angestrebt wurde ...
Bei unzähligen Testreihen hat sich herausgestellt, dass Versuchstiere an derartigen „Wirkstoffen" sterben!

Bei der „Impfung", die den Menschen unserer Zeit nun gespritzt wird, handelt es sich auch nicht um eine „Impfung" im klassischen Sinn ... sondern um ein noch nie erprobtes Experiment der Genmanipulation ...

Bemerkenswert ist unter anderem, dass es für die „Spritze" keine aktuelle Zulassung gibt!
Die Zulassung soll erst dann erteilt werden, wenn die Forschungsberichte nach einem längeren Zeitraum des „Spritzens" ausgewertet worden sind.
Die Menschheit ist also ein Versuchsobjekt für Wirkstoffe, die die menschlichen Zellen unumkehrbar (!) und für den Rest des Lebens genetisch verändern!

...

Unzählige Ärzte weltweit haben vehement für das sofortige Ende des „Spritzens" geworben ... sind aber aufgrund ihrer Klugheit ... Vorsicht ... Empathie und Sorgfaltspflicht nicht gehört worden ...

Kann man vereinfacht sagen: „Das Böse hat zur Zeit die Oberhand?!" ...

Damit ihr euch in der Zukunft ein Bild machen könnt ... warum ich im Zusammenhang mit der Spritze von „dem Bösen" rede ... bitte ich euch die folgende medizinische Analyse ruhig und aufmerksam zu lesen...

Beginn Zitat:
„Zahlreiche Rechtsanwälte appellieren mit Nachdruck an die Ständige Impfkommission (STIKO) beim Robert Koch Institut, die Impfempfehlung für die sogenannten Covid-19-Impfstoffe, die in Wahrheit „experimentelle Gensubstanzen" seien, insbesondere für Kinder von 12 bis 17 Jahren unverzüglich zurückzunehmen. In einem offenen Brief, der namentlich an alle Mitglieder der STIKO gerichtet ist, begründen die Rechtsanwälte ausführlich ihren eindringlichen Protest.

Das medizinische Beratergremium der Ständigen Impfkommission hatte lange Zeit lediglich Jugendlichen mit Vorerkrankungen empfohlen, sich gegen Corona impfen zu lassen, aber keine allgemeine Impfempfehlung für Kinder und Jugendliche ausgesprochen. Dafür war das – offiziell unabhängige – Gremium von Wissenschaftlern unter z.T. heftiger Kritik von Politikern geraten, unter denen sich besonders der Bayern-Führer und Impf-Fanatiker Markus Söder mit markigen Sprüchen hervortat: „Wir schätzen die STIKO, aber das ist eine ehrenamtliche Organisation. Die EMA – die Europäische Zulassungsbehörde – das sind die Profis. Die haben entschieden: Ja, der Impfstoff ist zugelassen." 1   Am Montag, dem 16. August 2021 teilte die „unabhängige" STIKO mit, dass sie nun auch für Kinder und Jugendliche im Alter zwischen zwölf und 17 Jahren eine Corona-Impfung empfiehlt. 2 „Der plötzliche Sinneswandel der STIKO", so kla.tv 3, „wirft daher die schwerwiegende Frage auf, ob die STIKO tatsächlich so unabhängig ist, wie sie es selbst immer wieder beteuert. Hat die STIKO letztlich dem politischen Druck nachgegeben?"

Offener Brief der Rechtsanwälte an die STIKO:
Wir bringen nachfolgend das Wesentliche aller Punkte im Wortlaut:
„Es ist allgemeiner Konsens, dass eine Impfung ein medizinischer Eingriff ist und dass eine Entscheidung pro oder contra Impfung auf einer Abwägung des Nutzens und der bekannten Risiken beruhen muss.
Im Folgenden werden zahlreiche Gründe dargelegt und auch Nachweise, die eindeutig gegen die Verabreichung von diesen Gensubstanzen sprechen.

1. Kinder sind keine Pandemietreiber
Das Risiko einer Erkrankung mit Krankhauseinweisung für Kinder und Jugendliche ist nach Daten des Robert Koch Instituts im Vergleich zu anderen Altersgruppen sehr klein.
Noch eindeutiger sind die Zahlen bei den an oder mit Covid-19 Verstorbenen in der Altersgruppe unter 19 Jahre: Es sind bisher nur 5 Kinder und Jugendliche unter 19 Jahren an Covid-19 verstorben, und es gibt Hinweise, dass alle Verstorbenen Vorerkrankungen hatten. Auch geht aus den von der Deutschen Pädiatrischen Gesellschaft erhobenen Statistiken hervor, dass für an Covid-19 erkrankte Kinder kein signifikant erhöhtes Risiko für Langzeitschäden erkennbar ist. ...

2. Corona-Forscher: Schulen sind kein Risiko
Seit gut einem Jahr untersucht ein Zusammenschluss von Wissenschaftlern der Ludwig-Maximilians-Universität München die Covid-19-Ausbrüche. 14 Wissenschafter der Covid-19-Data-Analysis-Group haben die Daten des Bayerischen Landesamts für Gesundheit und Lebensmittelsicherheit ausgewertet. In ihrem neusten Bericht vom 28.05.2021 kamen sie wieder zu dem Schluss: Schulen spie-

len „eine untergeordnete Rolle" im Infektionsgeschehen. ...

3. Unerforschte und experimentelle Gensubstanzen
Bei den Covid-19-Impfstoffen handelt es sich nicht um klassische Impfstoffe, sondern um experimentelle Gensubstanzen. Die bisherigen Nebenwirkungen sind dramatisch und höchst besorgniserregend. Langzeitwirkungen sind schlich nicht bekannt.

Diese experimentellen Gensubstanzen verfügen, je nach Hersteller, entweder nur über eine Notfallzulassung, die nur die vorübergehende Verwendung eines Arzneimittels unter bestimmten Bedingungen ermöglicht, oder nur über bedingte Zulassung, wie dies bei BioNTech und Pfizer und Moderna der Fall ist.

Die EudraVigilance-Datenbank berichtete, dass bis zum 31. Juli 2021 20.595 Todesfälle und 1.960.607 Verletzungen nach Injektionen von vier experimentellen COVID-19-Gentherapeutika gemeldet wurden. ...

Die Statistiken sprechen für sich. Noch nie zuvor in der Geschichte der Medizin wurden so viele Nebenwirkungen und Todesfälle billigend in Kauf genommen. Jegliches Medikament, das auch nur in den Verdacht kam, eine auffällige Häufung an gesundheitlichen Problemen zu verursachen, wurde stets vom Markt genommen. Dass dies nun nicht mehr so ist, kann zumindest als grob fahrlässige, wenn gar nicht vorsätzliche, Gefährdung der Gesundheit der Menschen bewertet werden.

Allein die bislang aufgetretenen, teilweise tödlichen und schwersten Nebenwirkungen sollten Grund genug sein, um keine Empfehlungen für diese experimentellen Gentherapeutika abzugeben. Der verfolgte Zweck (Schutz der Bevölkerung) kann niemals die eingesetzten, unerforschten Mittel und die daraus resultierenden Kollateralschäden rechtfertigen.

4. Asymptomatische Menschen verbreiten keinen Virus
Auch ist es ein Mythos, dass asymptomatische Menschen SARS-CoV-2 verbreiten, wobei schon zweifelhaft ist, dass die angebliche Gensequenz des SARS-CoV-2 tatsächlich von einem lebendigen Virus isoliert worden sein soll. Nach Meinungen einiger Wissenschaftler deuten die Virologen das Sterben von Zellen im Reagenzglas als Beweis und als Isolation von Viren. Dann deuten sie typische Bestandteile sterbender Zellen im Reagenzglas als Bestandteile von Viren und konstruieren daraus nur gedanklich Modelle von Viren und ihren angeblichen Erbsubstanzsträngen. Die Strukturen, die im Elektronenmikroskop als Viren ausgegeben wurden, sind ganz normale Bestandteile sterbender Zellen. Solche „Viren" hat man niemals in einem Menschen oder seinen Flüssigkeiten gesehen, daraus isoliert oder deren angebliche Erbsubstanz als Ganzes nachgewiesen. ...
Es gibt viel mehr Belege dafür, dass asymptomatische Personen keinerlei Gefahrenpotential darstellen. ...
Auf empirischer Basis ist eine asymptomatische Übertragung nicht häufig, sondern eher selten; sogar zu selten, um daraus eine epidemische Lage zu konstruieren. Die wichtigste der Studien, die diese Schlussfolgerung belegen, wurde von Zachary J. Madewell, Yang Yang, Ira M. Longini Jr, M. Elizabeth Halloran und Natalie E. Dean erstellt. Sie wurde Mitte Dezember im Journal of the American Medical Association veröffentlicht und trägt den Titel: "Household Transmission of SARS-CoV-2: A Systematic Review and Meta-analysis". ... (stark gekürzt, hl)

5. Doppelt so viele Hospitalisierungen von Geimpften als von Ungeimpften
Israel ist das „durchgeimpfteste" Land der Welt. Dennoch gibt es kei-

nen statistischen Unterschied in den Fällen zwischen Geimpften und Ungeimpften. Erstaunlicherweise gibt es doppelt so viele Hospitalisierungen von Geimpften als von Ungeimpften.

6. Dramatische Zahlen der gemeldeten Impfnebenwirkungen
Darüber hinaus erschüttern dramatische Zahlen der gemeldeten Impf-Nebenwirkungen. 438.440 Fälle schwerer Impfnebenwirkungen wurden beim VAERS-Portal eingetragen. So wurden dort u.a. 9.048 Tote, 26.818 Hospitalisierungen, 2.486 Gesichtslähmungen, 2.152 anaphylaktische Schocks, 985 Fehlgeburten, 3.324 Herzinfarkte und 7.463 Behinderungen seit Beginn der Impfungen publik gemacht.
Die vorgebliche Corona-Pandemie bringt viele Rekordzahlen mit sich. Eine davon stammt aus der Nebenwirkungs-Datenbank der US-Behörde CDC. In VAERS/WONDER werden – freiwillig – Nebenwirkungen von Impfungen eingetragen. Mittlerweile sind dort rund 11.000 Todesfälle in zeitlicher Nähe zu Covid-19 Impfungen verzeichnet. Das sind doppelt so viele, wie eine Suche nach Impftoten von 1.1.1901 bis inklusive 30.11.2020 ergibt.

7. Alle Tiere nach Injektion mit mRNA-Technologie bei Reinfektion starben
Es ist uns ein Rätsel, weshalb öffentlich nicht thematisiert wird, dass in Tierstudien alle Tiere nach Injektion mit mRNA-Technologie bei Reinfektion starben. ...

8. Graphenoxid in den experimentellen Gensubstanzen
Spanische Forscher entdeckten kürzlich, dass die Corona-Impfstoffe von Pfizer und AstraZeneca größtenteils aus Graphenoxid bestehen.

Karen Kingston, eine ehemalige Pfizer-Mitarbeiterin, hat bestätigt, dass Graphenoxid in den Covid-Impfstoffen vorhanden ist. Auf die Frage von Peters, ob Graphenoxid in den Corona-Impfstoffen vorhanden sei, antwortete sie unmissverständlich:

„100 Prozent, das ist unwiderlegbar."

Kingston vermutet, dass dieser Inhaltsstoff in den Patenten der Impfstoffe nicht erwähnt wird, weil er für Menschen giftig ist und weil er buchstäblich eine Verbindung zum Internet herstellen kann.

„Sie untersuchen, wie viel sie den Menschen injizieren können, bevor sie sterben. Wir sind die Versuchskaninchen".

Wenn sie aktiviert werden, kann es zu Schäden und Tod kommen. Die ehemalige Pfizer-Mitarbeiterin erklärte, dass Graphen Elektrizität leiten kann. Wenn Graphen eine positive Ladung hat, zerstört es alles, womit es in Berührung kommt. Im Moment sind die Teilchen neutral geladen. Wenn sie durch ein elektro-magnetisches Feld aktiviert werden, kann es zu Schäden und zum Tod kommen. Es hängt davon ab, wie viele Nanopartikel im Körper sind und wo sie sich befinden, so Kingston. Sie erklärte:

„Das sind Biowaffen. Es ist ein geplanter Völkermord".

9. Experimentelle Gensubstanzen können Unfruchtbarkeit verursachen

Das britische Alternativmedium The Daily Expose" veröffentlichte am 23. Mai ein Exklusivinterview mit Dr. Hodkinson. Bereits in diesem Interview hielt Hodkinson in aller Deutlichkeit fest:

„Impfungen können massenhafte männliche Unfruchtbarkeit hervorrufen".

Nach seiner Meinung handle es sich um eine neue Technologie, und die Nebenwirkungen, die bis hin zu Todesfällen führen, dürften nicht unterschätzt werden. Es gab nie zuvor ein Impfprogramm, das zu so vielen Todesfällen geführt habe. Eigentlich gäbe man vor, Menschen retten zu wollen – aber tatsächlich töte man Menschen.

Hodkinsons größte Sorge betrifft die wissenschaftlich gut erforschten ACE 2-Rezeptoren in der Plazenta der Frau und in den Hoden des Mannes. Dort befinden sich diese Rezeptoren speziell in dem Bereich, wo die Spermien hergestellt werden. Nachdem sich die Spike-Proteine, welche durch die mRNA Impfungen massenhaft generiert werden, frei im Körper bewegen, gelangen sie auch überall hin – und docken in großer Zahl an diesen Rezeptoren an.

Unter diesen Gesichtspunkten wäre es empörend, nun die Impfung von Kindern und Jugendlichen zu verlangen. Kinder und Jugendliche, so erklärt Hodkinson einen an sich weithin bekannten Umstand, könnten, wenn überhaupt, ohnehin nicht besonders schwer an Covid-19 erkranken. Sie wären weder von einem schweren Verlauf noch vom Tod durch diese Krankheit bedroht. Die Impfung ist keinesfalls sicher, sondern unerprobt. Es gibt auch keinen Notfall oder eine besondere Dringlichkeit für eine Impfung. Menschen der Gefahr der Unfruchtbarkeit auszusetzen ist ein grober Leichtsinn. In der Geschichte der Medizin wäre jeder Arzt, der so eine Vorgangsweise empfohlen hätte, „hochkant" aus seiner Hochschule verwiesen worden. ...

10. Experimentelle Gensubstanzen können die Verbreitung von COVID-19 nicht verhindern

Bei einem Auftritt im US-Nachrichtensender „CNN" erklärte die Direktorin der US-amerikanischen Zentren für Krankheitskontrolle (CDC), Dr. Rochelle Walensky, dass Impfstoffe die Verbreitung von COVID-19 nicht verhindern können.

11. Zusammenfassung und unser Appell

In Anbetracht der vorgenannten Ausführungen ist es unverantwortlich zu empfehlen, dass die Bevölkerung, insbesondere Kinder ab 12 Jahren, mit experimentellen Gensubstanzen „geimpft" werden sollen. Diese experimentellen Gensubstanzen verhindern weder eine Erkrankung beim Kontakt mit einem Infizierten (Eigenschutz) noch die Infektion Dritter (Fremd-schutz).

Aufgrund der Datenlage ist davon auszugehen, dass die Häufigkeit von Nebenwirkungen inklusive schwerer permanenter Nebenwirkungen oder Tod bei Kindern und Jugendlichen häufiger als bei Erwachsenen sein wird. Nach Daten des Paul Ehrlich Instituts, wonach pro 100.000 Impfungen ca. 2 Verstorbene in engem zeitlichen Zusammenhang mit der Impfung festgestellt wurden, würde das bei Kindern und Jugendlichen 200 – 300 verstorbene Kinder bedeuten (bei vollständiger Durchimpfung von 14 Millionen Kindern und Jugendlichen), und etwa 10 mal so viele ernsthafte Nebenwirkungen. Auch zu berücksichtigen ist, dass das Risiko der langfristigen Nebenwirkungen noch nicht eingerechnet werden kann, weil diese noch gar nicht bekannt sind.

Die „Impfung" ist eindeutig nicht indiziert (angezeigt, ratsam). Denn sie hat keinen Nutzen, da Kinder und Jugendliche nachweislich nicht schwer erkranken und erst recht nicht daran versterben. Das Risiko der Impfungen ist, wie oben aufgezeigt, erheblich. Die Impfung ist auch kontraindiziert, da das Risiko einer Impfung etwaigen Nutzen deutlich überwiegt. Wer nicht krank wird, braucht auch keinen „Schutz".

Ihre Aufgabe ist es, unsere Bevölkerung und unsere Kinder zu schützen und hinreichend Sorge dafür zu tragen, dass die Schwächsten keinen Schaden erleiden (Schutzpflichten des Art. 2 Abs. 2 Satz 1

GG). Die Kinder sind unsere Zukunft! Aber das Ziel, die Bevölkerung vor Infektion mit SARS-CoV-2 zu schützen, sagt allein noch nichts darüber aus, ob die gewählten Mittel verhältnismäßig sind und insbesondere, ob sie zu unzumutbaren Belastungen führen. Das Motto „Der Zweck heiligt die Mittel" ist kein Satz, der unter dem Grundgesetz akzeptabel ist. Verhältnismäßigkeit muss gerade bei solch wichtigen Grundrechten besonders ernst genommen werden. „Impfungen" mit experimentellen Gensubstanzen zu empfehlen wird sicherlich nicht verhältnismäßig sein.

Ihre Empfehlungen haben, wie Ihnen sicherlich bekannt ist, auch weitreichende Folgen, denn die Gerichte orientieren sich i.d.R. an Ihren Empfehlungen. Ihre Empfehlung, Kinder ab dem 12. Lebensjahr zu „impfen", kann und wird wohl dazu führen, dass denjenigen Elternteilen, die ihre Kinder aus berechtigten Gründen nicht „impfen" möchten, das Sorgerecht entzogen wird.

Wir brauchen eine gesunde Bevölkerung, gesunde und fruchtbare Kinder. Diese Gesundheit ist vorrangig mit natürlicher Immunisierung, gesunder Umwelt und gesunden (chemiefreien und unbelasteten) Lebensmitteln zu erreichen. Wir dürfen die Kinder und Jugendliche unter keinen Umständen experimentellen und unerforschten Gensubstanzen aussetzen. Der Nürnberger Kodex verbietet Menschenversuche. Sie sind verpflichtet, sich ebenfalls an den Nürnberger Kodex bei Ihren Empfehlungen zu halten.

Wir appellieren eindringlich, die oben genannte Empfehlung unverzüglich zurück zu nehmen." Zitat Ende

Quelle: https://fassadenkratzer.wordpress.com/2021/08/28/anwalte-appellieren-an-stiko-impfempfehlung-fur-kinder-von-12-17-jahren-sofort-zuruckzunehmen/

Die Forschungsergebnisse der medizinischen Wissenschaft haben ergeben:

Die teilzugelassenen Wirkstoffe können NICHT als „Impfung" bezeichnet werden!
Das Alleinstellungsmerkmal einer IMPFUNG besteht darin, dass sie vor Ansteckung SCHÜTZT!

Dies trifft auf die genverändernden Wirkstoffe nicht zu!

Die bislang erfolgten Injektionen mit dem Wirkstoff haben bislang(!) mehr als zwei Millionen zum Teil schwerste Nebenwirkungen nach sich gezogen und bislang (!)über 20.000 Tote gefordert ...
Ja ... vielleicht versteht ihr jetzt, warum ich euch gebeten habe, die letzten Zeilen „ruhig und aufmerksam" zu lesen ... Um euch die Wahrheit nicht vorzuenthalten .... Ich konnte dabei nicht „ruhig" bleiben ... und meine „Aufmerksamkeit" wurde vehement von meiner Wut gestört.

Dieses Gift, das man der Menschheit als den heiligen Gral verkauft ... ist ein unerprobtes Wirkstoffpräparat, das einen allumfassenden Schaden bis hin zum Tod anrichten kann ... Ihr wisst es ... ihr ... meine Freunde in der Zukunft ... Wenn ihr auf meine Zeit blickt, werdet ihr sehen, was die Bösen uns angetan haben. Glaubt ihr, es hätte einen Aufschrei gegeben ... ... in den Mainstream- Medien?! ...

Ihr kennt die Antwort: Nein!!!
Ein Detail? Bitte sehr!

Die Zahl der Toten nach der Spritzung übersteigt nach vier Monaten seit Spritzungsbeginn die Menge aller (!) Impftoten (!) aller (!) Impfungen (!) in den letzten .... 15 (!) Jahren ... weltweit!!

Ja … ist das nun ein Verbrechen diese Spritzen einzusetzen … oder nicht?!

Nach eigenen Angaben der „Spritzer" wissen sie noch nicht einmal, ob die Tinktur gegen Ansteckung hilft … Und ob man nicht trotz „Spritzung" ansteckend für andere ist … darum müssen auch weiterhin die Maßnahmen gelten … Masken tragen und Abstand halten …

Ruhig und aufmerksam!

Die Menschheit ist also Versuchstier für eine Mixtur, die ihre Genetik lebenslang verändert … die tödlich wirken kann … die unerprobt ist … und von der niemand mit Gewissheit sagen kann, ob sie überhaupt ihr eigentliches Ziel erreicht!

Das … ist … meiner Meinung nach ein Erkennungsmerkmal des Bösen … das … der Menschheit anzutun …

Bleibt die Frage offen … Warum … machen die Menschen mit?!
Die Antwort ist erschreckend … ich habe sie gestern im TV gehört … Trotz mancher Bedenken … lassen sich die Menschen „spritzen", damit sie: wieder Freunde treffen können … ins Kino und Theater gehen können … und Reisen und Urlaub wieder erleben …

…

Fällt euch dasselbe auf wie mir?!

… Ja?! … Nein?!

….?

Niemand (!) hat geantwortet: „Ich lasse mich impfen, damit ich nicht an Corona erkranke!"…
Das … ist die Wahrheit …

Die Bösen haben uns so lange die Bonbons weggesperrt, dass wir bereit wären unsere Großmutter zu verkaufen … nur um wieder ins Fußballstadion zu können … Von Bordellen ganz zu schweigen …

Nein, diese Bemerkung ist an dieser Stelle überhaupt nicht unpassend … habe ich doch erst vor einer Woche ein Interview mit einer Standesvertreterin der Bordsteinschwalben gesehen … in dem sie verzweifelt darum gebeten hat, die Politik möge doch die Wohltaten der Damen auf die gleiche Stufe stellen wie andere … körpernahe … Dienstleistungen … immerhin würde ihr Berufsverband einen großen Beitrag zum sozialen Frieden leisten …

Kein Scherz – Keine Satire!

…

26. Mai 2021

Wo stehen wir heute ... mit unseren Betrachtungen und Erkenntnissen?!

Zum Beispiel mit der Frage, ob es das absolute Böse tatsächlich gibt ...?!

Vielleicht hilft es uns, wenn wir den Anschein einer persönlichen Befangenheit durch ein Zitat relativieren ... ich erlaube mir also nun die Bemerkungen von Michael Yeadon zu Papier zu bringen ...
Dieser Mann war Vizepräsident der Allergie- und Atemwegsforschung bei ... Pfizer (!) ... Er arbeitete 32 Jahre lang für große Pharma-Firmen und ist ein führender Experte für virale Atemwegsinfektionen ... So ... genug der Lorbeeren, die allerdings nur darauf hinweisen sollen, dass da nicht ein entsetzter „Aluhut-Träger" spricht, sondern eine Kapazität auf dem Gebiet der Virologie ...

Michael Yeadon hat in mehreren Wortmeldungen auf das Dringlichste vor den „Spritzungen" gewarnt und auf die nicht abzusehenden Folgeschäden für die Menschheit hingewiesen ...
Auch ihm ist natürlich der Gedanke des Pädophilen-Freund Bill Gates nicht entgangen, der von einer deutlichen Bevölkerungsreduzierung träumt ...

Yeadon nun stellt einen Zusammenhang her zwischen diesen unverhüllten Zukunftsphantasien von Bill ... und der möglichen Tödlichkeit der „Gen-Spritzungen"...
Kurz gesagt: Er befürchtet, dass all das, was wir zur Zeit erleben,

zum Ziel hat die Zahl lebender Menschen deutlich zu reduzieren
....
......

Ich überlasse es euch ... meine Freunde in der Zukunft zu bewerten ... ob er ... und andere in meiner Zeit ... mit ihrer Warnung Recht hatten ...

Spannend wird es werden, wenn die Prozesse, die Dr. Reiner Füllmich nun ins Laufen bringt, erste Ergebnisse zeigen werden.
Was wird ein Richter entscheiden, wenn ihm Experten vorlegen, dass der PCR Test von Herrn Drosten völlig ungeeignet ist ... für das, was er angeblich soll ... nämlich eine aktive Infektion nachweisen?!
Was wird ein Richter dann entscheiden, wenn Millionen von Klägern darauf hinweisen, dass ihre Existenz vernichtet wurde ... ... Dank völlig wahnsinniger, völlig unverhältnismäßiger Lockdowns ... in meiner Zeit ... in Deutschland und Österreich dauert der letzte Lockdown bereits über fünf Monate?!

Wie wird ein Richterspruch ausfallen angesichts der Tatsache, dass es in Schweden niemals zu solch irrsinnigen Restriktionen gekommen ist?!

... Was wird er denken, wenn er die Zitate von Kriegstreibern liest ... (Nicht vergessen!! „Nous sommes en guerre!!") ... die Schweden 100.000 Tote prophezeit haben ... ... (weil ihr weiser Chefvirologe Tegnell NICHT in das Boot des Irrsinns eingestiegen ist ...) ... und wenn er dann die Grafiken der Fallzahlen vergleicht ... von Schweden und Deutschland und Österreich ... und wenn er sieht, dass Schweden niemals in einer Katastrophe war ...

Niemals ...!

... Nein! ... Das war es nie ... die Statistiken zeigen geradezu parallele Verläufe ... vor allem das Verschwinden der Fälle ist wie von ein und derselben Hand gezeichnet ... Nur: Schweden hat nicht das Alltagsleben seiner Bürger ruiniert ... und ihre Ökonomie ...!

Zwischenbemerkung ... etwas früher im Text habe ich die Meldung der Wirtschaftsforscher gebracht, dass es in Deutschland circa 50.000 Betriebe ... „nicht schaffen werden und schließen müssen ..."

Gestern haben dieselben Quellen die Zahl auf 100.000 Betriebe erhöht ...

....

Was wird ein Richter denken, wenn er hört, dass durch den Lockdown-Irrsinn unsere Kinder mittlerweile so traumatisiert sind, dass es nicht mehr nur jedes 6. Kind ist, das täglich an Selbstmord denkt ... (wie vor ein paar Wochen hier zitiert ...) ... sondern schon jedes 5. Kind!
Kinderpsychologen „schlagen Alarm" ... und melden, dass sie so überlaufen sind von hilfesuchenden Kindern und dass sie bereits mit der Triage agieren müssen ...
Was so viel bedeutet, dass „normale Fälle" von Depression, Trauer und Hoffnungslosigkeit nach Hause geschickt werden, damit die Kapazitäten an Ärzten sich den akut selbstmordgefährdeten Kindern widmen können ...

„Sie schlagen Alarm" ... was für ein aufrüttelnder Satz ... na und?!
... Wie schlagen sie ... auf was ... oder wen schlagen sie denn?! Ihr „Alarmschlagen" ist ohne jeden Effekt ... Vielleicht würde es etwas bewegen, wenn sie in klassischer Manier des Mobs den Verantwortlichen mal aufs Maul schlagen würden ... Damit diese für eine Sekunde aus ihrem „Corona-Bonus" gefütterten Abgeordnetenleben aufwachen!!!

Aber halt ... solange der Kühlschrank noch voll ist ... bewegt sich das Volk nicht ...... und wenn es um das Leben der eigenen Kinder geht ... dann sagen laut einer aktuellen Umfrage 64 Prozent, dass sie die Hauptleidtragenden der „Pandemie" sind ... Und 36 Prozent meinen das ... NICHT!

Kein Scherz, keine Satire ...

Jedermann sollte doch meinen, dass die Schwächsten und Hilflosesten zu 100 Prozent unser Mitgefühl verdient haben ...?!
Weit gefehlt! 36 Prozent meinen das ... NICHT!

Aber: Jetzt mal ganz ehrlich ... schauen wir uns doch mal die drei Hauptverantwortlichen der deutschen Politspitze an ...

Ein Wirtschaftsminister, der vor einem Jahr dahergesagt hat, dass „kein einziger Arbeitsplatz verloren gehen wird" ... homosexuell, krankhaft übergewichtig wie ein fettes Schwein und kinderlos ... ein eitler Gockel von Gesundheitsminister, dem die Banken 4,2 Millionen für Villenkauf spendieren ... ohne (!) Eigenmittelanteil ... schwul und kinderlos ... und eine irrlichternd machtbesessene kinderlose Kanzlerin ...

All diese Bemerkungen des Autors stellen keine persönliche Wertung dar, sondern sind faktengestützte Orientierungshilfen für den Leser... (Anmerkung der Verlagsleitung ...)

Erwarten wir wirklich von dieser Dreifaltigkeit auch nur den Anschein von Mitgefühl für unsere Kinder...?!

„Eher geht ein Kamel durchs Nadelöhr!"
Ja ... über all das werden die Richter in ein paar Wochen nachdenken müssen ... ... wenn der Jahrhundertprozess ins Laufen kommt ...

Dann wird es auch zum Thema werden, welche Rolle die Medien gespielt haben ... und spielen ... bei der Verbreitung von „FakeNews" ...

Es letztes, kleines aktuelles Beispiel ...
Seit einigen Tagen hält die Presse und die assoziierten Politikerhorden die westliche Welt mit der Horrormeldung vom „indischen Virus" in erneuter Angst und Panik ...
(Zitat: Siehe früher im Text ...) .

Gestern (!) hat es der indischen Regierung (!) gereicht, und sie hat veröffentlicht, dass es keinen „neuartigen indischen Virus" gibt ... und dass selbst die WHO keinen solchen kennt!
Die indische Regierung hat alle Medien aufgefordert die Bezeichnung „indischer Virus" sofort zu stoppen und zu löschen!
In der Presse von heute ist zu lesen, dass durch die Maßnahmen der Pandemie ... ... also ... gegen die Pandemie ... die Misshandlungen an Kindern um 10,8 Prozent zugenommen haben ... die Ermor-

dung von Kindern hat um 36 Prozent zugenommen ... ... laut offizieller Statistik ... Man nimmt an, dass die Dunkelziffer weitaus höher ist ...

Als Grund nimmt man die „beengten Wohn- und Lebensverhältnisse während der Lockdowns an ... gepaart mit Existenzangst ... Prof. Ioannidis schreibt heute ... „Wir nehmen 30 Millionen Hungertote in Kauf ... für eine Mortalitätsrate von 0,15 Prozent ...?!

Die Mehrzahl in den 30 Millionen werden Kinder sein ...

Gut ....

...

27. Mai 2021

Ich weiß im Moment nicht ... wie ich heute weiterschreiben soll ...
Ich bin von derart großer Wut erfüllt ... von Ekel ... Hass ... und nochmals Wut über meine Ohnmacht ... dass mir jetzt ... in diesem Moment jedes geschriebene Wort wie Hohn vorkommt ...
Es gibt einen Teil in mir, der einen Knüppel nehmen möchte und dieser Verbrecherbrut von Politikern, die uns und unsere Kinder auf dem Gewissen haben ... den Schädel einschlagen möchte ... das ist die Wahrheit ...
..
...

Wahr ist auch ... dass ich es aus Angst vor den Konsequenzen nicht tun werde ...
...
Ich muss jetzt aufhören ... es geht heute nicht mehr ... ich widme die folgenden drei leeren Seiten den misshandelten und ermordeten Kindern ... und denen, die sich in dieser Stunde selbst das Leben nehmen ... wegen ... UNS!!!

28. Mai 2021

König Salomon hat gesagt: Erfreue dich an deiner Wut ... sie ist ein Zeichen deiner Lebendigkeit ... aber lasse sie NIEMALS ...! ... zur TAT werden."
...
„Du sollst nicht töten" ...
Für alle unter euch ... meine Freunde in der Zukunft ... ich werde mich an dieses Gebot halten ...
...
Die Hoffnung, dass sich die entscheidenden Politiker unserer Zeit daran halten ... diese Hoffnung ist gestorben ...
...
Das Jugendschutzgesetz schreibt vor, dass: Bier, Wein, Sekt und deren Mischgetränke erst an Jugendliche ab 16 Jahren ausgeschenkt werden dürfen ...
Branntweinhaltige alkoholische Getränke dürfen Händler und Gastwirte nur an Volljährige abgeben ...
Bei Bundestagswahlen liegt die Grenze für die Wahlberechtigung bei 18 Jahren ...

....

Das sind die Parameter des Gesetzgebers für junge Menschen in unserer Gesellschaft ...

Warum plötzlich diese spröden Fakten?! Die Fake-Pandemie-Politiker-Verbrecher an der Spitze Deutschlands drängen seit einigen Tagen immer vehementer darauf Kinder und Jugendliche zu spritzen ... (Und das, obwohl noch immer nicht genug Impfstoff vorhanden ist ... aber das nur nebenbei ...). Und die wichtigste Frau an der Spitze der deutschen Politik hat gemeint, dass Kinder zwischen 12 und 16 Jahren entscheiden sollen, ob sie gespritzt werden wollen!!

!!!

Ja ... und weil beschützende Altersempfehlungen für die Kinder offenbar in diesem speziellen Fall ohne jeden Wert sind ... kann doch demnächst auch ein Vater zu seiner 13-jährigen Tochter sagen: „Sag mal ... möchtest du mit meinem SUV mal schnell über die Autobahn zum Kinocenter am Bahnhof fahren, um dir den neusten Gang Bang Porno anzusehen .. soll echt brutal sein ... Entscheide DU!

... Heute druckt die „Bild" in Deutschland einen Artikel, in dem sie sich bei den Kindern für das Leid entschuldigt, dass ihnen angetan wurde und wird ... „weil es die Politiker nicht tun" ...
Das ist ein zumindest ehrenwerter Impuls ... der nichts ... ich wiederhole: NICHTS verändern wird ...

...

In Österreich wurde vor zwei Tagen der „Grüne Impfpass" eingeführt ... der „ermöglicht" es, Geimpften ... Getesteten ... oder Genesenen „wieder am öffentlichen Leben teilzunehmen".
Damit ist die Abschaffung der Grundrechte endgültig zementiert. Damit ist die 2-Klassengesellschaft etabliert ... Damit ist die Apartheid in unserer Welt wiedergeboren.

Ein Aufschrei in den Medien ... Nein!

In der Bevölkerung ... Nein!

Wie kastrierte Lämmer hocken sie in ihrer Isolation und reden ihrem Kind ein sich ungetestetes Genmaterial spritzen zu lassen ... damit das Kind dann sagt: „Ich will gespritzt werden" ... als freie Entscheidung ... Damit es ... das Kind ... wieder auf den Fußballplatz darf ...

In Südafrika oder Amerika durften Neger nicht auf derselben Parkbank sitzen wie der „weiße Master" ...

So wird es jetzt auch bei uns sein ... die mit „Grünem Pass" dürfen sitzen ... der Rest an Losern und Aluhut-Trägern ... die gerne gesund weiterleben wollen ... ... die dürfen stehen bleiben ... in den Ghettos ... unserer Welt ... die entstehen werden ...

Aufschrei?!

Nein ... Warum?! ...

Ein wenig Grundsicherung kommt ja doch irgendwie an ...

Vor einer halben Stunde habe ich mit meiner Freundin Bettina telefoniert, und sie hat gesagt: „Ich erlebe viele Leute, denen es ganz gut geht mit den 87 Prozent vom letzten Lohn ... ohne dafür zur Arbeit zu müssen ... die sie ohnehin nie gemocht haben ..."

Ich habe darauf gesagt: „Ja ... klar ... vorgezogene Rente"...

Bettina: „Ja genau ..."

Ich befürchte nicht, dass es in unserer Gesellschaft so erbärmlich zugeht ... ich weiß(!) es (!) ...

Mit der Vision von Hunderttausenden Toten hat man sie in die Panik getrieben ... deshalb haben sie jeder Entmachtung zugestimmt ... Die Grundsicherung füllt den Kühlschrank ... ... Die Glotze zeigt Daniela Katzenbergers imposante neue Titten ... es sterben erstaunlicherweise NICHT Hunderttausende ... aber egal ... Bier trinken und Rumhängen waren in Wahrheit ohnehin das heimliche Ziel von 99,7 Prozent unserer ... Mit-Affen ... Ich entschuldige mich bei den Affen ... Menschen ... sagt man ... Also ... Mit-Menschen ...
99,7 Prozent ... also die Zahl ... die kein Corona kriegt ... cool.

... Was fällt mir noch ein ... aus dem Topf, aus dem der Ekel quillt ...?!

Ja!! ... Ich hatte in den letzten Wochen die Möglichkeit mit zwei Theaterdirektoren in Wien zu kommunizieren ...

Beides aufrechte ... flammende ... Antifaschisten ... in der Zeit, in der die Politik ihnen die Allmacht in ihren Theatern gegeben hat ... Zum 347. Mal wurde dann in Stücken ... und Texten ... und Interviews der Faschismus bekämpft ... ... und mit Heldenmut darauf hingewiesen, dass es „niemals wieder zur Aufgabe der Demokratie" kommen darf ...

Unter Lebensgefahr wurde benannt, wie Hitler und seine Schergen die Demokratie beendet haben ... und dass die Kunst damals wie heute ... und in alle Zukunft lieber untergehen würde ... im Kampf um das Menschenrecht ... als sich dem Gespenst des Faschismus zu beugen!!

!!!!!!!!!!

...!

Toll ... Der Gefahr ... Berufsverbot zu bekommen für solche Aussagen ... und zu Hausarrest oder KZ verdonnert zu werden ... haben sich die antifaschistischen Helden stets aufrecht und ohne zu wanken gestellt ...

Toll ... hab ich mir immer gedacht ... Was für eine Herausforderung ... Hoffentlich kommt es niemals echt hart und ihr müsst eure „Haltung" beweisen ... eure antifaschistische ...

...

Dann kam Corona ...

...

:-))) !!!

Und ich wusste eines ... mit absoluter Sicherheit ... auch wenn gekaufte Ärzte und Journalisten ... korrupte Politiker und ihre Hintermänner ... die unsere Welt in den Totalitarismus stürzen ... auch wenn all diese Satanisten uns unsere Grundrechte und unsere Freiheit nehmen wollen und werden .... Auch wenn das so sein wird ...

dann werden die todesmutigen Helden der Kunst aufstehen ... wie ein Mann ... und eine Frau ... und dem neu auferstandenen Faschismus die Stirne bieten ...

...

Ja ...

...

...

Ja!

....

Nein ....?!

?

.... NEIN!

!!!!!!!

In den Gesprächen mit den zwei Helden der Resistance konnte ich erfahren, dass sie seit Monaten die „Leben ihrer Mitarbeiter schützen" ... ...

indem sie pausenlos testen ... ...

... testen .... testen .... testen .....!!!!

und bereit sind ... in Zukunft ... unter „strengen Auflagen" ... ihre Theater für ... 30 Prozent ... an Zuschauern zu öffnen ...

Wenn (!) ...

die alle geimpft ... getestet ... oder genesen sein sollten ...

und wenn der Eine oder Andere seinen negativen Test nicht dabei haben sollte ... dann würden sie vor dem Theater eine Teststation einrichten ... damit ... nachgetestet werden kann ...

Die Stimmung in unseren Gesprächen wurde zunehmend frostig, als ich fragte, ob sie denn die wissenschaftlichen Analysen gelesen hätten, die die Sinnlosigkeit der PCR Tests beweisen ... und dass das Genexperiment der Spritzung ....

...

Ich habe dann versucht geschmeidig aus dem Gespräch zu fliehen ... was mir zwar gelungen ist ... aber einen tiefen Graben hinterlassen hat ...

...

Obwohl ich es ... weise ... unterlassen hatte zu fragen ... wann sie denn an der Spitze ihres Ensembles vor das Parlament ziehen würden ... um die Wiederherstellung der Grundrechte zu fordern ... und obwohl ich auch nicht vorgeschlagen hatte einen Hungerstreik zu beginnen ... um dem Volk vor Augen zu führen, dass der „Neue Faschismus" ... zu unserer „Neuen Normalität" geworden war ....

obwohl ich mich also aus Sicherheitsgründen NICHT als leidenschaftlicher Demokrat und Antifaschist gezeigt hatte ...

war es zu spät ...

Allein mein Nachfragen bezüglich der Tests hatte mich als „Systemfeind" erkennbar gemacht ... und aus war's ... mit der ewigen ... an-

tifaschistischen ... Genossenschaft ... unter ... Künstlern ...
C'est la vie ...

Keine Satire! Kein Scherz ...

„Adieu ... mein kleiner Gardeoffizier ... adieu .. adieu .. und vergiss mich nicht ... und vergiss mich nicht!"

Was soll's ... was habe ich denn erwartet?!
Auf der Bühne gibt es doch auch nur Platzpatronen und Gummischwerter ...
Woher also soll der echte, reale Mut kommen, für die Wahrheit zum echten Schwert des Widerstandes zu greifen ...??!!

Na also ...

Letztlich sind es doch auch nur zwei arme Schweine, die ihre Posten behalten wollen ... ... und die Überbrückungshilfen ... und die in noch nicht ganz abbezahlten Eigentumswohnungen darauf hoffen, dass ihr Vertrag von den herrschenden Politikern verlängert wird ...

Na also ... breiten wir den Mantel der Barmherzigkeit über diese armseligen Mitläufer ... die jetzt eben zum ersten Mal so richtig mit dem Wort Ohnmacht konfrontiert werden ...
Macht einfach brav und dankbar weiter ... spielt Kasperltheater für das gezähmte Restpublikum ... und fallt nicht weiter auf ...

Oder ... um es so deutlich zu sagen, wie ich es eigentlich sagen möchte: „Falls es in der Zukunft jemals wieder ein Thema werden sollte ... der Faschismus ... und die Gefährdung unserer Demokratie" ... dann haltet bitte einfach euer subventionsverschmiertes Maul" ...

Danke!

30. Mai 2021

Auch in diesem Jahr habe ich am heutigen Tag ... Geburtstag!

Das freut mich ... da ich zu den 99,7 Prozent aller Menschen gehöre, die bisher NICHT an Covid erkrankt sind!

Ich gehöre auch zu den 99,85 Prozent, die NICHT daran verstorben sind ...

Ach ... was sind das für wunderbare Geschenke des Kosmos an mich ... und all die Anderen ...

Vielleicht lest ihr ... meine Freunde in der Zukunft ... gerade jetzt ... an einem 31. Mai eures Jahres diese Zeilen ... und vielleicht habt ihr Lust mit mir durch die Neuigkeiten zu streifen, die in den letzten Stunden stattgefunden haben ...
...
In meiner Zeit hat man sich ja mittlerweile daran gewöhnt, dass Informationsrevolutionen im Stundentakt erfolgen ... und nicht wie in der guten alten Zeit ... eine Neuigkeit pro Monat ...

Also: Details?! Bitte sehr.

Im Jahr 2020 hatte Donald Trump auf die Frage, ob er Hinweise hätte darauf, dass das Virus in einem chinesischen Labor entstanden sein könnte ... mit ...
„Ja!"
 geantwortet ...

Oh mein Gott ... was für ein Faux pas ... da sorgt dieser große, blonde Mann mit seiner hübschen Frau dafür, dass das größte Wirtschaftswachstum seit Jahren in den USA stattfindet ... da beendet er weitgehend den Strom illegaler Zuwanderer an seiner Südgrenze ... da beginnt er nicht nur keinen neuen Krieg ... (als einer der ganz, ganz wenigen Präsidenten der USA..) ... da vermittelt er nicht nur Friedensverträge zwischen Israel und Arabischen Staaten ... da beendet er nicht nur den Iran-Deal ... der es nicht verhindert hätte, dass Iran eine Atombombe bauen kann ... sondern nur verzögert ... (Iran ist übrigens das Land, das die Auslöschung Israels in seinem Regierungsprogramm verbrieft hat ...).

Apropos: Antifaschismus ....!!! ..... „Nie wieder ...!! ..... usw. usw...."

Nein ... als ob das alles nicht genug wäre an Unheil, wirft der blonde Riese auch noch China vor hinter der Pandemie zu stecken ... IRRE ... Wahnsinn ... ein Fall hoffnungsloser Hybris ...

Darum wurde auch seine Wiederwahl per Wahlbetrug verhindert ... und der chinafreundliche Großvater (mit besten familiären wirtschaftlichen Chinaverbindungen ...) eingesetzt ...

So weit ... so ... Geschichte ...

Nicht vergessen darf man dabei, dass der Mann von Melania einen Untersuchungsausschuss eingerichtet hatte ... der der Aufgabe nachkam, die Wahrheit über das „China-Virus" an die Öffentlichkeit zu bringen ...

IRRE ... Wahnsinn ... ... Ein Fall hoffnungsloser Hybris!!!

Als Großvater endlich das hilflose Stottern angesichts zu schnell laufender Texte im Teleprompter zum neuen „Hip-Hop-Asset" erhoben hatte ... stoppte Sleepy Joe auch umgehend die Untersuchungen, die dazu geeignet waren, China in eine unangenehme Lage zu bringen ...

Wer es wagte auf Social-Media Kanälen das Thema: „Corona-Virus-China... etc. etc. ..." auch nur anzufassen ... dessen Beitrag wurde umgehend ... entfernt ...

Im Mittelalter nannte man das: Ein Buch auf den Index stellen ... Der „Index Romanum" bestand darin Bücher aus dem Verkehr zu nehmen, deren Lesen (!) eine schwere (!) Sünde (!) darstellte ...

So weit ... So gut ...
Und damit hatte Opa Joe endlich wieder für Ruhe gesorgt ... und Donalds Streben nach der „Wahrheit" in die Asservatenkammer der Justiz verfrachtet ....

...
....
Aber ... wie es so ist ... in diesem Kosmos ... „die Zeit, sie geht im Sauseschritt ... und ... 1, 2, 3 ... wir laufen mit." (Wilhelm Busch)
...

Woher ... diese humorbemühte Wendung des vorliegenden Textes?

Nun ... weil die „Daily Mail" einen Artikel veröffentlicht hat, in dem nachzulesen ist, was die Spatzen schon seit Tag 1 der „Pandemie" von den Dächern pfeifen ...
Nämlich, dass das Virus in Wuhan in einem Labor ... „konstruiert" wurde ... und dann ... entkommen ist ... ob absichtlich oder durch einen ... „dummen Zufall" ... bleibt noch zu erforschen ...

Für die Detailverliebten unter euch ... ein paar weitergehende Infos?!

Gerne.

Die zwei Autoren der Studie zu dem Ursprung des „China-Virus", Prof. Anyus Dalgeish und Dr. Birger Sörensen schreiben, dass sie seit letztem Jahr erste Beweise für „Retro Engeneering" in China gefunden hätten ....

Ihre Erkenntnisse seien aber von Akademikern und medizinischen Fachzeitschriften ignoriert worden (!) ... .

schreibt die „Daily Mail".

....

Die beiden Wissenschaftler werfen China vorsätzliche Zerstörung, Verheimlichung oder / und Verunreinigung von Daten in den heimischen Labors vor und geben darüber hinaus zu Protokoll, dass Wissenschaftler, die sich im Land ... (China!) zu Wort gemeldet haben ... zum Schweigen gebracht worden sind ... oder ... verschwanden ...
......

Sie schreiben weiter: „Es scheint, dass das Virusmaterial und die dazugehörigen Informationen zerstört worden sind. Daher sind wir mit großen Datenlücken konfrontiert, die vielleicht nie gefüllt werden."

Die britische Nachrichtenseite zitiert aus der 22seitigen Studie, dass es aufgrund von Sicherheitsmängeln in einem Speziallabor in Wuhan zu der Verbreitung von Sars-Cov-2 gekommen sei.
………..

Noch mehr Details? Gerne:

In Wuhan wird sogenannte Virusmanipulation-Forschung betrieben … die schon lange unter Kritik steht … Dabei werden Viren künstlich verändert, um sie ansteckender zu machen, und es werden potenzielle Auswirkungen auf den menschlichen Organismus untersucht. Dabei werden Viren im Labor künstlich verändert, um den Einfluss von … Mutationen (!) auf die Infektionswege zu ergründen …
Die beiden Professoren behaupten nun „einzigartige Fingerabdrücke" im Virus gefunden zu haben, die nur (!) durch Manipulation im Labor entstanden sein können …

(!)

Darauf seien sie bei ihrer Analyse von Stichproben gekommen, die sie für die Entwicklung eines Impfstoffes durchgeführt haben …

Dalgeish und Sörensen kamen zu dem Schluss, dass „Sars-Coronavirus-2" keinen … „glaubwürdigen natürlichen Vorfahren hat." Und dass es „über jeden begründeten Zweifel erhaben ist … dass das

Virus durch Labormutation" entstanden ist ...
Die Studie, die der „Daily Mail" vorliegt, wird im „Quarterly Review of Biophysics Discover" erscheinen ...
...
Ja ... Aha ... Hm ...
...
„Mhm ... Aha ... So so" ...

Blöd ... noch dazu, wo sich diese Ergebnisse zweier Pullover tragenden Wissenschaftler auffallend mit den Aussagen decken, die amerikanische Geheimdienste schon seit längerer Zeit ... tätigen ...
Was tun?
Ich habe in den letzten Zeiten gelernt, dass man so eine Situation „öffentlichen Druck" nennt ...
Es ist also nun durch diese Aussagen ein „öffentlicher Druck" entstanden ... und der drückt nun Uncle Joe.

Blöd ... Druck erzeugt zwar Gegendruck ... was in der Physik nichts Neues ist ... Im physikalischen Feld der Menschen und ihrer Schwingungen hat dieser Druck allerdings dazu geführt, dass OPA Biden nun den Untersuchungsausschuss wieder ins Leben gerufen hat ...

Um zu untersuchen, ob Donald vielleicht doch Recht hatte ... 2020.

... Irre ... Wahnsinn ... aber ... es bewegt sich was ...!

Unabhängig davon, dass Donald diesen Dr. Fauci einen „Idioten" genannt hat ... hat Selbiger ja Millionen US-Dollar in das Forschungslabor Wuhan investiert ... ... sehr unangenehm, dass Geldflüsse in der heutigen Zeit trotz aller Neuigkeiten nachverfolgt werden können ... durch ganz allniedliche Whistleblower ...

Aber ... vielleicht hat Donald mit diesem vulgärsprachlichen Begriff „Idiot" ganz einfach der Welt mitteilen wollen ... dass Fauci ein Idiot ist?!

Apropos Vulgärsprache ....„Hackfresse" ...... ein hochnorddeutscher Begriff, schafft es immer noch mir ein Lächeln zu entlocken ....

Gestern Abend hatte der deutsche Gesundheitsminister Spahn in der Moderationsrunde der regierungsunterwürfigen Frau Will gemeldet, dass es „mehr falsch positive Coronatests gibt als tatsächlich positive ..."

Ich bin liegend vom Sofa gefallen ... aufgesprungen und habe mit offenem Mund darauf gewartet, dass die Regierungs-Journalistin" Will diese Bemerkung aufgreifen wird ... und mit den Worten: „Moment mal" ... Halt ... Ganz langsam ... das würde doch bedeuten dass ..."

Das hat sie doch sicher getan, sagt ihr ... in der Zukunft?!

Hat sie ... Ja? ...

Ja?! ...

Nein? ...

......?!

NEIN!!!

Das Gespräch lief geschmeidig weiter ... und Spahn lieferte starr starrend einen weiteren luftlosen Satz nach dem nächsten ab ... und niemand ... niemand ... auch kein anderer der Gesprächsteilnehmer unterbrach die Sendung mit den Worten:

„Ja ... aber Halt ... Moment mal ... das bedeutet doch, dass alle „Maßnahmen" aufgrund falscher Basiswerte verhängt werden ...

Niemand!

Kein Einziger ...

Kein Witz! Keine Satire.

...

Ja ...

Hm ...

Apropos Journalismus ...
Ich bin mir nicht sicher ... an einem Tag möchte man die ganze Presse-Brut mit nassen Fetzen aus dem Dorf prügeln ... am anderen Tag können sie einem leid tun ... für Sekunden ...
Jetzt war Monate lang ganz klar, dass man China nicht mal um die Ecke auch nur verdächtigen darf ... Seit Großvaterbeschluss weiter zu untersuchen und der großen Kollegin „Daily Mail" ... ist es wieder Pflicht ... über „die Entwicklungen in China angesichts des

Wuhan -Komplotts eifrig zu berichten ...

Gestern noch war Billy unser Boy, und die ARD ZDF Corporation im Dienste Gottes hat ihm zehn Minuten Bestsendezeit gewidmet. ... Heute müssen wir ihm die gespitzten Tastaturanschläge in den Rücken rammen, nur weil der arme Junge im Flugzeug seines Kinderfickerfreundes dumm gegrinst hat ... auf dem Weg zu ...abartigen, sexuellen Ereignissen ...

Das nimmt ja Formen an, gegen die „Gestern HÜ – Heute HOTT" an ein chinesisches Dessert erinnert ...

Gestern waren UFO-Logen „weltfremde Spinner" ... Heute muss man mit dem Begriff sehr vorsichtig sein, seit Obama bestätigt hat, dass es Flugkörper gibt, von denen man nicht weiß, wie ... und warum sie solche Flugkünste aufweisen ... wie sie es tun ... Obama ... und ein General ... und das Video der US-Marine Navy Pilotin, das ein UFO zeigt ... authentifiziert!
...

Ja, und all das, weil der Druck auf das Pentagon zu groß geworden ist, sodass sie per Senatsbeschluss bis Ende Juni alle Informationen zu UFOS offen legen müssen ...
(Wer glaubt, dass sie wirklich ALLES offen legen werden, möge weiter träumen – aber Onkel Obama hat gesagt, dass er Dinge weiß ... über die er nicht reden kann ...) Na gut ... also ... berichtet der brave Systemjournalist jetzt auch über das UFO-Phänomen ... als hätte er es nicht jahrzehntelang verhöhnt ...

IRRE ...

Und weil ich jetzt schon mal so im Schwung bin … darf natürlich … EIN Name nicht fehlen …….

… GRETA …

Nein!

Greta „Thunfischs" Name darf hier nicht fehlen … ihr bedauernswerten Zwerge in den Systemredaktionen der Welt …

Menschen mit Asperger Syndrom fällt es schwer, nonverbale Sprache bei anderen Personen intuitiv zu erkennen!
Körpersprache und Gesichtsausdrücke sind für sie schwer zu verstehen … so schwer wie für andere Menschen eine Fremdsprache. Außerdem ziehen sie bei Äußerungen häufig den sozialen Kontext nicht in Betracht …
Ja … angesichts der letzten Zeilen hätten die Berater von Greta ihr vielleicht raten sollen … KEINE … vehement antisemitischen Äußerungen zu tätigen?!

„Fridays for Future" … ihr Baby … hat seitdem ein Problem … und das ist nicht, dass alle anderen Asperger haben und darum nicht verstehen, was eigentlich gemeint ist …
Nein … Antisemitische Äußerungen sind antisemitische Äußerungen … und seitdem … Hoppla … will niemand mehr mit Greta sprechen … Blöd aber auch … dass Juden aber auch immer so angerührt sind, wenn man was gegen sie sagt … Muss doch mal Schluss sein mit dieser Überempfindlichkeit … oder?!

So … also packt der gestern noch so weltverbessernd erschütterte

Journalist sein Notebook ein ... und schreibt jetzt mal nicht hymnisch ... wie toll alles ... aber auch schon ALLES ist ... was Greta so von sich gibt ...

Ist ja in Ordnung ...

Komisch ... dass die Bundesregierung auch nichts mehr von weiteren Terminen mit Greta wissen will ... So ... (die Bundesregierung ist doch sonst nicht darum verlegen aufs falsche Pferd zu setzen .... Egal!) ...
Wo war ich ... ... Ach ja ... Geburtstag ... Greta ... der Idiot ... China ... aber jetzt: Nochmal!!!

Indien ... ! ...
...

Ja ... also ... abgesehen davon, dass die Inder sehr gekränkt sind darüber, dass man eine „neue Mutation" in Indien als „indische Mutante" bezeichnet ... muss ich an dieser Stelle etwas richtig stellen ... Früher im Text habe ich die damals aktuelle Nachricht wiedergegeben, dass die WHO keine neue „indische Mutante" kennt!
Das ist so ... mittlerweile ... nicht mehr richtig!
Richtig ist vielmehr, dass die WHO eine Mutante kennt, die in Indien zuerst wahrgenommen wurde ... deswegen aber durchaus nicht als „indische Mutante" bezeichnet werden kann ...
...
Die WHO ist nun dazu übergegangen, die bisher geltenden Namen zu verwerfen, und stattdessen die Buchstaben aus dem griechischen Alphabet zu verwenden ...
So wurde aus der „Britischen Mutante" ... die „Alpha-Mutante ..."

… und zum Beispiel die „Indische-Mutante" zur „Delta-Mutante" … und schon ist niemand mehr gekränkt …

Ja … aber … apropos Indien … widmen wir uns doch einem anderen Skandal, der auf dem indischen Territorium stattfindet ………………

… Die Inder setzen zur Behandlung von Covid in Kombination mit auch noch anderen Medikamenten und Vitaminen das Präparat „IVERMECTIN" ein … und das sehr erfolgreich …!

So weit so gut … Warum also diese Erwähnung?!

Details?! Gerne:

Die indische Anwaltskammer hat am 23. Mai 2021 eine Klage gegen Dr. Soumya Swaminathan, die leitende Wissenschaftlerin der WHO, eingereicht, weil sie Desinformationen verbreitet und die Menschen in Indien in die Irre führt, um ihre Agenda zu erfüllen … !!

Bumm!

In der 51 Seiten langen Klageschrift wird ihr unter anderem vorgeworfen:
Durchführung einer Desinformationskampagne gegen IVERMECTIN durch absichtliche Unterdrückung der Wirksamkeit des Medikaments Ivermectin als Prophylaxe und zur Behandlung von Covid-19: Trotz (!) der Existenz großer Mengen klinischer Daten, die von angesehenen, hochqualifizierten, erfahrenen Ärzten und Wissenschaftlern zusammengestellt und präsentiert wurden.

2) Äußerungen in sozialen Medien und Mainstream-Medien, die die

Öffentlichkeit gegen den
  Einsatz von Ivermectin beeinflussen ..... .

Dr. Soumya Swaminathan hat alle Studien und Berichte ignoriert und die Daten über die Wirksamkeit von Ivermectin unterdrückt mit der Absicht, die Menschen in Indien von der Anwendung von Ivermectin abzubringen ... durch dieses Vorgehen hat sie den Tod unzähliger Menschen in Indien zu verantworten ...

Das Anerkennen der Existenz einer wirksamen Behandlung gegen Covid hätte zur Folge, dass die Deklaration der Pandemie aufgehoben werden müsste und damit alle Maßnahmen (!) zur Einschränkung der Grundrechte nicht nur sinnlos und nutzlos, sondern auch noch mehr illegal werden, als sie ohnehin schon sind ...!

So ... und ... was jetzt?! ...

Ihr fragt euch einmal mehr, warum die Frau Doktor von der WHO ... (die auch von der Pharmaindustrie ... und natürlich ... von wem sonst?! ... von Bill Gates finanziert wird) .. sich so sehr gegen dieses tatsächliche Heilmittel in Stellung gebracht hat?!! ...

Na ...?!

Wer weiß es ...?! Die Lösung ist ein Wort mit vier Buchstaben ...

Ja!!!

GELD!!!

Ivermectin kostet nur ein Bruch-Bruchteil der „Spritzung" ... und damit ist am Ende aller Tage auch schon alles gesagt!
... (Da brauche ich eigentlich nicht einmal mehr die 51 Seiten Klageschrift ... aber ... ich verstehe schon, dass man der Dame ihr Handwerk nach allen Regeln der Kunst und vor allem (!) wasserdicht ... legen will ...) ...

Ja ...

Was hat sich in den letzten 48 Stunden noch an Verhaltensauffälligem ereignet?! ...
Ah ... das hier: Laut einer Umfrage wollen auch nach (!) der Pandemie 46,2 Prozent aller Deutschen die Maske weiter tragen ...

…..

Ich bemerke ... anhand solcher Bemerkungen ... dass mir langsam ... die Motivation abhanden kommt ... an Einsicht ... Klugheit und Selbstbestimmtheit der Leute zu glauben ...
Aber ... das ist in Ordnung ... Jedes Volk hat die Hackfressen gewählt ... die es verdient ... und dann spiegelt das Volk .... (also ... zumindest 46,2 Prozent ... und das sind nicht wenige) den starr glotzenden Fettschweinen in der Regierung zur Sicherheit , dass der Wahnsinn der stattfindet „in Ordnung" ist ...
Frau Merkel hat ja auch den Satz gesagt: „Im Großen und Ganzen ist bei der Bekämpfung der Pandemie alles in Ordnung gewesen."

Kein Scherz, keine Satire ...

... Also ... Resignation des Schreibers dieser Zeilen ...?! ... Nein!!

Doch noch nicht!!

Warum?!

Eine Meldung des heutigen Tages hat mich doch noch einmal aus der Lethargie des Kriegsberichterstatters … („Nous sommes en guerre …!") aufgerüttelt … und blanke Wut und heißen Hass in mir geweckt …
Heute kam die Meldung, dass es doch zu einem Impfzwang für Kinder kommen wird … da sonst „im Herbst kein regulärer Schulbetrieb möglich sein wird" …

!!!

Und … jetzt kommt's!! … Dafür sollen … können … dürfen … müssen!! … jetzt dann auch noch die 10(!) Jährigen … frei entscheiden (!) … ob sie die Spritzung wollen …"

Und das, obwohl die „Ständige Impfkommission" „STIKO" KEINE Empfehlung für das Durchspritzen der Kinder geben will … „weil man noch zu wenig über die Auswirkungen auf Kinder weiß …!!!

Das alles ist kinderlosen Schwulen in ihren Millionenvillen natürlich völlig egal … noch dazu, wo die kinderlose Führerin befohlen hat, wobei ihr zu folgen ist …

… (Anmerkung des Autors dieser Zeilen: Die inhaltliche und semantische Ähnlichkeit des letzten Satzes mit dem Stehsatz der Nazis: „Führer befiehl, wir folgen Dir" ist unbeabsichtigt und rein zufällig ... auch Tiere wurden für die Produktion dieses Buches nicht gequält ...)

Ja ... da bin ich also wieder angekommen ... in dem Gefühl ... mit dem ich den größten Teil dieses Buches schreibe ... Wut ... und Hass ... und das verdoppelt durch Ohnmacht ... aber ... ich hatte euch ja am Anfang gesagt, dass ich euch die Gefühle eines Menschen ... meine Gefühle ... in dieser Zeit dieses Weltverbrechens erzählen möchte ...
Gut ... Also ... nicht gut ... reden wir über Hass und Wut ... nach dem kalten Ekel, wenn ich die Spitzenkräfte der Finsternis wieder einmal bei Frau Will habe erzählen hören ... wo es lang geht ...

...
Was ist nur los mit euch?!!

Ich weiß, ich habe die Frage schon einmal gestellt. ... Ich sehe aber immer noch keine Antwort ...

Was ist los mit euch ... ihr ... Eltern ...?!

....

Da will ein autoritäres Regime euren Kleinsten ... nicht endgültig zugelassene MRNA Genwirkstoffe in ihr junges Blut spritzen. ... und man weiß mittlerweile, dass mehr Menschen als jemals zuvor an dieser Spritze gestorben sind ... und ihr ...

.... SCHWEIGT?!!!

Ihr nehmt in Kauf, dass euer Kind unter Krämpfen an dem Giftcocktail verreckt ... (Das Internet ist voll von aktuellen Videos, die den Vortodeszustand von Kindern nach der Spritze zeigen!!)
... Und ihr stürmt nicht die Rathäuser und Parlamente und den Bundestag und prügelt diese Weltverbrecher zum Teufel?!!

Ich schäme mich für euch ... weil ihr nicht einmal dazu mehr fähig seid ... euch für euer Sklaventum zu schämen.
Ich verachte euch, wie ich noch nie etwas verachtet habe ... Euer Verbrechen ist ... wie schon so oft ... das „Gewährenlassen der Diktatoren".

Nichts habt ihr gelernt ... seit dem letzten Krieg! Nichts! Ihr seid immer noch dieselbe dumpfe, lieblose, herzlose Sklavenhorde, die ihr auch damals wart ...

Ich glaube mittlerweile, dass es im Genom eures Volk-Seins eine Sequenz gibt, die danach lechzt faschistisch zu sein und dem Faschismus und dem Ende der Demokratie ENDLICH wieder ... von oben herab befohlen ... Tür und Tor zu öffnen ...!

Schande über euch ... und keine Vergebung ... wenn ihr am Sarg eures Kindes steht ... und idiotisch schluchzen werdet ...

Niemals ... Niemals!!! Werdet ihr sagen können: „Ich habe es nicht gewusst" ... Niemals!!

Alle Botschaften, die euch die Wahrheit in diesem Weltverbrechen zeigen ... sind offen zugänglich ... Ihr aber ... ihr wollte lieber den Gehorsam für eure Diktatoren ... als die Freiheit lebendiger Demo-

kraten!
Euch wird niemals vergeben werden ... Niemals!!
Dass ihr euch selbst wie Lemminge benehmt, ist euer gutes Recht ... ... aber dass ihr eure Kinder (!) widerstandslos opfert ... ist eure ewige ....

……...

............TODSÜNDE!!!

4. Juni 2021

„Seelenzombies"!
Das ist es ... was ihr seid! Verantwortungslose ... stoffwechselnde Molekülhaufen, die atmen und verdauen ... Liebe, Barmherzigkeit, Güte, Mitgefühl ... VERANTWORTUNG für eure Nachkommen?!

Falls es im Einen oder Anderen unter euch noch 0,15 Prozent Lesefähigkeit gibt, dann lest mal die Analyse dessen, was von den Herrschenden gegen die Menschheit seit zwei Jahren inszeniert wird ... Aber wie ich euch kennenlernen durfte, wird auch das nur das bekannte Fahrrad sein, das in China in diesem Moment umfällt ... Andererseits ... sagt der hoffnungslose Optimist-Idiot in mir: Ein Flügelschlag eines Schmetterlings erzeugt einen Orkan ....

Zitat Beginn:
„ Systematische Gedanken-Kontrolle und Deformation der menschlichen Psyche
Die staatlichen Lockdown-Maßnahmen, die das Ausbreiten eines angeblichen Virus verhindern sollen, haben neben der Zerstörung der Wirtschaft zum Vorteil weniger – noch ganz andere, tiefere Wirkungen, von denen man nicht annehmen kann, dass sie nicht beabsichtigt seien. Sie sind offensichtlich auf die zwanghafte Kontrolle und Deformation der Seele des Menschen gerichtet, die zur Brechung des Eigenwillens, zu einer immer größeren inneren und äußeren Abhängigkeit, zu einer fortschreitenden Ent-Ichung führt. Geht man dem weiter nach, stößt man auf erstaunliche Parallelen zu psychischen Foltermethoden, die von Geheimdiensten praktiziert werden, um einen Gefangenen willenlos und gefügig zu machen.

Der Engländer David Icke machte in einem Video vom 18.11.2020 auf diese bedrückenden Zusammenhänge aufmerksam. 1 Er sieht einen systematischen Krieg gegen die Psyche des Menschen, ja der ganzen Menschheit. „All diese widersprüchlichen, eindeutig lächerlichen (Corona-) Regeln, Vorschriften und Auflagen als politische und bürokratische Dummheit oder Inkompetenz abzutun, das ist es, was du denken sollst. Doch das, was auf die gesamte Weltbevölkerung angewendet wird, sind systematische Techniken der Nötigung, des Zwangs und der Wahrnehmungsprogrammierung, die seit langer Zeit an Einzelpersonen praktiziert werden. In der Zeit von 1996 bis weit über die Jahrtausendwende hinaus habe ich mich intensiv mit Gedankenkontrolle [mindcontrol] und mit den militärischen CIA-Gedankenkontroll-Operationen der Regierung beschäftigt. Nicht zuletzt mit einer *namens MKULTRA.*"

Und diese Operation sei in den 1970er Jahren öffentlich und aus gutem Grund vertuscht worden. Man habe behauptet, es gäbe diese Experimente nicht. Aber er habe mit so vielen Überlebenden des MKULTRA über die Techniken gesprochen, die bei ihnen angewandt wurden und warum. Und was er in den Monaten des Jahres 2020 beobachtet habe, seien genau diese Techniken, die nun bei der Weltbevölkerung zur Anwendung kommen. Zum Beispiel habe ihn eine der Überlebenden kontaktiert, die geschildert habe, dass noch während ihrer Gefangenschaft im MKULTRA-Gedankenkontroll-Programm ihre Tochter ab dem Alter von zwei Jahren gezwungen worden sei, eine Maske zu tragen, um ihrem kindlichen Gehirn Sauerstoff zu entziehen. Dies habe grundlegende physiologische Auswirkungen auf die Entwicklung des Gehirns und entsprechende seelische Folgen. Sie hätten es getan, um ihrer Tochter ihr Gespür für die Individualität zu nehmen.

„Die Masken sind ein zentraler Teil dieses Krieges gegen die menschliche Psyche. Sie entmenschlicht die Menschen, sie macht sie gesichtslos, sie verhindert die individuellen Interaktionen aufgrund des Gesichtsausdrucks. Die Masken sind ein Symbol dafür, Menschen zum Schweigen zu bringen. Es gibt viele weitere psychologische Gründe dafür und dies sind nur einige wenige. Ich sage das, weil all diese Regeln und Vorschriften, die die Regierungen verordnen und die ständig geändert werden, angeblich keinen Sinn machen, völlig widersprüchlich seien. Das ist nicht der Fall! Das ist keine Inkompetenz, keine politische Dummheit: Es ist ein psychologischer Plan. Deshalb werden diese Regeln und Vorschriften weltweit nicht etwa von Gesundheitsexperten vorangetrieben, sondern von Psychologen — nicht vorangetrieben von Gesundheitsexperten, so fragwürdig ihre Kompetenz auch sein mag. Die Frau, die in Großbritannien für den Maskenzwang sorgte, war keine medizinische Beraterin, sondern eine psychologische Beraterin der Regierung.

Systematische psychische Folter von Gefangenen
David Icke weist darauf hin, dass der Psychologe Albert Biderman 1956 ein Diagramm entwickelte, das als Bidermans Diagramm des Zwangs bezeichnet wird. 2 Es wird als ein Rahmen zur Veranschaulichung der Methoden verwendet, mit denen Militär und Geheimdienste falsche Geständnisse von Kriegsgefangenen erzwingen:

1. Isolation – oder Abschottung, beraubt das Opfer jeglicher sozialer Unterstützung und nimmt ihm die Fähigkeit, sich zu wehren. Es entwickelt eine intensive Beschäftigung mit sich selbst; sie macht das Opfer abhängig vom Verhörenden.

2. Monopolisierung der Wahrnehmung – Fixiert die Aufmerksamkeit auf die unmittelbare Zwangslage. Eliminiert Informationen, die nicht den Anforderungen entsprechen. Bestraft Unabhängigkeit und / oder Widerstand.

3. Demütigung und Entwürdigung – Varianten: Persönliche Hygiene wird verhindert. Erniedrigende Bestrafungen. Beleidigungen und Verspottungen, Verweigerung der Privatsphäre – Widerstand schwerer machen als Nachgiebigkeit. Sorgen auf ‚tierische Ebene' reduzieren.

4. Erschöpfung – Schwächung der geistigen und körperlichen Fähigkeiten zum Widerstand.

5. Drohungen – mit dem Tod, mit Verlassenheit/Nichtrückkehr zur Familie, vage Drohungen: Erzeugen von Angst und Verzweiflung. Folgen der Nichtbefolgung verdeutlichen.

6. Gelegentliche Nachgiebigkeit – Gelegentliche Gefälligkeiten, Belohnungen für teilweise Befolgung der Regeln, Versprechungen – Positive Anreize für Gehorsam. Verhindert die Gewöhnung an die Entbehrung. Versprechungen.

7. Aufzeigen der Allmacht – Zeigt die Sinnlosigkeit von Widerstand. Zeigt die vollständige Kontrolle über das Opfer.

8. Erzwingen trivialer Forderungen – Entwickelt Gewohnheit zur Befolgung und Durchsetzung von ‚Regeln'.

Diese psychischen Foltermethoden der Gedankenkontrolle und der Entkernung der menschlichen Individualität dienen dazu, Kriegsgefangene derart zu brechen, dass sie tun, was immer die Täter wollen. Und das ist es, was sich jetzt in der Corona-Krise in großem Stil in der Gesamtbevölkerung abspielt. Wir finden diese Methoden in den Lockdown-Maßnahmen des Staates wieder. Nachgewiesenermaßen hat auch der kommunistische Überwachungsstaat China als Vorbild gedient3, wo das Leben und der Wille des Einzelnen nichts zählt, sondern nur die Unterwerfung unter das Kollektiv und den Willen der zentralen Führung.

1. Isolation – In der Corona-Krise heißt die Isolation: Abstand halten, Maskenzwang, Quarantäne, Gastronomie-, Läden-, Schul-Schließungen, Versammlungs- und Beherbergungsverbote. *„Die Isolation beraubt das Opfer jeglicher sozialer Unterstützung ihrer Fähigkeit zum Widerstand, erzwingt eine intensive Auseinandersetzung des Opfers mit sich selbst und den daraus sich ergebenden Konsequenzen für sich selbst. Das macht also das Opfer abhängig vom Täter. Je mehr die tyrannische Autorität die Wirtschaft und unabhängige Lebensgrundlagen zerstört, desto mehr wird das Opfer von eben dieser tyrannischen Autorität abhängig gemacht."* (David Icke)

2. Monopolisierung der Wahrnehmung – Wer die Informationen kontrolliert, kontrolliert unsere Wahrnehmungen und Erkenntnisse. In einem gewaltigen Ausmaß sind die Mainstream-Medien gleichgeschaltet und zum Sprachrohr der politischen Führung geworden, deren zielgerichtete Verlautbarungen als geltende Wahrheit flächendeckend verbreitet werden. Ihre Monopolisierung und Absicherung geschieht dadurch, dass alternative und widersprechende Auffassungen nicht nur unterdrückt, sondern zensiert werden.

3. Demütigung und Entwürdigung – Eine Entwürdigung des Menschen als sich selbst bestimmendes Wesen besteht schon grundlegend in seiner Reduzierung vom handelnden Subjekt auf ein gefährliches Virus-tragendes Objekt und einen Befehlsempfänger, der durch strenge äußere Regeln von anderen auf Abstand gehalten wird. Zusätzlich wird durch Mund-Nasen-Masken, die das Antlitz und sein charakteristisches Mienenspiel verdecken, die Lebensfunktion der Ein- und Ausatmung Gesundheits-schädigend eingeschränkt – eine permanente Zurschaustellung gesichtsloser, gleichsam zum Verstummen gebrachter Menschen, ihrer Demütigung und Entmenschlichung.

4. Erschöpfung – Die soziale Distanz und die damit verbundene Einsamkeit, der drohende und tatsächliche Verlust des Arbeitsplatzes, des Geschäftes, der wirtschaftlichen Existenz, die ständige Ungewissheit, was als nächstes passieren wird, erzeugen Angst, Hoffnungslosigkeit und Depressionen. Diese führen allmählich zu seelischer Erschöpfung, die sich auch auf den Körper überträgt. Resignation und Kraftlosigkeit lassen die geistigen und körperlichen Widerstandskräfte erlahmen.

5. Drohungen – Wir sind die ganze Zeit Drohungen ausgesetzt. Ein ganzes Netzwerk von Verhaltensregeln ist mit der Konsequenz von Bußgeldern, persönlichen oder wirtschaftlichen Nachteilen verbunden, die zu gesellschaftlicher Ächtung führen können. Die schlimmste Bedrohung geht von der täglichen Angst- und Panikmache vor der schrecklichen schweren Krankheit aus, an der ständig Menschen qualvoll sterben -, was jeden Einzelnen treffen könne.

Angst lähmt das eigene kritische Denken. Die suggerierte Sorge um das eigene Leben erstickt alle eigene Vernunft, macht folgsam und gefügig, erzwingt den untertänigen Befehlsempfänger.

6. Gelegentliche Nachgiebigkeit – *„Wenn man die ganze Zeit auf Menschen herumtrampelt, wenn man sich ihnen ständig aufdrängt, dann gibt man ihnen eine kleine unbedeutende Belohnung dafür, dass sie so folgsam sind. Das ist alles Teil eines Hundetraining-Syndroms, das heute auf die ganze Menschheit angewandt wird."* (David Icke) Mit gelegentlicher Nachsicht motiviert man zur Kooperation: Wenn ihr das tut, wenn wir also alle an einem Strang ziehen, dann bekommt ihr vielleicht am Ende dies ... Wir machen zwar einen 2. Lockdown, aber dafür dürft ihr vielleicht Weihnachten feiern. Wir werden unser Bestes tun, damit ihr Weihnachten feiern könnt. Damit wird der Prozess der geistigen Anpassung unterbrochen, damit die Menschen kurz Hoffnung schöpfen können. Doch dann werden sie wieder in die Ohnmacht zurückgeworfen. Und sie müssen sich wieder neu anpassen. Das Spiel beginnt von vorne.

7. Aufzeigen der Allmacht – Allmacht demonstrieren signalisiert dem Gefangenen die Sinnlosigkeit des Widerstandes. Der Staat ist allmächtig. Es gibt nichts, was man gegen ihn tun kann. Er hat das Gewaltmonopol, das seinen Organen erlaubt, in die Wohnungen einzudringen, Hausdurchsuchungen und Verhaftungen durchzuführen. Sich mit anderen zusammenzuschließen, wird durch das Einschränken oder gar Außerkraftsetzen der Versammlungs- und Demonstrationsfreiheit sowie die Beobachtung durch den Verfassungsschutz, der de facto ein „Regierungsschutz" ist, praktisch unmöglich gemacht. Schon geringer Widerstand wird medial diskreditiert und abschreckend kriminalisiert.

8. Erzwingen trivialer Forderungen – Je trivialer, lächerlicher und dümmer die Forderung ist, der die Menschen nachkommen sollen, desto mehr wird der menschliche Geist, die menschliche Selbstachtung und die Menschenwürde zerstört. Z.B. Ausgangsbeschränkung: Ab 22 Uhr werden die Viren offenbar besonders gefährlich, ein Spaziergang ist alleine noch bis 24 Uhr erlaubt, gemeinsam mit der Ehefrau nicht; ab 24 Uhr wüten die Killer-Viren so stark, dass niemand mehr das Haus verlassen darf. Da die meisten in dieser Zeit sowieso schlafen, macht es ihnen wenig aus, aber die Folgsamkeit wird eingeübt. Es geht um das Entwickeln einer Gewohnheit der Gehorsamkeit – ohne dabei groß nachzudenken. *„Sie führen ihren Krieg gegen alles, was Spaß macht, alles, was es den Leuten erlaubt, sich zu entspannen, alles was es den Leuten erlaubt, zu interagieren, einen sozialen Diskurs zu führen, in Bars, in Restaurants, in Kinos und Konzerten, Theatern, [...] sogar die Fitness-Studios [nehmen sie in den Fokus], alle Orte an denen die Leute Spaß haben und interagieren — das, was sie das Gastgewerbe nennen. Warum wird das Gastgewerbe am meisten ins Visier genommen? Zusammen mit der Unterhaltungsindustrie und in der Tat auch der Gesundheitsindustrie. Und warum? Weil diese ein zentraler Teil des psychologischen Krieges sind."* (David Icke)
All dies führt dazu, dass die Opfer von den Tätern abhängig gemacht werden. Beim Gefangenen in der Zelle ist es ganz offensichtlich. Von der gefangenen Bevölkerung kommen immer mehr in die Abhängigkeit von staatlichen Hilfsgeldern, die Einzelnen über Sozialhilfe oder Hartz4, Firmen über Zuschüsse, die aber ganz knapp berechnet sind und nur mühsam das Überleben ermöglichen. Darüber kann vielfach das Wohlverhalten erzwungen werden.

Fazit

David Icke fasst zusammen:

"Wo immer man sich die Techniken der individuellen Gedankenkontrolle (mindcontrol) und die Vernichtung des Willens zum Widerstand anschaut, erkennt man, wie sie heute weltweit angewendet werden. Und dies führt zu einer Situation, in der die Menschen so gefügig gemacht werden, dass sie buchstäblich keinen eigenen Verstand, keine eigene Wahrnehmung und keine eigene Meinung mehr haben. Und wenn sie jetzt denken, dass das, was wir aktuell erleben, schon echt übel ist, wie wird es dann für unsere Kinder und unsere Enkelkinder sein? ... bis zum vollständigen Zusammenbruch jeglicher Individualität."

Es gehe um Versklavung und um nichts anderes, um psychologische Programmierung und nichts anderes. Jeder, der konform gehe und nicht sage: „Das tue ich nicht", baue diesen faschistoiden Staat mit auf – oder leiste wenigstens seinen Beitrag dazu – in dem er und seine Kinder werden leben müssten.

"Mir fallen nicht viele andere Definitionen von Wahnsinn ein. Es ist Zeit, aufzuwachen, um die Realität zu verstehen, mit der wir es zu tun haben. Eines der größten Probleme, das die Menschen haben — und ich verstehe das — ist die Verweigerung, das Ausmaß des schier Bösen, das hinter all dem steckt, anzuerkennen ... weil sie dieses Böse persönlich nie erfahren haben ... und sie [die Regierungen] sind verdammt böse und viele merken nicht einmal, dass sie es sind. Aber weil sie es in ihrem eigenen Leben nicht erfahren haben, können Sie es nicht glauben, dass es existiert. Aber es existiert.

Und wir stehen jetzt kollektiv auf und sagen: „NEIN". Oder ... die Konsequenzen für uns, aber noch mehr für unsere Kinder werden absolut verheerend sein. Und wenn wir selbst den Mut nicht aufbringen können, für uns selbst einzustehen, dann lasst uns um

Himmels willen für die Kinder aufstehen."
Immerhin haben vor kurzem einige britische Regierungsberater zugegeben, dass die Bevölkerung während der Corona-Krise mittels *„Mind-Control"* bearbeitet wurde: *„Der Einsatz von Angst war definitiv ethisch fragwürdig. Es war wie ein seltsames Experiment. Letztendlich ging es nach hinten los, weil die Leute zu ängstlich wurden."*
Ein anderes SPI-B-Mitglied sagte: *„Man könnte Psychologie als ‚Mind Control' bezeichnen. Das ist, was wir tun..."*
Einer warnte, dass *„Leute die Pandemie benutzen, um Macht zu erlangen und Dinge durchzuziehen, die sonst nicht passieren würden... Wir müssen sehr vorsichtig mit dem schleichenden Autoritarismus sein."*
Ein anderer sagte: *„Ohne Impfstoff ist Psychologie unsere Hauptwaffe... Die Psychologie hatte tatsächlich eine wirklich gute Epidemie." Zitat Ende*
Quelle: https://fassadenkratzer.wordpress.com/2021/06/04/systematische-gedankenkontrolle-und-deformation-der-menschlichen-psyche/

So ... meine Freunde in der Zukunft ... ich versuche mich nun wieder mehr auf euch zu konzentrieren ... die Betrachtung der derzeitigen Menschheit beginnt sonst meine Lebensfreude zu trüben ... und das will ich nicht!
…..
Daher ... erzähle ich euch nun gerne von der jüngsten Entwicklung in Bezug auf die sogenannte Corona-Pandemie ... (von Wissenden auch „Fake-Pandemie" genannt ...)

Details?! Gerne:

In den USA lebt ein Arzt mit dem Namen Dr. Derek Knauss. Er hat in Immunologie und Virologie promoviert und ist eine anerkannte Autorität auf diesen Gebieten. Dieser Dr. Knauss hat 1500 Proben von Covid-19 analysiert und ... kein Covid-19 Virus gefunden ...
Gefunden hat er stattdessen Nachweise auf Influenza A und B ... in allen 1500 Proben ...!
Um sich seiner Resultate zu versichern, hat er auch andere Labore die Proben untersuchen lassen .. wie zum Beispiel die Stanford Junior Universität ... und alle anderen Ergebnisse zeigten dasselbe Resultat. Nämlich ... kein Vorhandensein eines Covid-19 Virus ...

„Ja ... aber halt. Moment mal ... werdet ihr in der Zukunft sagen ... Man hat doch ... also .. Dr. Drosten hat doch!! Ja ... das könnte man sagen, wenn man nicht tiefergehend informiert ist ...

Was bedeutet dieser kryptische Satz?!

Nun, WAS man gefunden hat, waren lediglich RNA-BRUCHSTÜCKE ... aber aufgepasst ... niemals ... nirgends ... auf der ganzen Welt ein isoliertes und gereinigtes Virus ...
Nach den erschütternden Ergebnissen seiner 1500 Analysen hat Dr. Knauss die „CDC" gebeten ihm eine „lebensfähige Probe" des Virus zu schicken ... die „CDC" konnte dieser Bitte nicht nachkommen ... weil es keine solche Probe gibt!

In der Folge hat die CDC nun eine weitere Klage am Hals, weil der gute Doktor sie nun wegen Betrugs verklagt. Sein Ergebnis lautet ... kurz gefasst zitiert:

„ Die MIKROBE IST GEFÄLSCHT." ...

Ja ...

Eigentlich auch nicht mehr erstaunlich ... aber immerhin wissen wir jetzt, was aus der Grippe ... korrekt: Influenza ... in diesem Jahr geworden ist ... in dem es sie plötzlich nicht mehr gab ... Sie ist in den 1500 Proben von Dr. Knauss untergetaucht ... und nennt sich jetzt „Covid-19" ...

Very sexy ...
Gut ... Also ... Nicht gut ...
Dafür gibt es aber interessante Neuigkeiten von der „Spritzfront" ...

Details?! Gerne:

Als Einleitung möchte ich eine kurze Schilderung bringen, die sich auf eine Diskussionsrunde im Sender „Servus-TV" bezieht. Vor ein paar Wochen wurde dort über „Wohl oder Wehe" der Spritzung diskutiert, und ein hölzern und starr da sitzender Arzt gab mit der monotonen Stimme eines schlecht getunten Parkplatzauskunftsautomaten die Auskunft zum Besten, dass die Spritzung „nicht ins Blut" gelange ...

...

Nach einem Schockmoment der Fassungslosigkeit fielen andere Ärzte in der Runde mit der Frage über ihn her: „Ja wohin denn sonst?!!!
Antwort des „steinernen Gastes"

.. „Na ... ins Gewebe ...!"

Okay ... ins Gewebe ... also in den Oberarmmuskel ... ... der Oberarmmuskel ... der ... wie wir alle als geprüfte Kannibalen wissen ... NICHT durchblutet ist ... gell?!

Vielleicht hat der Hohlkopf gemeint, dass die Spritzung nicht direkt in die Blutbahn injiziert wird ... aber da war es schon zu spät und seine Blödheit offenkundig ...
Nun aber haben neuste Untersuchungen ergeben, dass der Giftstoff sehr wohl in „das Blut" gelangt ... und ... als wäre das nicht genug, dort in der Lunge ... Leber ... Herz und ... vor allem! Achtung! Eierstöcken sein Zerstörungswerk vollbringt ...

Kein Scherz! Keine Satire!
(Wem von euch fällt in diesem Zusammenhang ein, dass Billy von einer Bevölkerungsreduktion träumt ... und dass Billy als Finanzier der Pharmaindustrie und der WHO agiert ... Jedem von euch?! BRAV!)

Ja ... und um zu dokumentieren, dass es in unseren Tagen eine Eintrittskarte in den Zirkel der Macht gibt, die Blödheit genannt wird ... oder ... etwas differenzierter formuliert ... Lobbyist der „Plan-Demi" ... darf ich euch noch hinterlassen, dass der besorgte Arzt mit dem Namen Wolfgang Mückstein ... einige Tage nach der Sendung zum Gesundheitsminister Österreichs ernannt wurde ...

Kein Scherz! Keine Satire ...

Nachdem in dieser volksgesundheitsbeschützenden Position eine seiner ersten Wortmeldungen lautete: „Die Maßnahmen müssen deutlich verlängert werden" … …

… … klang der Satz nach der Wortmeldung des Kanzlers Sebastian Kurz, der vorgezogene Lockerungen „In drei Wochen" ankündigte so: „Lockerungen können schon in zehn Tagen stattfinden …"

Pornodarstellerinnen verwenden für den beliebten Analverkehr zur Erleichterung des selben ein besonderes, muskelentspannendes Gleitgel, das vor allem in angewärmtem Zustand das Einführen des erigierten Penis rektal zu einer recht annehmbaren Aktion werden lässt …

Neu war mir bislang, dass die spezifische Grundformel des Zauberöls auch in abgewandter Form Ministern beim Gehorsamsdienst in der Regierung behilflich ist … Aber … „Ich lerne gerne!"

Ja … ihr staunt nun wieder ein wenig mehr … nicht wahr … aber … das unterscheidet euch von der Masse der Bevölkerung mit deren Grundzustand … ich … in meiner Zeit … leben muss …
Dieser Bevölkerung ist es auch völlig egal … was sich in den USA über dem „Idioten" … also: Dr. Fauci zusammenbraut.

…

Vor wenigen Tagen wurden nun E-Mails von ihm veröffentlicht, die seine Machenschaften im Zusammenhang mit dem Virusexperten in Wuhan dokumentieren …
Klar wurde seitdem auch, dass der Idiot bei seiner Senatsanhörung gelogen hat … und all das wusste, von dem er behauptet hatte … es

nicht zu wissen ...

Ja ... aber es geht in den USA so weit, dass der Moderator von Fox News – Tucker Carlson in seiner Sendung auf all diese Verbrechen hingewiesen hat ... und nach dem öffentlichen Bekanntwerden von Faucis ... ... Machenschaften gefordert hat ... dass dem Idioten der Prozess gemacht werden soll ...

Mal schauen ... in ein paar Wochen wissen wir mehr ... das ist so mit den Mühlen Gottes ... die haben ... Zeit ... schwer zu verkraften für jemanden wie ... MICH

... Kleiner Scherz!

Vorläufige Abschlussbemerkung: Am Anfang hat aber Idiot gesagt: „Keine Maske ...! ... Dann „Maske" ... dann zwei Masken ... dann: drei Masken übereinander! ... Jetzt: Nur eine Maske!

... Satire?!

Die Zukunft wird es weisen ...

...

...

Apropos „Zukunft" ...

In welcher Zukunft lebt ihr ... ... meine Freunde in der Zukunft?!

Ich erlaube mir diese Frage deshalb, weil bei uns ... in meiner Zeit ein heftiger Kampf tobt ... welche Art von Zukunft es für die Menschheit geben wird ...

Noch ist es nicht endgültig entschieden, obwohl es um die Freiheit, die Demokratie, die Wunder des Individuums sehr schlecht bestellt ist ...

Völlig klar ist uns Heutigen mittlerweile, dass die Fake-Pandemie und die aus ihr abgeleiteten diktatorischen Vorgehensweisen der Mächtigen gegen die Menschheit von China ausgingen ... und in gesteigertem Maß ausgehen ...
Wem dieser Satz als ungeheure Behauptung erscheint ... der möge in diesem Text etwas zurückblättern und die Bemerkungen über die Untersuchungen und Entdeckungen angesichts des Lebens in Wuhan lesen ... ... und die finanzielle Unterstützung desselben von Antony Fauci ... der maßgeblich daran beteiligt war und ist, dass im WUHAN-Labor Viren zu Biowaffen getunt werden ...
Dies nur zur nochmaligen Erinnerung und Vorbereitung für den Satz, der jetzt kommt:

China hat angesichts der immer erfolgreicheren Untersuchungen der Wuhan-Angelegenheit mit einem ... Atomschlag ... gedroht! ...
...

Da sie über „ungeheure Mengen von Atomraketen" verfügen würden ... und diese zum Einsatz bringen würden ... wenn Amerika die Untersuchungen nicht einstellen würde ...

Ja ... kein Scherz ... keine Satire!

Grandios ist es allerdings, dass diese Meldung nicht in allen Mainstream Medien, den TV-Hauptnachrichten und bei allen Brieftauben und Buschtrommeln der ganzen Welt zu hören und zu sehen waren ...
Wozu auch ... man könnte ja dann folgende Frage stellen: „Warum reagiert der Chinese so gereizt auf diese Untersuchungen?!" Es ist

doch von Onkel Drosten gemeldet worden ... (was davor schon der Chinese gemeldet hat ...) dass das Virus von Batman ... also ... einer Fledermaus stammt!!!

Wann das so klar ist ... warum dann die Aufregung ...?!
Die Enthüller sollten doch geradezu eingeladen werden die tapfere Fledermaus zu besuchen, die für all das verantwortlich ist ... dann wird IHR der Prozess gemacht ... das Todesurteil vollstreckt ... und China ist vor der Welt reingewaschen ...

Warum der Chinese anstatt dessen mit Atomraketen droht ... mag in der Nachdenklichkeit jedes einzelnen Lesers dieser Zeilen ihre Antwort finden ...
... Überhaupt ... immer dieses „Verhindern" der Wahrheit ...
Dasselbe Muster ist in Amerika zu finden ... unglaublich ... aber wahr!

Die Demokraten haben mit 72 Anwälten versucht die Neuauszählung der Stimmen in Arizona zu verhindern!
Warum ... fragt sich der interessierte Leser ...?!!
Wenn ich weiß, das alles mit rechten Dingen zugegangen ist ... dann sollten diese 72 Anwälte doch geradezu jubeln, dass endlich mit diesen „Wahlbetrugsverschwörungstheorien" Schluss gemacht wird ...
Seltsam ... Ihr in der Zukunft wisst mehr ... und die durchgesickerten Zwischenergebnisse sprechen auch schon eine klare Sprache ... aber ... ich möchte in diesem Text der Veröffentlichung des Endergebnisses nicht vorgreifen ... (Kleine Randbemerkung ... ... Donald wirkt mit jedem Tag zuversichtlicher ... was aber sicher nur dem guten Essen in „Mar a Lago" zuzuschreiben ist ...) ...

Donald Trump wird übrigens unterstellt, dass er Gefallen findet an seiner schönen ... erwachsenen Gemahlin ... Melania ... Was für ein antiquiertes ... Retro-Macho-Verhalten ... ist doch Pädophilie das neue Alleinstellungsmerkmal des mächtigsten Mannes auf Erden ...

Was soll DAS denn jetzt in diesem Text?!! Jetzt wird es langsam aber wirklich ---- Halt ...
....

... bitte keine vorschnellen Vorverurteilungen des Autors dieser Zeilen ... um diesem erregenden Satz einen Beipackzettel für seine Rechtmäßigkeit mitzugeben ... möchte ich euch raten euch das Video von Uncle Joe anzusehen ... in dem zu sehen ist, wie er während einer seiner Stammelreden im Publikum ein minderjähriges Mädchen entdeckt ... mit gierigen Onkelaugen sich an ihrem unschuldigen Körper und Gesicht festsaugt ... und nach einer kurzen Pause ... (um seinen Phantasien Raum zu geben) ... mit belegter Stimme zu dem Kind raunt:

„YOU really look like 15 years old ......"...

was ihn wiederum bei Tatsächlichkeit der Vermutung von Strafverfolgung befreien würde ... wenn er ... im Anschluss an die Rede ... seine Security-Sherrifs bitten würde ... das „Sweet little Chicken" ... für ein Autogramm in seine Präsidenten Garderobe zu lotsen ...

Stellt euch mal vor ... Donald hätte sich auf einer seiner Rallyes bei diesem Satz filmen lassen ... was wäre dann in den Medien losgebrochen ....?! ...

? ......

Genauso ein dröhnendes Schweigen?!
Ich nehme Wetten an ...

... Ja gut ... Okay ... wenn wir uns schon auf dieses gefährliche ... glitschige Terrain wagen ... dann muss man schon erwähnen, dass Donald in einem unbelauschten Moment mit einem anderen Mann ... (der dabei ein Tonband laufen ließ ...!) gewagt hat ... die Wahrheit zu sagen ...
Was?!!!!!!! ... Er hat doch gesagt, dass man ... als Mann ... wenn man nur megaberühmt ist, so mancher Frau ... ungestraft ... auf die Muschi greifen kann ...

Das!! Ist doch!!!

... unwahrscheinlich!!! Und ----

Halt ... Stop ... Pause! ...

...... es ist nur ... die Wahrheit ... nichts weiter ....

und wer das nicht hören will ... der möge weiter in seinem Wolkenkuckucksheim leben ...

Und für die, die jetzt glauben, dass ich diese Wahrheit gut finde ... melde ich ... ich finde sie nicht gut ... aber was wahr ist ... muss wahr bleiben .. ... auch wenn uns die Wahrheit nicht gefällt ... ... (aber ... wann tut sie das schon?!!) ... Ich werde in eure politisch korrekte Empörtheit eine belustigende Anekdote einflechten ... die all das eben Gesagte ... ein wenig verdaulicher macht ...

WER ... Wer ... hat sich angesichts von Donalds Freude an der Wahrheit zu Wort gemeldet ... ... und ihm „Frauenfeindlichkeit" vorgeworfen ...?!

... WER?! ...

Ja! Ausgerechnet:

... Mick Jagger!!...

Das allerdings finde ich vorbildlich ... Wie wir ja wissen, hat Mick ja immer den Saal räumen lassen ... und / oder ein Konzert abgebrochen ... wenn aus den Reihen des fast ausschließlich weiblichen Publikums ... Höschen und BHs von den fehlgeleiteten Mädels auf die Bühne geworfen wurden ... und ... Ja!! ... Wir alle wissen, dass er den Roadies, die ihm und Keith nach den Auftritten scharenweise junge Schnitten zum gemeinsamen Vernaschen in den Trailer oder die Suite bringen wollten ... eine klare Absage erteilt hat ... und stattdessen den Groupies Taxigutscheine geschenkt hat ... für den Weg heim ... oder ... zur Schule ...

Niemals hat er seine Megaberühmtheit ausgenützt, um einer dieser Minderjährigen an die Muschi zu greifen ... niemals ... ... Auch sich in jeder neuen Stadt von seinem jungen Gemüse den megaberühmten Schwanz zur Kühlung blasen zu lassen ... ... auch dieser verabscheuungswürdigen Versuchung hat Mick ... immer!! ... im Namen Jesu Christi ... und ... Aller (!!!) Heiligen ... widerstanden!

Und darum ... ja ... darum ist er ... und eigentlich nur er ... berufen ... das Wort des Herrn zu repräsentieren und Donald zu strafen ...

Einer muss es ja tun ... also ... die Ehre unserer keuschen Jungfrauen (die sich niemals von einem Macho dank seiner Megaberühmtheit an die Muschi greifen lassen würden ...) ... zu achten und zu ehren ... zu schützen ... und zu verteidigen ... Und dieser Eine ist:

Mick ... Jagger!

Ja ...
... Ja ....
...

Bleibt eine letzte Frage offen ... Bei euch ... in der Zukunft ... gibt es da auch noch diese bleierne Verlogenheit ... angesichts ... der Wahrheit?!
Der Romantiker in mir will das immer noch hoffen ... wahrscheinlich, weil wir ... in meiner Zeit ... so sehr darunter leiden ... nicht an der Wahrheit ... sondern an der Verlogenheit ...
...
Verlogenheit ... ist ja ... wenn man ganz genau sein möchte ... nicht immer eine dezidiert ausgesprochene Lüge ... es genügt ja schon, wenn man Wahrheiten ... einfach nicht kommuniziert!

Oder ...?

Warum diese Einleitung?!

Details? Gerne:

Wie wir hier, in Europa, schmerzlich zu wissen beginnen, steht die europaweite Einführung des „Grünen Passes" unmittelbar bevor ...
So weit ... so ----

Mit diesem harmlosen und erfrischend klingenden Namen verbindet sich allerdings ein gewaltiger Schritt hin zum „gläsernen Menschen" und zur Totalüberwachung nach ... Na?!

Ja! ...

nach chinesischem Vorbild!!
Dort kann der überwachte Bürger nahezu keinen Schritt tun, ohne sein Handy mit seinen persönlichen Daten in einen Scanner zu halten ...
In diesem letzten Satz versteckt sich die teuflische Wahrheit des „Grünen Passes" ...
Auf Selbigem werden nämlich nicht nur die Fakten gespeichert, ob man infiziert ist – oder nicht ... Nein! Da finden sich dann intimste Daten bis hin zur Krankheitsgeschichte und Bankverbindung und die Möglichkeit zur Bestimmung von Bewegungsprofilen!

Ja ... all das sollen wir in Zukunft in die Hände der Regierung geben, deren Verhalten in der Fake-Pandemie unsagbares Leid über die Menschheit gebracht hat ...

Widerstand?! ...

Ein Aufschrei in den Medien ...?!...

Nicht in Europa!

...

Warum betone ich das?!

Weil Großbritanniens tapfere Menschen so hellsichtig waren rechtzeitig aus dem Moloch EU auszutreten. Weil auf dieser Insel jede Woche bis zu 100.000 .... In Worten: Hunderttausend Menschen gegen den „Grünen Pass" auf die Straße gegangen sind! So lange ... bis die Regierung den Plan eingestampft hat!
Weil sie gerne an der Macht bleiben möchte und weil sie zu spüren bekommen hat, dass das Volk sie zum Teufel jagen würde ... wenn der „Grüne Pass" eingeführt wird!
Ist das die Meldung, die in den Hauptabendnachrichten kommt?!
NEIN!!!

Israel ... hat den „Grünen Pass" wieder abgeschafft ...!!
Ist das die Nach- ----?!!

NEIN!!

Und das obwohl der österreichische Kanzler Kurz sich in Israel informiert hat, wie man den grünen Pass beschleunigt einführen kann ...

In einigen Städten Amerikas ist es sogar verboten!:

1.) Eine Impfpflicht einzuführen ...

2.) Einen Impfnachweis zu kreieren!!

Warum ... weil man in diesen Ländern, die den „Grünen Pass" haben werden, eine Apartheid inszeniert ... und das dem Rechtsbewusstsein der letzten, wenigen Demokraten auf diesem Planeten widerspricht ...
Hat man uns in Europa über die Zustände in Israel und USA langanhaltend und tiefgehend informiert?!!

NEIN!

Ja ... warum denn nicht ... ... wie ist denn das ... mit der Wahrheitspflicht ...?!

Klar, wenn die 0,7 Prozent an wachen, denkenden, selbstbestimmten Bürgern der EU über diese Verweigerungen Bescheid wüssten ... könnten sie dann zu „Superspreadern" werden ... und Andere damit anstecken?!!

Ja!!

Wollen wir das ... WIR ... in den höchsten Machtzirkeln der EU?!

NEIN!!

Also müssen wir diese Wahrheit ... unterdrücken ... Richtig!?

Richtig!

Oder auch:

JA!!

Wer mit „Ja" geantwortet hat: ... ist prädestiniert für ein hohes politisches Amt ... indem er ... oder sie die edelste Pflicht finden: „Schaden vom Volk abzuwenden"..........

Also ... ihr seht ... in unseren Tagen ist der Kampf noch nicht endgültig entschieden ... Auf der einen Seite werden sie immer rasender und wollen demnächst auch Babies spritzen ... auf der anderen Seite gehen Hunderttausende auf die Straßen, um die Diktatur abzuschütteln ...

„Druck erzeugt Gegendruck."
Damit aber der ... Erstdruck nur ja schön aufrecht erhalten bleibt ... plant die Regierung in Deutschland den Ausnahmezustand über den 30. Juni hinaus zu verlängern ... bis Ende September ...

Ja ... ist in Ordnung ... und das obwohl ... wie bei jedem Corona-Virus zur Zeit die Zahlen an infizierten .. und Kranken ... und Intensivpatienten im freien Fall in den Keller rasseln ...

Von einer „epidemischen Lage von nationaler Tragweite ... (von der laut BMI niemals die Rede war ...) ist nach wie vor nichts zu sehen ... aber ... tun wir doch einfach so .... als wäre es der Fall ...

„Weil nicht sein kann ... was nicht sein darf ..." ...

Und die Wahrheit zuzugeben ... dass wir alle durch ... „Die da Oben" ... vorsätzlich zu Opfern in einem der größten Menschheitsverbrechen gemacht worden sind ... diese Wahrheit werdet hoffentlich ihr

... meine Freunde in der Zukunft in euren Geschichtsbüchern verewigen ... Wir ... in meiner Zeit ... leben zur Zeit in einem Zustand ... wie die russischen Seeleute in der Luftblase im gesunkenen U-BOOT „KURSK" ...

Was für ein Vergleich ... aber ... es ist die Wahrheit ...

Wahr ist auch, dass die Abschiedsbriefe dieser Männer ... ... sehr rührend waren ...

....

..

.

5. Juni 2021

Meine lieben ... lieben Freunde in der Zukunft ... habt ihr Sinn für ... Situationskomik?!

Ja ...?!

Nein?! ...

Vielleicht finden wir das heraus, nachdem ich euch von den neuesten Entwicklungen in unseren Tagen berichtet habe ...

...

... Wie schon erzählt, ist ja der neue österreichische Gesundheitsminister ... der Arzt (!) Dr. Mückstein der Meinung, dass die Spritzung in den Oberarmmuskel NICHT (!) ihren Weg ins Blut des Opfers findet ...

„Klingt komisch ... ist aber so!"

Längst haben Untersuchungen bewiesen, dass die „SPIKE-Proteine" der Spritzung in das Blut des Opfers gelangen und vom Blut in alle Organe wie Herz, Lunge, Leber ... und auch die Fortpflanzungsorgane ... um dort ihr Vernichtungswerk zu beginnen ...

„Klingt komisch ... ist aber so!"

Eines der zerstörerischen Symptome besteht darin, dass es zu Thrombosen kommen kann ... die natürlich Ursache für das leidvolle Versterben des Opfers sein können ...

PS: Natürlich ist Mückstein noch im Amt und NICHT (!) zurückgetreten ... Auch seine Berufsbezeichnung: Arzt ... musste er nicht ablegen ... aber dies nur am Rande ...

So ... aber nun zur Pointe: Die längste Zeit haben uns die Gehirnwäscher nahe gebracht, dass wir ohne Spritzung kein „normales Leben" mehr haben werden ...
Kino, Theater, Supermarkt, Bordell ... all diese Begegnungsstätten wären verschlossen, für all diejenigen, die sich nicht ... „solidarisch" spritzen lassen ... Und ... Achtung (!) ... auch in Flugzeuge würden wir nicht mehr ohne Spritzung eintreten dürfen, um „über den Wolken" unseren Tomatensaft beim Landeanflug auf Mallorca zu verschütten ...

Soweit ... so ... Gestern noch!!!

Heute aber!! ... melden die Fluggesellschaften, dass sie planen keine (!) Gespritzten ... mehr auf eine Flugreise mehr mitzunehmen!!

Kein Scherz, keine Satire!!

Warum das?! ... Weil ... (wie früher im Text erwähnt), durch die Spritzung ein erhöhtes Thromboserisiko vorhanden ist ... und es kein schönes Bild abgibt ... wenn ein Flugzeug mit 243 lachenden Passagieren abhebt ... ... und bei der Landung 17 davon mit verdrehten Augen tot in ihren Sitzen hängen ...

Ja! Gestern „Hü"! ... heute „Hott"!!

Und noch etwas ... diese Spritzung haben ja diejenigen, die sie unbedingt wollten ... um wieder mitfliegen zu dürfen ... „freiwillig" erhalten ... wenn der Gespritzte also erblindet ... oder gelähmt ist ... oder an Lungenzersetzung leidet ... wegen der Spritzung ... dann ist dafür niemand ... haftbar!
... Das haben sich die Pharmariesen gegenüber der Politik als Erstes in ihre Verkaufsverträge schreiben lassen ... da sie natürlich die besten Informationen hatten, welchen Giftstoff sie den Menschen „in das Blut schießen" werden ...

Also ... steht der beschädigte Bürger ganz allein auf weiter Flur mit den Folgeschäden seiner Freiwilligkeit ...

Na ... Und ..?! ... Ist das nicht komisch ... also Situationskomik?! ...

Wie ...?! Ihr findet das nicht zum Lachen? ... Was?! ... Das ist Wahnsinn ...?! ... Ja ... mag sein aber: „Ist es auch Wahnsinn ... so hat es doch Methode!!!"

Zitat: Hamlet ... (Von William Shakespeare).

Lustig könnte man es auch nennen, dass Italien nun veröffentlicht hat, dass 99 Prozent aller sogenannter Coronatoten schwere andere Krankheiten hatten ... was im Umkehrschluss bedeutet, dass an Corona ... 1 Prozent ... verstorben sind ...

Ja ... dafür lohnt es sich schon die gesamte Weltwirtschaft so tiefgehend zu ruinieren, dass aufgrund der verlorenen Hilfsgelder an arme

Länder ... 30 Millionen am Hunger sterben werden ... Nicht wahr?!

„Humor ist ... wenn man trotzdem lacht."

Ja ... und um diesen Teil des Themas abzurunden, sei noch erwähnt, dass man festgestellt hat, dass das Gift auch in die Muttermilch gelangt ... und von dort in die durstigen Babies ... aber ... die trinken ja sicher auch ganz ... freiwillig ...!

Heute Morgen aber wollte ich den Tag mit Lachen und hellen Gedanken und Gefühlen beginnen ... und habe mir erlaubt ein wenig ... zu träumen ....
In meinem Traum hatte Ron DeSantis ... der Gouverneur von Florida, plötzlich die Macht über die ganze Welt ... überall wurden die Masken umweltschonend entsorgt ... sämtliche „Maßnahmen" wurden eingestellt ... Restaurants ... Bordelle ... und Theater hatten geöffnet ... und das Leben war so, wie es sein sollte ... und wie es in Florida in unseren Tagen ist ... frei ... leicht ... unbeschwert ... Die Menschen lebten in meinem Traum ihr Leben heiter ... produktiv ... und ... kommunikativ ... Einige starben an Krebs ... einige am Herzinfarkt ... einige an Covid ... einige an einem Autounfall ... aber ... die Aller ... aller ... aller ... aller ... aller ... aller meisten ... lebten ... so wie früher ... glücklich und unzufrieden mit ihrem Boss ... und das ... weltweit ...

Wie wir aus der Medizin wissen, formen unsere Gedanken unser Dasein ... unsere Gefühle unsere Gesundheit ... oder Krankheit ... und dementsprechend ergriff mich ein wichtiges Gefühl in meinem Tagtraum und für sieben Minuten war: „Alles gut" ...
Es entstand sogar ein Silberstreif der Hoffnung am Horizont meines

Daseins ... da etwas in mir sprach: Wie schön, dass all das wenigstens in Florida möglich ist ... und wenn es mir hier ... in Europa ... eines Tages zu bunt werden sollte ... dann verkaufe ich mein letztes Hemd und wandere aus ... in den „Sunshine-State" zu den grünen Palmen ... den dicken Burgern ... und den Menschen mit dem freien Lachen ... who knows!
Denn ... logisch zu Ende gedacht ... muss es hier in Europa ja so weit kommen ... wie wir es uns heute gar nicht vorstellen können ... Als Erstes werden wir uns als Provinz von China wiederfinden ... völlig klar ...

Wieso ist das klar?!!

Nun ... erst gestern habe ich eine Analyse gefunden, die dokumentiert, dass China die ganzen gescheiterten mittelständischen Unternehmen aufkauft ...

Toll ... einer muss es ja tun ... und warum sind sie gescheitert ...? Wegen ... dem „China-Virus" ... logisch ... Und wieso hat der Chinese die Kohle uns aufzukaufen?! ... Weil er als Einziger keinen wirtschaftlichen Schaden genommen hat ... sondern sein Wirtschaftswachstum seit der ... Fledermaus ... explodiert ... und es ja zum Beispiel in Beijing keinen „Coronafall" gab ...

Kein Scherz, keine Satire.

Also hat Gott in der Gestalt von Billy und dem Chinesen und Antony ... in logischer Verkettung und gegenseitiger Beeinflussung die Überwachungsmethoden von China nach Europa exportiert ... ... um hier vorzufinden ... was das Volk in China schon längst ... wi-

derspruchslos angenommen hat ... die Totalüberwachung jedes einzelnen Atemzuges ...
Das erlernen nun die ehemaligen Mittelständler Europas ebenfalls ... um dann ... ... wenn sie Glück haben ... zu den Wenigen zu gehören, die in ihren ehemaligen Unternehmen ... totalüberwacht ... für den Chinesen schuften dürfen ...

Toll ... „I like it".

Ron DeSantis sagt: „Ich NICHT" und blickt einem Beach Girl hinterher, die ihm ... ohne Maske ... dankbar zulächelt ...

Amerika ... du hast es besser!

Aber ... um bei meiner Lust zu bleiben, dem heutigen Tag eine heitere Farbe zu verleihen ... träume ich nun etwas weiter ...
Ich bin ja ... (wie schon erwähnt) ein dankbarer Bürger ... dankbar deshalb, weil die von mir nicht gewählten Herrscher jede Art von Schaden von mir abwenden ...

PS: Danke!!! Da sie dies zu tun bereit sind und es auch tatsächlich tun, freue ich mich auf eine „unsterbliche" Zukunft ...

Immerhin haben sie ja schon den Humanismus bewiesen, MICH vor dem unsichtbaren Todfeind zu schützen ... und dafür leichten Herzens 30 Millionen Tote in Kauf genommen ...

Danke!!!

Also ... in Ausübung ihrer Weltverantwortung haben die Mächtigen analysiert, was alles zu einem vorzeitigen Tod führen kann ... und haben es genauso ins OFF verbannt wie heutzutage unsere Kinder ...

Rauchen ... kann tödlich sein ... verbannt!

Autoverkehr ... kann tödlich sein ... verbannt ....

Flugverkehr ... mit oder ohne Thrombose ... schafft mit einem Absturz circa 300 Menschen ... daher: verbannt ...

Die falschen Fette ... Fleisch ... Zucker ... Weißmehl ... verbannt ...

Atomkraft ... verbannt ... (Danke!)

... Kohlekraftwerke ... (Krebs!): verbannt ...

... Elektrischer Strom ... verbannt

... Außerehelicher Sex ... (Herzinfarktrisiko bei Männern aufgrund von Stress ... hervorgerufen durch Spaß plus Schuldbewusstsein ...!) total verbannt ...

Waffen jeder Art .. (auch Gabeln und Buttermesser ...!) verbannt ...

Todesstrafe ... ... verbannt ... (weil tödlich) ...

Sämtliche Arten von Düngemittel und Nahrungszusatzstoffe ... verbannt ...

Übergewicht ... verbannt ...

Schwere körperliche Arbeit ... verbannt ... (Danke!) ...

…… und zu guter Letzt: Geboren werden ... da ... letzten Endes ... tödlich endend ...

………..

So ging ich ... in meinem Traum durch leere, stille Straßen ... trank in einem Lokal auf der Terrasse ... ein Glas lauwarmes Wasser ... und sah einem hübschen Mädchen in Birkenstockschuhen nach …………..

High Heels waren seit Jahren ... ………..
verbannt ...

PS : ……
„Feinstaub"……(!) ………….
…… verursacht …..
Weltweit ……(!)
….. pro Jahr ……(!!!) ……..
……(!)
53 (!!!)   Millionen ………..(!!!) ….. TOTE ……….

Ja ...

10. Juni 2021

Es ist immer schön, wenn man den Tag mit einer erfrischenden Botschaft beginnen kann ….

Diese hat uns der Ex-UK-Premierminister Gordon Brown in einem Sky-Interview hinterlassen …
… Er sagte: „Am Freitag, bei den G7 werden wir effektiv entscheiden, wer lebt (!) und wer stirbt (!) … wer wird geimpft, und ist deswegen sicher … und wer wird nicht geimpft, und ist deswegen gefährdet! …

Ja … endlich mal ein Politiker, dem man nicht vorwerfen kann er würde sich in Sprechblasen verstecken … vor … der Wahrheit …

… Andererseits … hat der gute Mann offenbar nicht die neusten Nachrichtenlage von seinem Pressesprecher erhalten … die mit den Oxygenschädigungen … Herzmuskelentzündungen … Lähmungen und Erblindung und dem Tod … „mit" Impfung!

Das ist schon wert eine Sekunde innezuhalten und kurz zu erinnern …

Als Tausende Tote zu beklagen waren … die an Herzversagen, Krebs, Ertrinken oder Selbstmord gestorben sind … und (!) … auch nur mit der Corona-Mutante infiziert waren … da waren das alles … richtige Coronatote!

Jetzt wo Tausende durch die Auswirkungen der Impfung sterben …

da sind das alles Tote, die an Herzversagen, Krebs, Ertrinken oder Selbstmord gestorben sind ...

Um diesem ... Sinnspiel ... einen seriösen Hintergrund zu verleihen ... liefere ich euch ein paar „harte Zahlen" ...

Also: zum 9. Juni 2021 sind in der Datenbank der WHO 1.033.850 Meldungen über Nebenwirkungen einer Covid-19 Impfung erfasst. Gut 60 Prozent davon stammen aus Europa ...

Nach einer „Impfung" sind 6.811 Menschen verstorben ...
Der Zuwachs in der Mortalität beträgt derzeit 71 Tote pro Tag ... ein deutlicher Anstieg gegenüber den 41 Toten in der Woche davor ...

Ihr langweilt euch ... kann ich verstehen, aber ... jetzt wird es gleich ... wiederum dank „harter Zahlen" wieder spannend ...

Seit einiger Zeit gehen die Meldungen über ... „unerwünschte Nebenwirkungen" nämlich dramatisch zurück ...!

Wenn aber die Zahl der „Impfungen" steigt ... dann ist etwas „faul im Staate Dänemark" ... (wieder W. Shakespeare, wieder: Hamlet) ... wer es nicht glauben möchte, dass hier deutlich zu Gunsten abnehmender „Nebenwirkungen" manipuliert wird ... dem biete ich hier eine Tabelle:

120.622 Meldungen vom 19. – 25. Mai
74.864 Meldungen vom 26. Mai – 1. Juni
58.831 Meldungen am 2. Juni – 8. Juni

Habt ihr gute Augen ... die Meldungen fallen wie Blätter im Herbst ... und das obwohl die Zahl der Zweitimpfungen enorm zunimmt: ... und es bekannt ist, dass die „unerwünschten Nebenwirkungen" nach der 2. Impfung deutlich schwerer ausfallen ...

Ja ... wie kommt das ...?!

Ach ... ... wahrscheinlich denken sich die Leute: „Das Bisschen gelähmt sein ... impotent ... oder blind ... was soll's ... das melde ich jetzt mal lieber nicht ... sonst denken die noch, ich bin ein Weichei ... oder ein theoretischer Verschwörer ..."

„Also", spricht der vertraute Politiker ... der ... angetreten ist, um Schaden von uns abzuwenden ... „lasst es mal gut sein mit euren Zahlen, schnell alles verimpfen, was da ist ... an Babys, Greise und Schwangere ... bevor ein Gericht der Welt den Klagen im Herbst stattgibt ... die wegen der Schäden, die mRNA-Impfstoffe anrichten, jetzt schon eingereicht werden ..."

Gut ... also ... Nicht gut!

HALT!!
STOP!!

Ich könnte mich gerade wegschmeißen vor Lachen!!!

Hackfresse!!! ...

„Ja, was ist denn los ...?!", fragt ihr ... meine Freunde in der Zukunft jetzt sicher ... um meinen mentalen Zustand besorgt ...

Ich sage es euch ... Soeben habe ich die Sendung „Life Talk bei BILD" gesehen ... mit vier auf das Äußerste aufgeregten Journalisten ... zwei Männern ... zwei Frauen ... und sie haben aktuellst DAS besprochen ... worauf ich schon vor längerer Zeit in diesem Werk hingewiesen habe ... auf den „Intensivbettenskandal" ...

„Ja ... da war doch was" ... nickt ihr jetzt ... „Irgendwie gab es zu wenig Betten ... oder?!!"

... Also ... ganz langsam ... ich erkläre es euch noch mal, aber ... ab heute ... mit dem offiziellen Bericht des Bundesrechnungshofes ... der seit einigen Stunden vorliegt ...

Die Krankenhäuser haben einen dramatischen Mangel an Intensivbetten gemeldet ... ... um ... vereinfacht gesagt ... mehr Geld von der Regierung zu bekommen ...
Seit heute ist es nun offiziell, dass diese Behauptung das ist, was man Betrug nennt ...

...

Wie konnte es dazu kommen?!

Ganz einfach: Nicht eine unabhängige Behörde hat die tatsächlichen Bettenauslastungen ermittelt .... Nein ... Der „Interessensverband der Intensivmediziner" ... also kein objektives Gremium ... hat Zahlen weitergegeben, die so gefälscht waren, dass es zu finanziellen Mehrzahlungen an die Krankenhäuser gekommen ist ...

Man muss nun das Wort genau lesen ...

„Interesse ... und Verband!

Ist doch nachvollziehbar, dass es im Interesse dieses Verbandes war, so viel Kohle wie möglich abzugreifen ... Gell?!

Aber .... Und deswegen waren die Journalisten ... zwei Männer, zwei Frauen ... auch so aus dem Häuschen ... Das mit der Kohle wäre ja nichts dramatisch Neues ... jeder trickst doch, wo er nur kann, um Väterchen Staat zu schröpfen ... Aber ... und jetzt kommt es: Das RKI ... (also das regierungsfinanzierte Institut, wo im Krieg die Nazis gewirkt haben ..) ... WUSSTE ... von diesem Betrug ... und hat ihn sogar an den Gesundheitsminister SPAHN ... gemeldet ... aber NICHT!! ... der Öffentlichkeit ...

Ja und ... jeder trickst doch, wurde eben vorhin gesagt ...

Ja! Aber dieses Verschleiern ... Lügen ... und Unterdrücken der Wahrheit hatte in unserem Fall katastrophale Auswirkungen in völlig perfider Art und Weise ...
Erinnern wir uns ... Frau Merkel hat mit einer pathetischen Rede im Bundestag gemeldet ... dass die Intensivmedizin jeden Tag mehr und mehr an ihre Kapazitätsgrenze kommt ... und dass wir morgen alle!! ALLE!!! sterben werden ... wenn sie nicht den Führerbefehl vollstreckt bekommt ... und die „Notbremse" bundesweit einführen kann ... mit Aushebelung der Grundrechte ... Verlängerung und Verschärfung des Lockdowns ... und weiterer Zerstörung ungezählter Existenzen!!

Nochmal ... all das, was Frau Merkel den Menschen angetan hat ... wurde aufgrund einer allen bekannten und gedachten Lüge vollzogen ...

Gerade die Zahl der Intensivbetten galt ja als das „Allerheiligste" im Zahlenspiel der Fake-Pandemie!
Die Inzidenzzahl konnte man ja je nach Gusto rauf oder runter manipulieren ... aber doch nicht die „harten Zahlen" der Intensivbetten!!

DOCH!!

Ruft der amüsierte Beobachter! Doch. Ihr Idioten ... ihr Weicheier ... ihr Schlafschafe ...

Doch!!!

Es hätte niemals ... und angesichts der realen Bettenauslastung schon erst recht nicht, einen Lockdown gebraucht ... NIEMALS!
Und seit einigen, wenigen ... Stunden hat euer Bundesrechnungshof das endlich schwarz auf weiß bewiesen ... was die Spatzen schon seit Monaten von den Dächern pfeifen ...

Ihr armseligen Systemknechte ... habt ihr immer noch nicht genug ... greift ihr immer noch nicht zur Mistgabel und jagt die Hackfressen zum Teufel ...?! Wahrscheinlich ... nicht!

Aber egal ... bin nur gespannt, was ihr in 20 Jahren euren Kindern erzählen werdet, wenn sie euch fragen: „Du hast es doch gewusst ...?! ... ... und bist mit gelaufen?!
Ihr Lemminge ... ihr habt meine totale Verachtung ... so ... das

musste gesagt werden ... auch wenn dieser Ausbruch eines einsamen Schreibers nichts daran ändert ...

....

Spannend wird allerdings die Beantwortung der Frage ... welche Konsequenzen es für die Dame und die Herren an der Spitze geben wird ... für diesen Hochverrat am Volk ...?!

Das RKI wusste Bescheid ... ... Die Hack ---- halt ... ganz ruhig ... seriös bleiben ... Jens Spahn ... wusste Bescheid ... und da soll man glauben, dass die Rautenfrau NICHT Bescheid wusste ... über den Betrug ... das Verbrechen am deutschen Volke ... als sie ihre pathetische Büttenrede gehalten hat ...?!

Ha ha haaa ...!!!

Jetzt wird es natürlich einen Untersuchungsausschuss geben ... der diesen Jahrhundertskandal ....
...
Bleibt die Frage ... Gelingt es den Mafiosi an der Spitze ihn so lange hinauszuzögern, bis die Bundestagswahl im Herbst vorbei ist ... oder schafft es die Opposition ... die Verbrecher noch davor bloßzustellen ...?!
Ja ... das ist die Frage zum Tag ... heute am 10. Juni 2021 ... und dass ihr jetzt mit offenem Mund dasitzt ... und es nicht glauben könnt ... das verstehe ich ... Aber ... um mit einem Wort eines lieben Freundes zu schließen: „Es ist noch viel schlimmer, als wir annehmen ..."

11. Juni 2021

Der deutsche Bundestag hat heute die „epidemische Notlage von nationaler Tragweite" bis Ende September verlängert …
…
…

Kein Witz … Keine Satire!

14. Juni 2021

Ah … !!! Jetzt weiß ich … warum im Bundestag so dringend das Notstandsgesetz erneut verlängert wurde …

Ja … !

Ich weiß es!

Details?! Gerne.

Ohne dieses Notstandsgesetz würde nämlich die „bedingte Zulassung" für das
Gen-Medikament nicht verwendet werden dürfen …!

Notlage bedingt … Notstand!!

Ihr versteht?!
Jetzt ist alles klar …

Jeder vernünftige Beobachter würde sich fragen … Ja … aber … Moment mal … Eure heilige Inzidenzzahl-Kuh … hängt schon weit unter 20 … (Dies natürlich deshalb, weil alle Grippewellen im Frühling ausklingen … und das überhaupt NICHTS mit Lockdowns zu tun hat …) … Also warum tut ihr dann noch so, als würden morgen alle sterben?!!

Achtung Zitat: „Weil der Wahnsinn Methode hat!!"

Naive Beobachter könnten vermuten, dass allumfassende Fürsorge der Anlass ist, die Menschen nach wie vor als Gefangene im Land ihrer ehemaligen Demokratie zu behandeln ... weit gefehlt ... Weil:

NAIV ..

Hinter der Schein-Fürsorge steht die berechtigte Sorge, dass man der Pharmaindustrie ihr Spielzeug kaputt machen könnte ... und:

Wollen wir das?!!

NEIN!!

Ruft der gleichgeschaltete Chor der Abstimmungs-Nick-Marionetten in den Regierungsparteien ...

!!!

Hauptsache die Kinder werden in den Klassen nach wie vor von ihrem eigenen zurückgeatmeten CO_2 nach wie vor vergast ...

... Ja ... ich darf das so sagen ... weil, CO_2 ist ein Gas ... und ... lange genug eingeatmet sorgt es für schwere physische und in der Folge psychische Schäden ... weil durch den Sauerstoffmangel Gehirnareale beschädigt werden ...
Aber ... was soll man von selbstverliebten schwulen Gesundheitsministern schon anderes erwarten ...?!

Auf der Terrasse der 4,2 Millionen Villa bläst er sicher sehr erfrischend ... der sauerstoffreiche Stadtrandwind ...

FEINSTAUBARM..........!!!

Kinder?! Ach Gottchen ... das ist was für das Steuermelk-Vieh ...

Ha ha haa!

Apropos „Ha ha ... haaa"! ...

Habe ich doch in einem Portal eines Doku-Senders, der nicht zu den staatlichen Desinformationssendern gehört, erst gestern Bilder gesehen ...!

Ja ...!!

Vom G7 Gipfel, der im wunderschönen Cornwall abgehalten wurde ... In:
Rosamunde Pilchers Vorgarten ... sozusagen!
Was daran so bemerkenswert ist ... fragt ihr ....
Meine Freunde in der Zukunft?!!
Das ist schnell erzählt:
Auf den offiziellen Bildern ...
(also denen für die Schlafwahlmarionetten-Schlaf-Schaf-Bürger ...!)...
konnte man beruhigt erkennen, dass sich die Mafiosi politisch total korrekt begrüßten!

Also ... drei Meter Abstand ... zurückgezogenes Becken (Achtung ... Sexualität) vorgestreckter Ellebogen ... und nur ein kurzes Antippen am Bogen des anderen Regierungschefs ... bzw. Chefin!

Übrigens: Die Machtfrau ist natürlich kurz aus der Rolle gefallen, als sie nach der Landung ... auf dem Rollfeld ... dem Begrüßungsmensch die Hand reichte ... und (!) ... schüttelte ...

Ja ... warum denn auch nicht?! Werdet ihr in der Zukunft fragen ....
Herrgott nochmal ... weil wir daran alle sterben!
Sterben werden!!!!!!
Am Händeschütteln ...

Darum hat auch ein Adjutant mit panischen Augen über der Teil-Burka über seinem Gesicht gerufen: Frau Merkel! Keine Hand! Kein Händeschütteln ...
Das Gesicht der Rautenfrau zeigte daraufhin folgenden Text: „Was?! Hä?! ... Warum?! Ach so ... Ja ... Volkslüge ... klar ... Mensch ... bin ich bescheuert?!!!

... Und eilte in die gepanzerte Limousine ...

...

Aber zurück zu den Fotodokumentationen ...
Da sehen wir also die pandemieverkrampften Herrscher ... die der Welt zeigen, wie man sorgenvoll lügt ... (Körpersprache ...)
Dann aber hat der alternative Sender Filme und Fotos gezeigt, die NACH dem offiziellen Gelüge aufgenommen wurden ...
Da umarmte Macron Biden ... da ging man ... selbstverständlich maskenlos in engen Gruppen zu Tisch ... da lachte man ... aß man ... prostete man ... dicht an dicht, dass es nur so eine Freude war ...
Allein nach dieser Enthüllung, wie sehr die da oben auf die Lügen

scheißen, mit denen sie die Welt terrorisieren ... hätte es einen kollektiven Aufschrei und anschließenden Kollektiv-Rücktritt geben müssen.

Aber dann ... wurde mir bewusst ... auf welchem Planeten ich diesmal reinkarniert war ... und so trank ich ein kühles Bier und beschloss nicht noch einmal in diesem Fegefeuer inkarnieren zu wollen ...

Kleiner Scherz ... Keine Satire ...!

...

Ja ... was noch ...

....

Ach ja ... wie zu erwarten musste das Paul-Ehrlich-Institut die Steigerung der Todesfälle nach einer „Spritzung" um 10.000 Prozent bestätigen ...

In Worten: Zehn Tausend Prozent!

... Der französische Nobelpreisträger Luc Montagnier und Prof. Bhakdi bestätigen dies ....

Ja ... regt uns das eigentlich noch auf?!

Oder haben wir alle mittlerweile eine Hornhaut auf unserer Seele ...?!

Ja ... haben wir ... anders kommt man wahrscheinlich nicht durch diese Art des Irrsinns ...
Für diejenigen unter meinen Freunden in der Zukunft, die sich fragen ... wieso dieser Prof. Bhakdi sich immer so weit aus dem Fester lehnt ... mit der Wahrheit ... denjenigen sei eine ganz einfache Erklärung gegeben ...

GELD!

Nein ... anders ... nicht so wie man denken könnte ... Er wird nicht von dubiosen Kräften finanziert, um die Wahrheit sagen zu können ... Anders rum ...
Der gute Mann ist mit all seiner beruflichen Reputation und seinem Ruhm ... bereits in Rente!!!

Das ist des Rätsels Lösung! Oder ... wie Goethe sagen würde: „Des Pudels Kern" ...
Bhakdi hat einfach nichts zu verlieren ...!! Keine Stelle ... Keine Position! ... Kein GELD ...
Er ist ... unabhängig und FREI!!!

Ärgerlich ... nicht wahr?! Also, für diejenigen, die uns alle mit der Ruhe eines Friedhofes überziehen wollen ...
Bei allen Anderen klappt das ja auch ganz hervorragend. Praktizierenden Ärzten werden die Praxen und Privatwohnungen von Sturmtruppen durchwühlt. ... Journalisten werden die Karten gesperrt. ... Aufmüpfigen werden die Lizenzen entzogen ... Ja! So geht das ...
Kopf hoch heißt ... Rübe ab!!!
In unserer westlichen Demokratie, die so stolz ist den Kommunis-

mus besiegt zu haben ...!!
Aber keine Sorge ... Bald hängen überall Kameras, die auch mich beim Schreiben beobachten und anhand meiner Augenbewegungen dechiffrieren werden, dass ich gute Laune habe ... was nicht ganz zu der allgemein inszenierten Depression passt ...
Also ... schreibe ich dann mit einer Sonnenbrille ...

Kleiner Scherz ... keine Satire.

Ja ... und noch etwas ...

In meinen Tagen hat ja nun die Fußball-Europameisterschaft begonnen ...!

Warum dieser Themenwechsel?! Na ... weil es für die Menschen sehr wichtig scheint ... mit Maske vor dem Mund ... und mit jeweils einem freien Platz zwischen den einzelnen Fans wieder einmal im Stadion ... Life!! ... Tooor!!! Zu brüllen ...
Abgesehen davon, dass vorgestern beim Spiel Dänemark gegen Finnland ein dänischer Spieler mit Herzinfarkt auf dem Feld zusammengebrochen ist ... er musste eine Viertelstunde mit Herzmassage wiederbelebt werden ... der Arme ... und dabei hat er sich doch noch im Mai spritzen lassen ... ... gegen ... eine Mikrobe... aber nicht gegen Herzmuskelentzündung ... die die Spritzung nach sich zieht ....

Aber ... wenn ein Mannschaftsarzt rechtzeitig herbei eilt und heftig wiederbelebt ... dann ist doch alles gut ... Gell?!

Und ...!!! ... Ja, Freunde ... der Intensivbettenskandal geht in die nächste Runde!!! (Heute hagelt es wieder einmal nur so an „harten

Zahlen"...).

Also Dr. Matthias Thöns (54) vom Lehrstuhl für Interprofessionelle Versorgung widerlegt mit einer Analyse der Krankenkassendaten von mehr als 25.000 Patienten die These, dass zuletzt deutlich mehr jüngere Menschen von schweren Verläufen ... (beim Thema Covid ... ist gleich Fake-Pandemie!) betroffen waren!

Thöns: „Wir haben festgestellt, dass die Bundesnotbremse auf der Basis völlig falscher Annahmen beschlossen wurde."

So ist das Durchschnittsalter der Intensivpatienten bei 76 (!) Jahren gelegen ... der Durchschnitt der bei Intensivbeatmung Verstorbenen sogar bei 82 (!) Jahren ...

Zitat :Thoens „Unter Intensivbeatmung sind mehr 100-jährige als 39-jährige verstorben."

Thöns: „Diese Zahl halte ich für völlig absurd. Das kann nicht allein mit medizinischer Notwendigkeit erklärt werden." ....
Das wiederum werfe die Frage auf ... ob finanzielle Anreize dahinter stecken ... (Thoens.....)

Eine normale, stationäre Behandlung kostet ... durchschnittlich ... 5000 (!) Euro ... Die Durchführung einer Intensivbeatmung ...

Achtung (!) ...
38.000 (!!!!!) Euro.

Thöns, der auch Palliativmediziner ist ... und Angehörige von Intensivpatienten berät, ärgert sich vor allem über „Maximaltherapie"

von schwerstkranken, alten Menschen.
Hochgerechnet könne man in Deutschland von 24.000 Patienten über 90, die bei Covid beatmet werden, ausgehen ….
In Einzelfällen sei es vielleicht gerechtfertigt. Viele Patienten hätten aber unter Demenz und Krebs gelitten.

Thöns: „Wer wünscht sich denn, seine letzten Tage an einem Beatmungsgerät zu liegen? Kein Mensch"!!!

So … ich hab mir jetzt meinen Taschenrechner geholt … Bei „normaler stationärer Behandlung" … Kosten: circa 5000 Euro …
……….

verdient das Krankenhaus … 120.000.000 bei 24.000 Patienten. Okay??!
Bei Intensivbetten-Beatmungsbehandlung … Kosten pro Patient circa 38.500 Euro … verdient das Krankenhaus …
(DIE Häuser!) bei 24.000 Patienten:
924.000.000 EURO!!!

In Worten: Neunhundertundvierundzwanzigmillionen …!!!

So … und ich … hole mir jetzt ein kühles Bier!!!

……….

…..

…

15. Juni 2021

Lassen wir uns doch einmal ein paar Details auf der Zunge zergehen ... Ja?! Gerne:
Herr Drosten ... der „Virologe", dessen ungenauen Tests wir die sogenannten Fallzahlen zu verdanken haben ... Herr Drosten also hat nun vor ein paar Tagen bei einem Hearing gemeldet, dass: „Corona in den allermeisten Fällen einen sehr sehr milden Verlauf hat." ...

Ja ... ist okay ... Nein?!

Dafür stürze ich gerne eine ganze Volkswirtschaft in den Abgrund ... verursache unzählige Tote wegen verschobener Behandlungen und Selbstmorde aus Verzweiflung ... und zerstöre Kinderseelen in bislang unbekanntem Ausmaß ...

Bravo!

Ein Aufschrei?!
Das Volk mit Mistgabeln ... Ach so!!

Dr. Antony Fauci ... der amerikanische Zwillingsbruder von Herr Drosten ... dieser Herr Fauci, der unter Eid bei seinem Senatshearing gelogen hat, was die Finanzierung des Wuhan Labors betrifft ... Dieser Tony Fauci nun hat alles unternommen, um das Medikament: Hydroxychloroquin   !!!   zu diskreditieren ...!

Ja ... und ... das hatte ja auch Donald Trump als Heilmittel genannt ... also kann ... nein ... MUSS es ja böse sein!!!!!

Nein?! ... Nein?! ...

Nein!!!

Die aktuellen Forschungen haben ergeben, dass Hydroxychloroquin den Krankheitsverlauf signifikant mildert und die Heilung beschleunigt!!!
... Aha!
.... Ja ... Genau ... Aha!

Aber warum hat dann Fauci ---?!!
Ganz einfach ... haben wir schon vergessen, warum die Vertreterin der WHO in Indien das helfende Medikament sabotieren wollte ...?!

Nein?!

Ja?!

Ganz einfach ... damit die Spritzung das begrenzte Handwerkszeug der Magie bleibt ... wenn möglich ausschließlich ... und darum hat der „Idiot" (Zitat: Donald J. Trump) genau dasselbe mit Hydroxychloroquin veranstaltet .... Und damit unzählige Tote zu verantworten ... die nicht hätten sterben müssen ... wenn man ... usw. ... usw.
...

„Hätte, hätte ... Fahrradkette ..."!

Ein Aufschrei des Volkes ...?! Mistgabeln?!

Ach nein ... Wozu denn ...?!

...

Jens Spahn meldet in einer Talkshow, dass es „mehr falsch Positive als korrekt positive Tests gibt" ... und starrt dabei ... seinen IQ-Level enthüllend selig grinsend in die Runde ... aus der heraus ihn niemand zornbebend zur Rede stellt ...

Warum das denn?!! ... Na ... weil die Zahl der „positiven Tests" dafür verantwortlich war und ist ... dass die Menschen Burka tragen müssen ... die Demokratie begraben wurde ... und Kinder ... zwischen ihren Selbstmordgedanken ... mit Müll vor dem Gesicht in ihren Schulen verkommen ... darum?!!

Ein Aufschrei ... Mist --- Nein ... Niemals!!!

Weiter: ... wurden 150.000 Covid-19 Impftote von der CDC aus dem VAERS-System ... ... entfernt (!!!) um den Massengenozid zu vertuschen ....

Aufschrei ... Rebellion ... Mistgabel?! ... Nie und nimmer!!!

In Schottland sind innerhalb von 28 (!) Tagen 3752 Menschen nach der Spritzung gestorben ... 1289 nach Pfizer ... 2461 nach Astra Zeneca ....

Aufstand ... Sturm .. auf die Bastille ... Nein!!!

Wozu?!!!

……..

…!!!!!!!……….

..!

Bevor ich … etwas … nachdenklicher werde … um nicht zu sagen: ernster: … nun noch eine letzte aktuelle Covid-Maßnahme …… oder … Verordnung ….:

Bordelle dürfen öffnen (!) … für (!) erotische Massagen … Fesselspiele … Aber (!) gefährliche (!) Praktiken (!) und Geschlechtsverkehr sind nicht erlaubt …!
Die Prostituierten müssen negativ getestet sein und eine Maske tragen …
Aber!!!! …
bei Oralverkehr darf sie abgenommen werden ….

!!!!!!!!!!!!!!!!

So … aber jetzt!!! Aufschrei!!! Gott sei Dank!
…
Ist das jetzt nicht lustig … oder Anlass für eine Depression …?!

Ich sage euch ganz ehrlich … meine wunderbaren Freunde in der Zukunft …
Dass ich an einem Punkt angekommen bin … an dem ich versuche

... Rechenschaft abzulegen ...
Besser gesagt ... ich versuche die Menschheit zu begreifen ... zu erfühlen ... diese Menschheit, von der ich ein Teil bin ... ein Teil, der sich wünscht, dass die Menschheit ... anders wäre ...!

Wie?! ... Anders ...?!

...?

Ich wünsche nur, dass all das ... was jedermann als Wissen zur Verfügung steht ... und das sich auch in diesem Buch findet ... dass all das Anlass wäre ... für eine Revolution ...

....

Ich wünsche nur, dass die Menschheit aufsteht ... das kollektive Joch der Unterdrückung durch Fake-News abschüttelt und wieder frei ist ...
....

Ich wünsche es mir ... aber ich erkenne ... es geschieht nicht ... damit muss man erst einmal fertig werden ... ...

Also: ICH!
Ich weiß, dass es Hunderttausenden genauso geht wie mir ... aber ich erkenne auch ... dass wir keine „kritische Masse" bilden ...
Ich arbeite daran darüber nicht zu verzweifeln ... und rette mich in den Umstand ... dass mein Kühlschrank voll ist ...

.....

„Siehst Du", ... sagt mein Meta-Ich ... „Und daran erkennst du, dass die Verbrecher gewonnen haben ..."

„Was soll ich tun", ... frage ich mein Meta-Ich, "... ich beobachte mit welcher eiskalten Perfektion alle ausgeschaltet werden, die es wagen den Kopf aus der Deckung zu heben ...
Ich sehe Existenzvernichtung ... Arbeitsverbot ... Enteignung ... Kontoschließung, öffentliche Verhöhnung ... ich sehe dieses Märtyrertum ... aber gleichzeitig sehe ich auch ... nicht den geringsten ... revolutionären Effekt ..."

„Noch nicht", ... sagt mein Meta-Ich zu mir, „... es dauert eben ... ein wenig."

Mag sein ...

....

Am Tag vor dem Sturm auf die Bastille ... konnte sich auch niemand vorstellen, dass er am nächsten Tag stattfinden wird ...

....

?

Muss ich mich schämen ... für meine Feigheit?! ...
Fast bedaure ich es bereits in einem Podcast zur Rebellion aufgerufen zu haben ... weil ... jetzt bin ich erkennbar ...

Gott sei Dank haben sie mich noch nicht daheim besucht ...
……
Wer weiß, was Morgen ist ...
…..

Natürlich bin ich davon ausgegangen, dass mein Aufruf zur Rebellion der letzte Tropfen ist ... der fehlt ... um das Fass zum Überlaufen zu bringen ...
Dem war aber nicht so ... Sie haben die „Notlage von nationaler Tragweite" verlängert ... stattdessen ... bei einer Inzidenz unterhalb der Wasserlinie ...

Also ... Kein Sturm auf die Bastille ...

Wenn man sensibel wäre ... (kleiner Scherz) ... könnte man traurig werden über die Bereitschaft von über 90 Prozent der Menschen ... sich wie Sklaven zu verhalten ...
Sie erkennen nicht, dass sie eine kritische Masse sind ... und darum werden sie es auch nicht ...

Ich denke, das nennt man ... ein Paradoxon ...

Conclusio ... Ich arbeite daran meine Stimmung hochzuhalten ... obwohl alles so ist ... wie es ist ...

Ich arbeite daran in Gesprächen herauszufinden ... wie hoch die Temperatur im Druckkochtopf bereits ist ...
Ich gehe terroristisch (!) ohne Maske (!) durch die Innenstadt ... und fühle mich wie Danton und (!) Robespierre ... ...

Und wenn ein Polizist mich anblickt und auf sein Gesicht zeigt … dann lächle ich … sage: „Oh … Ja … klar … Entschuldigung …" und setze den Maulkorb auf …

Weil … ich will weder Strafe zahlen … noch abgeführt werden … Ist so … auch weil ich weiß, dass mir dann in diesem Fall niemand (!) zu Hilfe kommen würde …

Der Terror gegen meine Individualität … würde nicht der Funke sein, der die Umstehenden in Bewegung setzt … Sie würden nicht brüllen … „Es reicht!!!" Und nicht mit mir das Rathaus stürmen …

Nein … So weit ist es noch lange nicht … und vielleicht … wird es das auch nie sein …
Darum lächle ich dem Polizisten zu und gehe vermummt und froh keine Strafe zahlen zu müssen weiter …

Ja … kein Robin Hood in Sicht … in unserer Zeit … keine Jeanne d'Arc … kein Washington …

Vielleicht erfüllt sich in meiner Zeit … die wahre Bestimmung der Menschheit … Sklaven zu sein … Endlich … weltweit …

Ihr … kennt die Antwort …

17. Juni 2021

Österreich ... auf den ersten ... unscharfen ... Blick ... ein liebenswertes Land ... etwas kleiner als Deutschland und darum sind die Lügen in Österreich vielleicht auch ein wenig ... anders ... als beim großen Bruder ...

Details? Gerne:

Der deutsche Intensivbettenskandal nimmt eine erheiternde Kurve ... da sich die Interessengemeinschaft der Intensivmedizin ... zur Zeit (!) ... noch dagegen wehrt ... an der Aufklärung des Betrugs mitzuhelfen ....
Kann man unter Verbrechern nachvollziehen dieses Verhalten ... würdet ihr mit Details dazu beitragen, dass ihr euch gewissermaßen selbst ans Messer liefert?!

... Also ich weiß nicht ...

Gut ... nun aber zu Österreich ... dort gibt es auch einen Intensivbettenskandal ... nur ... operettenhafter ...

Man hat festgestellt, dass circa 25 Prozent zu viel (!) Intensivbettenauslastung von den Spitälern angegeben wurde ... allerdings ... mit einer Begründung, die selbst Ephraim Kishon hätte staunen lassen ...

In den Spitälern wurden einige Patienten mit Sauerstoff versorgt ... (wir kennen das aus Mafiafilmen, wo der Pate zwei dünne Röhrchen in der Nase hat und dann stirbt ... weil die ihm von den Jungs der verfeindeten Gang aus der Nase gezogen werden ..).

Das aber ist KEINE Intensivbettenprozedur!

Die Spitäler haben aber alle Normalbetten, in denen zusätzlich Sauerstoff verabreicht wurde, zu den Intensivbetten gezählt ... weil (!) Achtung! ... Zitat:

... „Die Behandlung sehr intensiv war ...!"

Kein Witz ... Keine Satire!

Also ... eigentlich schon ... aber eher nicht als solche gemeint ...

Österreich eben!

....

...

...

..

18. Juni 2021

Na ... da schau her ... oder: Was soll man DAZU sagen ...?!

Machen euch diese einleitenden Sätze neugierig ...?! Meine Freunde in der fernen Zukunft?!

Ich hoffe es ... denn ... eben gestern, als meine Hoffnung zu sterben begann ... wurde sie wiederbelebt ...!

... Durch das deutsche Mainstream-Magazin „STERN" ...

Wie das?! ...

Details?! Gerne ..!

Der Stern verlangt in seiner Ausgabe von dieser Woche, dass Angela Merkel, Herr Wieler vom RKI und Herr Spahn ... „Gesundheits"-Minister Deutschlands ... Sofort (!) ... zurücktreten!!!

!

Dass das nicht eintreten wird, ist klar ... warum sollten sich die Drei über Nacht wie Schneemänner bzw. -frau benehmen?!

Aber allein dass ein Blatt, dem die deutschen Bürger weitgehend Glaubwürdigkeit attestieren, diese Radikalforderung postuliert ... Allein das ist nicht nur Majestätsbeleidigung ... es ist ein ... Dammbruch!

Herr Kubicki von der FDP spricht schon seit Tagen vom „größten Politskandal seit dem 2. Weltkrieg" ... und in den sogenannten „Alternativmedien" sind die Rücktrittsforderungen und die ihnen zu Grunde liegenden Fakten schon seit Wochen nachlesbar ...!

Nun also ... Dammbruch!?

Das erste der Blätter, die bislang ... weitgehend die Menschen mit Lügen bei der Unterwerfungsstange hielten ... erklärt nun den Herrschern und der „-IN" ... also: Klartext: Der Herrscherei" die Fehde ...
Und alles das nur, weil sich nicht mehr länger verbergen lässt, dass der Intensivbettenskandal nicht nur ein finanzieller Betrug der Sonderklasse war und ist ... sondern weil dieser Betrug am Steuerzahler die Basis gebildet hat für die Zerstörung der Demokratie ... die Zerstörung Hunderttausender Existenzen ... und die Zerstörung ungezählter Herzen, Körper und vor allem:
Seelen der Menschen!!!

Man könnte sich fragen, warum diese Verbrecher nicht umsichtiger vorgegangen sind?!
Warum haben sie einer „Interessengemeinschaft" gewissermaßen die Einladung zum Betrug ausgesprochen ...?!
Warum ... (wenn schon kriminelles Handeln!) ... Warum haben sie nicht eine interne Unterabteilung des Gesundheitsministeriums mit der Evaluierung der Intensivbettensituation beauftragt?!
Die dort vor sich hin vegetierenden Beamten hätten garantiert Wege und Formulierungen gefunden den Betrug zu kaschieren ...?!

Die Antwort fällt leider ernüchternd aus ... Der machtgeile Größenwahn der „3er-Bande" hat sie unvorsichtig werden lassen ...

Das ist des Rätsels Lösung ...

Wenn man über Jahre und Jahrzehnte erlernt hat, dass jede Lüge ... jeder Winkelzug ... jede offene Intrige ... ohne Folgen bleibt ... dann glaubt man, dass die Unverwundbarkeit ein Teil des persönlichen Schicksals ist ...
Wenn man zum X-ten Mal am Volk vorbei seine totalitären Phantasien ungebremst ausleben konnte ... woher soll denn plötzlich so etwas wie „Gewissen" auftauchen?!
Wenn man gelernt hat, dass die Frau an der Macht ... dass die „Kollegen der Parteifraktion" wie abgerichtete Seehunde im Zirkus zu jeder Zumutung an die ehemalige Demokratie in die Flossen klatschen ...

Wie soll man da ein Humanist sein?! Oder „-IN"?!

Ich glaube nicht einmal ein Halbgott ... bzw. ... „-IN" ... wäre vor der Korrumpierung durch absolute Macht gefeit ...

Gut ... Nun also der Stern ...!!

... Aber ... haben wir etwas früher in diesem Text nicht gelernt, dass alle Mainstream-Medien von der Regierung gekauft sind ... und dementsprechend handzahm nur Regierungspropaganda betreiben?! Mit „gekauft" meint der Autor dieser Zeilen die Abermillionen, die natürlich nicht direkt auf die Konten der Redakteure wandern ... sondern die Abermillionen, die die Redaktionen für das Schalten von Werbung erhalten ...

… Alles klar?! … Danke

Ja … das ist die Realität … eine weitere Facette der Realität ist aber auch, dass Finanziers aus den USA seit geraumer Zeit … z. B. Stern … Bild … und Welt … wie sage ich es … „redaktionell unterstützen" … also fällt nun wieder einmal das „4-Letter-Word"…(fuer die Anglophilen unter uns…)… Es geht wie immer … und nur … im ganzen Leben … und vor allem (!) … in dieser Fake-Pandemie … um …

GELD …!!!

Bingo!!!

Da ist also der Hase im Pfeffer … da liegt der liebe Hund begraben … und da ruft der Igel: „Ich bin schon da …!"
Was zusammengenommen die Ursache ist für … die ohnmächtige Wut … mit der Merkel … Wieler … und Spahn … den aktuellen „Stern" gegen die Wand schleudern …

Nein … sie werden nicht ehrenhaft handeln und zurücktreten … nicht … sofort … aber … und dieses „ABER" ist von Bedeutung … Sie wissen ganz genau, dass die Meute nach diesem Aufruf im Stern Blut geleckt hat …

Das Undenkbare wurde von einem Vertretermedium des Establishments gedacht … … und gewagt es auszusprechen …

Rücktritt!

Sofort!!

Alle drei!

Wegen ... Betrug am deutschen Volk!!!

Das wird ein Nachbeben haben ...

Da werden sich jetzt gar nicht so wenige aus der Deckung wagen, den Kopf aus dem Schützengraben der Existenzangst stecken ... und in dasselbe Horn stoßen ...

Hackfresse!! Hahahaaa!!!

…..

……..

In dem Zusammenhang frage ich mich natürlich, wie lange Jens Spahn noch selbstverliebt starren wird ... wenn der TSV-Mann der rebellierenden Medien am Gartentor seiner 4,2 Millionen teuren Villa ankommt?!
Wenn die Opposition ... also ... die AfD ... nur noch einen letzten Blutstropfen an Kampfgeist in sich trägt ... dann müsste ab sofort jeder Tag und an jedem Tag jede Stunde angefüllt sein mit dem Brandruf:

BETRUG!!! Rücktritt!!! BETRUG!!!

Betrug ... Betrug ... Betrug ...

Ja ... von den Linken ist das nur schamgebremst zu erwarten ...

die FDP ... will endlich mit der CDU / CSU koalieren ...

und wenn das nichts wird .. hoffen Linke, SPD und Grüne auf ... „die Wende ..."

Aber ... wie meinte Annalena Baerbock nach ihrer Parteitagsrede ... in der sie sich Biden-like mehrfach verstotterte ...

„Scheiße!" ...

Ja ... kann man so sagen ... zu Robert ... Habeck ... der es immer noch nicht fassen kann, dass ihn dieses launige Schulmädchen in der Kanzlerkandidatur überholt hat ... ... und das, obwohl er jahrelang mit gequetschter Fistelstimme ... körpersprachlich signalisierend ... jede angeborene Männlichkeit an der Kasse des Genderwahns ... brav ... abgegeben hat ... Tja ... Alles umsonst ...

Scheiße!

25. Juni 2021

Kaskaden ... So nennt man diese wunderbaren Wasserfälle in barocken Schlössern .. .. wobei von einem hoch gelegenen Becken ... das Wasser in das darunter liegende Becken stürzt ... und von dort in das noch tiefere ... usw. ... usw. ...
....

Warum dieser kleine „Kulturführer" ... ??!
Weil mich die aktuellen Entwicklungen an eine Kaskade der unglaublichsten Neuigkeiten erinnert!

...
Kaum ist man mal ein paar Tage weg vom täglichen Schreibtischbesuch ... brechen Kaskaden an Unglaublichem über den Autor dieser Zeilen herein ... über ihn ... und seine Mitmenschen ... in meiner Zeit ...

Details?! Gerne:

Heute wurde beschlossen ... im deutschen Parlament ... dass die .."Ermächtigungsgesetze" ... (kein Scherz) ... die aufgrund der „Pandemie von nationaler Tragweite" erlassen wurden .... Auch trotz der Abwesenheit einer „Pandemie von nationaler Tragweite" ...

VERLÄNGERT ... werden ...

Kein Scherz, keine Satire!

…..!

Warum?! … Wieso …?! … Wie kann das denn sein? … Fragt ihr … in der Zukunft … dass die Demontage der Demokratie fortgesetzt wird?!! …

??!!

Obwohl ihre Grundlage nicht mehr existiert?!!

Die Fake-Grundlage … wohlgemerkt … also die „Pandemie von …" etc. etc. …
Antwort: Weil sie es können!!! …
Die folgsamen Parteijünger der Machtfrau an der Spitze … einfach so!
Das war´s dann endgültig mit „Recht und Gesetz" … Toll … Nicht?!

Aber voll düsterem Entsetzen auf die Zustände in Nord-Korea verweisen …. Toll … nicht?!
Auf die Zustände in China wird zur Sicherheit nicht so düster hingewiesen … weil der Chinese ja als Handelspartner willkommen ist … … im Gegensatz zu KIM … Toll nicht!!

Ein Aufschrei geht durch das Volk der Demokraten?!! …

Ja!!

Was?! Wie bitte?! … Ja, aber … daran ist ja doch noch nicht alles so düster wie ---

Halt! ... Nein ...

Der Aufschrei fand nicht statt, weil wir im Totalitarismus gelandet sind ... sondern weil Deutschland das entscheidende Tor bei der EU gegen Ungarn geschossen hat ...!!!

!!!

Da schrie das Volk auf ... unmaskiert im Biergarten, ohne auch nur einen Millimeter „Abstand" .... Während ihre Kinder in brütender Hitze mit Stofffetzen vor dem Gesicht, unter Atemnot leidend in den Schulen den Phantasien aus der strengen Kammer der Herrn Spahn und Wieler unterworfen waren ....
„Mutti" Merkel versteht bis heute nicht, wer mit „Kinder" gemeint ist ... ihre wohlerzogenen Parteifreunde?!!! ...
Egal ...
So ... das war Aufregung *Nummer Eins!*

Nummer 2!
Man hat ... wissenschaftlich ... festgestellt, dass 80 Prozent!!! der positiv getesteten „Coranden" ... NICHT ... infektiös sind!!!

Ein tapferer Mann aus der Opposition hatte „Mutti" mit der Sinnlosigkeit der PCR Tests in der Fragestunde im Parlament konfrontiert ...
Die Machtfrau hat darüber salbadert, dass „man" wachsam bleiben muss ....! ... (!!) ... und ansonsten war ... „Ruh über allen Gipfeln" ...
Keinerlei Konsequenz folgte auf diese Kaskade an Erkenntnis ... die

alle Tests und Masken und Volkszerstörung in der Sekunde hätte beenden müssen ...

Aufschrei?!! ……..

Nummer 3!
Prof. Bhakdi hat bekannt gegeben, dass medizinische Bluttests ... VOR der Impfung ... und eine WOCHE (!) NACH ... der Impfung ... (Entschuldigung: Spritzung) mit den experimentellen Medikamenten ergeben haben, dass es bei ÜBER (!) 30 Prozent aller gespritzten zur Bildung von Blutgerinnseln in den Gefäßen kommt!!!
Das ist schwere Körperverletzung ...!!

Kein (!) Aufschrei!

...

Nummer 4!
In Amerika musste die „American Amigos" ihre Flüge um 6 Prozent reduzieren ... da Piloten aufgrund der Spritzung Thrombosen erlitten ....

Anwälte appellieren an STIKO, Impfempfehlung für Kinder von 12 – 17 Jahren sofort zurückzunehmen

Ja ... die Kaskaden ... enden .. (für heute!) mit einer launigen Selbstbemerkung ...

Da hat doch ein Arzt tatsächlich gemeint: „Wenn man niemals mit den PCR-Tests angefangen hätte ... dann hätte man nie etwas von

einer „Pandemie" bemerkt …"
Ja … okay … auch gut … Keine Übersterblichkeit … kein Kollaps des Gesundheitssystems … keine 100.000 Toten, die man uns versprochen hat … Ich beginne zu fühlen … der Mann hat Recht!

Nummer 5!
Herr Lauterbach hat in einem Interview bestätigt, dass: „je mehr geimpft wird … … umso aggressivere und gefährlichere Mutationen werden entstehen …"
Das bestätigt auch der RKI-Mann Wieler .. („RKI" – ehemaliger Naziärzteversammlungsort … zur Erinnerung … Der Autor möchte anmerken, dass dieser historische Fakt vielleicht keinerlei Bedeutung für unser „Heute" hat … vielleicht aber doch … Quantenphysik…….!)
Jetzt aber die Frage: Wenn angesichts der Erkenntnis … dass „mehr impfen" … gefährlichere … (also dementsprechend auch tödlichere) Mutationen nach sich zieht … und wenn Frau Merkel dann plant … (wie Billy Boy) … die „ganze Welt" durch zu impfen … bedeutet das denn dann nicht … dass sie planen so viele Menschen wie möglich … zu töten …?!

Eigentlich … Ja!

… Und … eigentlich … nicht nur „eigentlich"!
…

Nummer 6!
Ja … und wäre das nicht alles schon erschreckend genug … beginnen jetzt auch die Grünen die Maske der … „Friedenspartei" fallen-

zulassen ...!

Details?! Gerne:Der Baden-Württembergische Ministerpräsident Winfried Kretschmann hat in einem Interview laut darüber nachgedacht die Gesetze ... das Grundgesetz (!) ... dahingehend zu ändern, dass bei einer neuen „Pandemie" schnelle und harte Eingriffe in die Bürgerrechte (!) möglich sein sollten ... auch wenn sie:
Achtung!
„Nicht verhältnismäßig sein sollten" ... (!!!)
Ja ... diese Diktion lernen wir aus Nazi-Deutschland ... der ehemaligen Sowjetunion ... und dem aktuellen größten Handelspartner Deutschlands – China! ... und dem sehr bösen Nord-Korea ...
Böse deshalb, weil es keinen Handel treibt ... mit den Beschützern der Menschenrechte ...

Nummer 7!
Ja! ... Apropos „kindisch" ...
Es geht schon wieder los! ... Die Lehrer (!) fürchten sich vor dem Herbst und vor den Kindern! In ihren Klassen ... denen sie wehrlos ausgeliefert sein werden!! Und das ... vor allem (!) die jüngeren (!) Lehrer ...!!
Warum das ... wo doch mittlerweile festgestellt wurde, dass Kinder nicht (!) ... NICHT .. die „Treiber der Pandemie" sind!
Ja ... zu spät ... kann ich da nur sagen ... oder ... wie der Igel zum Hasen: „Ich bin schon da!"
Wie dieses Bild zu verstehen ist?!
Ganz einfach ... Monate lang hat die Gang rund um Herrn Drosten vermeldet, wie gefährlich und infektiös Kinder sind! ...
Als das dann relativiert wurde ... war es zu spät ... oder ... wie der

Igel sagte: Er war schon da!!!
Der erneute Tiefschlag gegen Wissen ... Information ... und vor allem ... Bildung durch selbst erworbene Information!!!
Aber ... all das soll man von ... Lehrern erwarten ... „noch dazu von den Jüngeren" ... die sich an den Mainstream-Medien und ihren Fake-News anklammern ...?! ... Und in Wirklichkeit einfach lieber weiter zu Hause rumsitzen und dafür staatliche Förderungen kassieren?!!!

(Diese letzte Bemerkung ist sachlich nicht fundiert und stellt eine Vermutung des als Verschwörungstheoretiker in den Fokus geratenen Autors dar ... des mutmaßlich theoretisch verschworenen Autors ... um korrekt zu formulieren ...)

Übrigens ... Eine Studie ... (ich liebe dieses Wort ...!) ...
Eine Studie hat ergeben, dass „keine Schulung" denselben Lerneffekt hatte ... (in der Fake-Pandemie) „... als wenn die Schüler im Fernen gewesen wären" ...)

Keine Satire, kein Witz ...

Ergebniszitat der „Studie" ...

Ich ... komme zu folgendem Satz: „Wer hätte DAS gedacht" ...?!

Nummer 8!
Mittlerweile haben die Zahlen sich erneut erhoben .... Mittlerweile gibt es 1,5 Millionen Meldungen von „Impfnebenwirkungen" ...

die Hälfte davon … schwer! … und die Zahl der Toten hat sich auf 15.000 erhöht …

Nummer 9!
Prof. Bhakdi gibt bekannt … bei fünf von acht „Geimpften" … Entschuldigung … Teilnehmern an einem Genexperiment … wurden wurden Blutgerinnsel in den Blutgefäßen festgestellt …
…
Stille …

Nummer 10!
In Wiesbaden sollen Kinder(!) auch auf dem Schulhof … bei über 30 Grad Sommerhitze (!) … Masken tragen …

Aerosolexperten haben längst bewiesen, dass weniger als 1 Prozent (!) aller Infektionen …

DRAUSSEN … stattfinden …
Stille …
…

29. Juni 2021

Nummer 11!
In Australien sind bisher mehr Menschen an der Spritzung verstorben ... als an ... Covid ...
Ja, Heute ist wieder einmal so ein Tag ... an dem die Melancholie in mir die Überhand gewinnt ...

Woran das liegt ...?

Nun ... ich möchte mit einem Zitat antworten: „Wer heute noch nicht wahnsinnig ist ... Ist einfach nicht informiert ...!"

...

Ja ... hilft mir dieser Satz? ... Nur wenig ... um die Wahrheit zu sagen ... Bedeutet das im Umkehrschluss, dass die Uniformierten „seelig sind ... im Geiste" ... und daher auch in ihren Gefühlen ...?!

Was hat es mir bisher gebracht ...? ... Dass ich mich informiert habe ... über die Wahrheit ... was das „Virus" angeht?! ...

Letzten Endes nur eine steigende Melancholie an der Grenze zur Depression ...

Ist doch klar ... wenn ich von Tausenden Ärzten ... Virologen ... Immunologen ... Psychologen ... Ökonomen ... erfahre, dass alles, was die Regierungen tun, die größte Desinformation der Menschheitsgeschichte ist ... und dann aufgrund der Desinformation die Demokratie abgeschafft wird ... und die Verkünder der Wahrheit ... ausgegrenzt ... verhöhnt .. und sozial zerstört werden ...

Ja ...

Wie soll ich dann .... „heiter-weiter"......... leben?!
Wie soll ich mit der täglich härter werdenden Ohnmacht umgehen?
... Alkohol ... fettes, salziges Essen ... und Rauchen ... bieten sich als Trost an ... aber ... das ist nur die erste Abzweigung Richtung Selbstzerstörung ...

Also ... auch kein Ausweg ...
Autoaggression nennt man das, wenn man seine berechtigte Aggression nicht gegen den Feind ... sondern gegen sich selbst richtet ...
Warum tut man das? ... Weil man erkannt hat, wie absolut übermächtig der Krake ist, der die Menschheit zur Zeit erwürgt ...
Es gibt Leute, die sich angesichts des Feindes einen Sprengstoffgürtel umbinden, um damit wenigstens eine Handvoll Gegner mit in den Tod zu reißen ...

...

Verständlich ... aber ... kein Vorbild ... zumindest nicht für mich ... also ... was tun ... angesichts der Tatsache, dass die Regierung ungestraft ... weiter macht?!
Was tun angesichts der Tatsache, dass alles! ALLES (!), was uns an angstmachenden Parolen Angst gemacht hat ... eine Lüge war ... und ist ... und dass es mittlerweile alle wissen ... und ... nichts geschieht ...

Was tun?!
Warten …. Das ist das einzige … unspektakuläre Wort das mir einfällt …

Warten …

……

…

..

Mein Großvater hat mir von seinem Einsatz im 1. Weltkrieg erzählt, dass sie oft im Graben gelegen sind und das Trommelfeuer ausgehalten haben, das einem Großangriff des Feindes vorausgegangen ist … Nichts und niemand … „Nicht einmal der Herrgott" … konnte dieses Trommelfeuer stoppen … sie konnten nur …

Warten …

….

…

..

.

„Nicht einmal der Herrgott", ... das hat er gesagt, wenn ihn die Erinnerung ergriffen hat ...

...

So geht's auch uns ... in unserer Zeit ... Ein Trommelfeuer der Vernichtung jeglicher Vernunft ... ein Trommelfeuer, das beginnt all unsere mühsam erkämpften Werte und Ideale in Schutt und Asche zu legen ... zwingt uns den Kopf einzuziehen und zu warten .... Alles andere zieht nur den Tod nach sich ...

Aufstehen ... die Wahrheit sagen ... „Nein!" sagen ... das Ergebnis ist: Soziale Auslöschung ...

Toll ... Nicht?!

...

„Blessent mon coeur d´une langueur monotone ..."
Das waren die entscheidenden Worte eines Gedichtes, auf die die Kämpfer der Resistance in Frankreich gewartet haben ... als dieser Code gesendet wurde, war klar ... die Invasion steht unmittelbar bevor ... Der D-Day wird Realität ... und damit der Beginn vom Ende der Nazidiktatur ...
Damals haben die Alliierten „von Außen" den Wahnsinn beendet ... der von Innen nicht zu stürzen war ...

Aber ... Was ist für uns ... in unserer Zeit ... das „Außen" ... von dem wir unsere Befreiung erhoffen können?! ...
Diesmal ist die ganze Welt in die Falle des Faschismus geraten ... ...

Halt ... falsch ... es muss heißen: Die Mächtigen haben sich endlich offen zum Faschismus bekannt ... und die Menschen ... uninformiert, wie sie schon immer waren ... folgen schweigend in den Schlachthof ihrer Freiheit ...

Wer ... kann uns diesmal retten?!

Wer?! ...

?!

Die Menschen selbst ... die zusehen, wie sie mental ... sozial... geistig ... seelisch ... ökonomisch ... zugrunde gehen ... diese Menschenlämmer blöken nicht einmal ... sie unterwerfen sich ... dienen ... und gehorchen ...

Ein oder zwei Lichtpunkte gibt es in dieser alles erwürgenden Finsternis ...

Texas ...

Florida ...

.... sind zwei Staaten, in denen dieser Aberwitz nicht mehr die Macht hat ... sondern die Freiheit ... dort ist es per Gesetz (!) verboten einen „Grünen Pass" einzuführen, der die Apartheid in Europa gerade eben zementiert ...

Gut ...
Schön ...

Sehr schön für alle in Florida und Texas ... aber weder wird dieses Beispiel die Mächtigen in Europa zur Besinnung bringen ... noch werden die US-Boys aus Florida ein zweites Mal in der Normandie landen, um uns hier zu befreien ...
Florida hat deutlich weniger Fallzahlen als Kalifornien mit seinem extrastarken Lockdown ... Ein Vorbild?! ... Eine Aufforderung ... klug zu werden ...?!

Ach was?! ... Notstandsgesetze her!! ... Trotz nicht vorhandenem Notstand!!

So erleben wir diejenigen, die wir (!) gewählt haben, damit sie „Schaden von uns abwenden ..."

Egal ... „Heiter-Weiter!!

Die Frage ist nur ... wohin?! Und ... wie lange wird das wohl dauern ...?!

Vor zwei Tagen hat meine Frau ... ausgestattet mit einem Anti-Gen-Test ... der eine Gültigkeit von 48 Stunden hat ... eine Reise angetreten ... Gestern ... auf ihrer Rückreise wollte sie auf einem deutschen Flughafen in eine Lounge ... Sie hat keinen Zutritt erhalten, weil ihr Test um .... 1 Stunde (!) ... abgelaufen war ...
Die Dame an der Rezeption hat von „Gesetz" lispelnd beharrlich jede

Gelassenheit unterlassen und war somit im „rechtssicheren Raum"
....

So irrwitzig klein dieser Vorfall für jeden Erwachsenen mitteleuropäischen Bildungsbürger, der seinen „Faust" gelesen hat ... auch erscheinen mag ... Die dahinter liegende Realität ist ein Horrorkabinett ...

...

Wenn die kleine Marionette den Zugang zur Lounge natürlich nach dem Ablaufen des Testes von 60 (!) Minuten gewährt ... dann kann sie gekündigt werden ... DAS ... ist der wahre Horror in unserer von Mozart ... und Schopenhauer und Adorno geprägten bürgerlichen ... westlichen Schein-Demokratie-Welt ....
Der reale Existenzverlust ist die Folge von eigenständigem Denken und vor allem:
Fühlen!

„Mitgefühl" wird ausradiert zu Gunsten des Gehorsams ...!!!
Wem diese Formulierung zu krass ist ... der möge doch bitte einmal über das Schicksal unserer Kinder in unserer Zeit nachdenken ... ...

Alles klar?! ... Gut ...
Nichts hat sich geändert seit dem Tag, an dem der letzte Knecht in Auschwitz den Hebel umgelegt hat, der das Gas hat einströmen lassen ... Hätte er es nicht getan ... wäre er erschossen worden ... Er hat nur nach dem „Gesetz" gehandelt ...

... Und der über ihm wäre erschossen worden ... wenn er den Befehl von dem über ihm nicht weitergegeben hätte ... usw. ... usw. ...

und so weiter ...

Aber „schuld" war am Ende niemand ... nicht so wirklich ... weil vom Obersten ... von Adolf nirgendwo ... nirgends ... in keinem Archiv ein schriftlicher Befehl gefunden wurde ... den Hebel umzulegen ...

DAS .. ist die Reaktion des „Kleinen Mannes" (Wilhelm Reich) ...

Das ... und alles Andere ... Pythagoras ... Mozart ... Klimt ... die Lipizzaner ... all das ist nur ein Pausenfüller zwischen den Orgien der Dummheit ... der Grausamkeit ... der Lust an der Unterdrückung ... der Entrechtung ... der Diktatur ... Ohne jede Wirkung ... erklingt die „Ode an die Freude" ... von Beethoven in Töne verwandelt ... Ohne jede Wirkung hören die Staatsoberhäupter von Europa diese Hymne in der Philharmonie dumpf glotzend da sitzend an ... um danach hinaus zu gehen ... und ihr Entrechtungswerk weiter zu treiben ...

„Alle Menschen werden Brüder?!!" ... !!!?????
Was für ein Hohn! „Alle Bürger sind nur Sklaven ... wenn es unsere Laune will ..."
... die Worte passen exakt auf die Noten ... ich sollte mir den Satz rechtlich schützen lassen ... unter dem Patenttitel: „Die ganze Wahrheit" ...

Ja ... und so sitze ich also heute da ... ... beobachte mit mildem Interesse, wie sich meine Melancholie in Wut verwandelt hat ... staune darüber, dass ich überhaupt noch Gefühle habe und beende jetzt das Schreiben, weil ich einkaufen gehen muss ... Meine Katze braucht

Futter …

Und das …

……….. ist das Einzige, was noch zählt …

…..

30. Juni 2021

Ja … anderen Menschen in anderen Ländern geht es nicht so gut wie meiner Katze …

So hat man in Westaustralien … 2,6 Millionen Quadratkilometer … Einwohnerzahl 2,5 Millionen …

3 … in Worten: drei (!)

auf Covid-19-positiv getestete entdeckt …

…..

Daraufhin wird die Hauptstadt des Bundesstaates, Perth, in einen harten Lockdown geschickt … der rund 2 …

in Worten … zwei (!) Millionen Menschen betrifft …

… Miau! …

…

Aber nun zu einer ganz anderen Frage: Warum sucht der Stadtrat von Westminster …
England …
für die 32 Londoner Stadtbezirke einen Lagerraum für die … vorübergehende (!) Lagerung einer „übermäßigen" Zahl von Leichen …?!
Das Auftragsvolumen beträgt … sechs Millionen britische Pfund …!

Was weiß der Stadtrat von Westminster ... die Zukunft betreffend ... was wir nicht erfahren dürfen?
...

...

Dafür hat eine Bürgerpetition in Lissabon ein Gericht gezwungen die REALEN Todeszahlen angesichts von Covid-19 bekannt zu geben ...

Nun ... nach Korrektur beträgt die Zahl der Corona-Toten ... 0,9 (!!!) Prozent ...!
„Nach Korrektur" bedeutet, dass es die nun mehr veröffentlichte Zahl von 152 Toten ist ... die der Wahrheit entspricht ... und nicht die Zahl von ...

Achtung!!!

17.000 Toten ... die die Behörden der Regierung bislang angegeben haben ...!
In Worten ... Siebzehntausend ...!

Ich erinnere in diesem Zusammenhang an ein weiteres Beispiel systematischen Betruges ...

... Ich erinnere an den Hamburger Pathologen Prof. Klaus Püschel ... der im Vorjahr die ersten 100 „Covid-Toten" rechtsmedizinisch untersucht hat ... und festgestellt hat, dass Covid überwiegend NICHT (!) die Todesursache war ...

... Erinnert uns das nicht an die CDC in den USA ... die zugeben musste, dass 94 Prozent der sogenannten „Covid-Toten" ... keine

Covid-Toten waren und sind ... sondern lediglich 6 Prozent ...?!

... Halt ... auch das musste schon berichtigt werden ... es sind nur 5 Prozent ... was wahr ist ... sollte WAHR sein dürfen! ...

Gut ... in Lissabon wird nun darüber nachgedacht die Regierung wegen Betruges zu verklagen ...

... Sollte das geschehen ... dann dürfte ein Urteil milder ausfallen ... als das Urteil, das auf die Dame der WHO zukommt, die Mobbing gegen ein Heilmittel für eine Corona-Therapie gemacht hat ...

IVERMECTIN
.... um durch seine Unterdrückung die Spritzung zu protegieren ...

Dieser Frau droht bei einer Verurteilung nämlich die Todesstrafe ......

In Indien ... Ja ...

Da hilft dann kein Herrgott ... wenn sie im Jenseits den Seelen all derer, die durch ihre Intrige ums Leben gekommen sind ... gegenübersteht ... und Rechenschaft ablegen muss!

Angesichts dieser Shakespearschen Wendung der Ereignisse klingt es mittlerweile wie eine Randnotiz, dass Forscher in Amerika festgestellt haben, dass die mRNA-Spritzstoffe von Moderna und Pfizer tödliche Gehirnstörungen hervorrufen können ...

Angesichts dieser Erkenntnis muss die Frage erlaubt sein, ob Merkel

... Wieler, Drosten ... Spahn ... und auch Macron die Spritzung schon vor zwei Jahren erhalten haben ...

(Kleiner Scherz, kleine Satire ...) Nicht vergessen: „Nous sommes en guerre ..." Und im Krieg und in der Liebe ist ... ALLES ... erlaubt ...
....

1. Juli 2021

Apropos ... „Alles erlaubt" ...

Wie ist das eigentlich mit der ... Gewalt ...?!

„Oh mein Gott" ... könntet ihr ... meine Freunde in der Zukunft jetzt denken ... „Wohin steuert dieser Text nun" ...?!

Nun ... er steuert auf die Frage zu ... wie das mit der Gewalt ist ... in dieser Fake-Pandemie, die (Dank der Verbrecher in den obersten Etagen der Macht ...) nicht nur aktuelles Leid über Millionen von Menschen gebracht hat ... und bringt ... sondern auch nach Prognose der WHO 30 Millionen Hungertote als Resultat haben wird ...

Wie und wann wird sich die Lage ändern ... vom dumpfen Gehorchen ... zum gewalttätigen Aufstand?!

... „Ach ... das wird nie geschehen" ... könnte man denken, wenn man die geistesgelähmten Sofahocker betrachtet, die sehr bald auch schon ihre 2-jährigen Kinder widerstandslos spritzen lassen ... ... werden ...

In Worten: Zwei (!)-jährig ...!

Andererseits gibt es in Indien ... Achtung! „Delta-Variante" ... erste gewaltsame Übergriffe verzweifelter Bürger gegen Beamte des Gesundheitsministeriums, die die Menschen zur Spritzung drängen ...

Ja ... warum?! ... fragt man sich ...

Ganz einfach ... weil der gemeine Inder und die Inderin erleben, wie ihre Mitmenschen nach der Spritzung sterben ...
...

Darum wenden sie Gewalt an ... fürs Erste mal im kleinen Rahmen ... indem sie Polizeischergen der Regierung verprügeln ...

Da sieht es heute Nacht in Bangladesch schon etwas dramatischer aus ...
Das ganze Land ist wieder in einen schweren Lockdown gestürzt worden ... und die Antwort der Bangladeschi ist ein großflächiger Aufstand und Explosionen und Brände in ganzen Stadtvierteln der Hauptstädte ... und ... 10.000e Bürger ... gewaltbereit auf den Straßen ...

... Ja ... irgendwann kann es dann sehr schnell gehen ... wenn der Bogen überspannt wird ...
Im „freien Westen" kann man zur Zeit beobachten wie ... zuerst einmal ... der Ton sich verschärft ...
In seinen letzten, aktuellen Interviews zur Lage hat sich wieder einmal Prof. Ioannidis von der Stanford Universität in den USA zu Wort gemeldet ...
In lautem, erregtem Ton berichtet er, dass die Zahl psychischer Erkrankungen ... weltweit! ... um das Zwei- bis Dreifache gestiegen ist ...

Er analysiert, dass Abermillionen von Studenten aus armen Schichten das Studium abbrechen mussten, um das täglich Brot zu erkämp-

fen ...
Er beschreibt, dass 80 Prozent (!) von ihnen nicht mehr in ihr Studium zurückkehren werden ... dass also die Fake-Pandemie die ohnehin schon wohlhabenden Studenten aus reichen Familien noch mehr begünstigt ... als es ohnehin immer schon der Fall war ...
Man merkt dem Mann ... (einem gut situierten Prof. einer Eliteuniversität) an, dass sein Emotionspegel gegen Rot tendiert ...

Man merkt ihm an, wie wütend er ist darüber ... ... dass all seine Analysen (und die von 10.000en anderen Ärzten von Weltruf) keinerlei Effekt in den Führungsebenen der Welt hatte ...
Wenn dieser Mann schon kurz vor dem Ausrasten ist ... wie geht es dann den Menschen, die miterleben, wie ihre Liebsten nach der Spritzung gelähmt sind ... blind ... an Herzmuskelentzündung leiden ... oder gleich sterben?! ...

Wie lange wird die Autorität noch den Deckel auf dem Druckkochtopf halten können ... Unter dem sie die Herdplatte laufend heißer und heißer werden lässt ...?!

Selbst von ihrem Haupteinflüsterer ... der WHO ... lassen sich die Obersten in diesem Krieg nichts mehr sagen ... ...

Was bedeutet dieser Satz?!!

Nun die WHO (!) hat ihre „Pandemie-Leitlinien" aktualisiert ... und rät nun mehr von Corona-Massen-Tests ...

AB!!! ...

AUCH INKLISIVE (!) der Selbst-Tests ... und das für alle Menschen ...

Achtung! ...

OHNE SYMPTOME ...

Warum?! ... Weil es keinerlei Beweise (!) gibt für die Wirksamkeit des klassischen Vorgehens ... und weil die „Kosteneffizienz" nicht außer Acht gelassen werden darf!
Außerdem sollte man nur mehr Menschen mit Symptomen testen und dabei NICHT! den PCR-Test anwenden ... sondern den Antigentest ...

Ja ... ist okay ... eigentlich ... nicht?!

Wird nur ebenfalls kein Ende haben ... Warum auch ... das würde ja unter anderem ein Eingeständnis sein ... dass man nahezu ALLES bisher falsch gemacht hat ... wollen wir das?!!!!

Nein ...!!!

Also ... weiter mit Anlauf Richtung Abgrund!!

Ich glaube, ich hatte früher schon erwähnt, dass der PCR Test ... (ich nenne ihn ab jetzt nur mehr ... den ... „verlogenen Test" ... ... NICHT zwischen Toten ... und lebenden Viren unterscheiden kann ... abgesehen davon, dass er überproportional „Falsch-Positive" Testergebnisse liefert ..! ...

Ja ... Wann wird Gewalt ausbrechen?! ... Wann wird es zu einem Nürnberger Prozess 2.0 kommen?!

Der Internationale Gerichtshof in Den Haag hat ja bereits eine Klage gegen die israelische Regierung wegen „Verletzung des Nürnberger Codex" und eine Klage wegen „Verbrechen gegen die Menschlichkeit" angenommen?! ...

Hermann Göring hat sich ja dem Todesurteil durch Erhängen durch eine Zyankali-Kapsel entzogen, die ihm in einer Cremedose in seine Zelle geschmuggelt worden sein soll!
Ohne jetzt eine Produktplatzierung zu provozieren ... erlaub ich mir die Frage: Verwendet die Machtfrau überhaupt ... eine Hautcreme?!

?

2. Juli 2021

So ... lasst uns den Tag mit dem aktuellen Zitat von Prof. Ioannidis beginnen ... das er noch schnell seinen Interviews hinterher geschickt hat:

„Es (Covidmaßnahmen ...!) war ein MASSAKER, ich denke, es war gesundheitspolitisch ein Fehler höchsten (!) Ausmaßes ... wahrscheinlich der schlimmste Fehler des letzten Jahrhunderts" ...

!!!

...

!!!

So ... ich hoffe es geht seiner Seele besser, nachdem er diesen intellektuellen Aufschrei getan hat ... Das Volk wird nicht schreien ... ... das letzte Mal hat es das getan, als Deutschland und Österreich aus der EM ausgestiegen sind ...

Apropos EM ... Lauterbach ... das Tagesgespenst zur Krise ... hat der UEFA vorgeworfen „Tausende Tote" provoziert zu haben ... weil sie Fans in die Stadien gelassen haben ...

Okay... ...
…..

Aerosologen bestätigen, dass die Ansteckungsmöglichkeit im Freien

... 0,7 Prozent beträgt ... heißt ein: ... 0,7tel ... eines Menschen steckt 100 andere Opfer an ... Ja ... dann rechnen wir absolut also mit „Tausenden (!)" Toten ... ist auch okay ... oder ... eher nicht ...!
...
Aber nun... eine kleine Bemerkung zur Lockerung der Situation ...?!

Gerne: Wir ... also die aufgeklärten Bürger, die von den Mainstream-Medien darüber aufgeklärt werden, dass wir alle sterben werden !!!
...
(Datum wurde nicht bekannt gegeben ... also ist die Bemerkung grundsätzlich richtig ... aber nicht in Bezug auf die Fake-Pandemie ...!) ...
wir also dürfen lernen, dass unser baldiger Tod einen neuen Namen hat:

   Die ... „Delta-Variante" ...!!
Welcome to the Club ...!

Nachdem die Alpha-Variante nicht halten wollte, was man uns von ihr versprochen hatte ... nämlich „Hunderttausende Tote" .... Musste sie der „Britischen Variante" weichen ... von der Boris Johnson zur Sicherheit gleich mal gemeldet hat, dass sie um ... 70 Prozent ... ansteckender ist ... in Worten: Siebzig Prozent! ...
.... was nach ein paar Tagen auf „4 Mal ansteckender als Alpha" korrigiert wurde ... Und als sich der, die, das britische Virus mehr oder weniger ohne großes Aufsehen verlustigt hatte ... da ... kam ... endlich ... die indische --- sorry ... die „Delta-Variante" ... (So lautet der Neusprech ... um nicht an faktischen Zahlen gemessen zu werden ...)
... was natürlich noch nirgendwo ... in keiner einzigen „Studie" belegt ist ... Egal ...: „Um ein Vielfaches" ...

Natürlich soll sie „eher" Kinder und Jugendliche dahinraffen!!

Seltsam ... passt das nicht exakt zu den Bestrebungen der Mafiosi nun endlich auch die Kinder zu spritzen?! ... Sogar entgegen der Kommentare der WHO und der „ständigen Impfkommission" ...?!

... Seltsam ... was es für Zufälle gibt ....?! ...

Aber nun zur versprochenen „Lockerung" ... (zumindest in diesem Text ... man könnte sogar vermuten: „Erheiterung" ...)
Also ... Natürlich will „Mutti", dass alle EU-Länder den Briten die Einreise verbieten ...

(Warum?! ... Ich sage nur: Indische Community in GB ... „Chicken Corona" etc. etc. ...) Und eilfertig melden viele Vasallen-Staaten, dass „Delta" mittlerweile die „dominierende Variante" ist!!!

Panik!

Flucht!!

Reservierung eines Liegeplatzes für die eigene, zukünftige Leiche in dem Depot ......

In Deutschland weitere 1420 Intensivbetten ... abgebaut?!
Klar ... angesichts von Millionen (!) Toten ... hatten die ohnehin keinen Sinn!!!
...
Ja ... und um sich aus dieser Woche mit einer zweiten Pointe zu ver-

abschieden: Der Kanzleramtschef Helge Braun ...
(Ja ... der... der mit dem Übergewicht ein strahlendes Vorbild für die Volksgesundheit darstellt ...) möchte, dass ... zweifach Gespritzte ... nach ihrer Reiserückkehr für 14 Tage in Quarantäne (!) gehen ... und weiterhin Maske tragen und Abstand halten ... lustig ...!! ..

Nein?! ... Nein ... Okay.

Sind Luftumwälzanlagen für Schüler im Herbst von der Regierung in Auftrag gegeben worden ... und über 87 Prozent bereits installiert?! ..

Nein!

.. Sind Schutzkonzepte für Altersheime beschlossen und bereits in Umsetzung?! ...

Nein!

Die ..."Inzidenz" liegt ... bundesweit (!) ... bei „5" !! ... droht dem Gesundheitssystem eine Überlastung ...?

Nein!!
... Hat es diese Gefahr überhaupt jemals gegeben ...?! Nein ... Nein ... Nein ... und nochmals ... NEIN!!

Und jetzt: Schönes Wochenende!

Und: „Bleiben Sie gesund!"

6. Juli 2021

Es geschehen noch Wunder ...

Details? Gerne:Boris Johnson hat gemeldet, dass ab dem 19. Juli in G.B. ALLE Maßnahmen im Zusammenhang mit Corona ... also der Fake-Pandemie aufgehoben werden ...
...
Und die Menschen ab diesem Tag in „Eigenverantwortung" mit der Situation umgehen sollen!
...
Ja ... So geht es auch ... Nach Dutzenden Demonstrationswochenenden mit jeweils Hunderttausenden ... Toten?!!!

... Nein!!!

Mit ...... demokratischen Bürgern!!!
...
Deutschland ...

Österreich ...?!

Weiter ... Im Tunnel des selbsterschaffenen Wahnsinns ...
Egal ... ich will heute nicht mehr schreiben ... sondern mich einfach mal ... freuen ... für ... die Briten ...

...

Halt! ... Eines will doch noch notiert werden ...... In dem geliebten

Lied der Briten: im Lied:
„Rule Britannia" findet sich die Zeile: „BRITONS never … never … NEVER (!!!) shall be slaves …"
Gut … Dem ist nichts hinzuzufügen!

Danke!

7. Juli 2021

Karl Lauterbach zeigt sich „besorgt" wegen neuer Zahlen aus Israel
… Ihn habe „die Tatsache beunruhigt, dass sieben Prozent der Gespritzten (!) schwer erkranken konnten …"
Unter diesen Umständen müssten sich deutsche Krankenhäuser auf über (!) vier (!) Millionen (!) schwere Covid-Fälle einrichten …

Das sind mehr als alle seit Beginn der Pandemie registrierten Fälle …

… Na … schauen wir mal …

Weiter: In den USA sind seit März 2021 mehr als 300 (!) Kinder an den Covid-19-Spritzen gestorben …!
Wie hoch war die Wahrscheinlichkeit, dass sie an „Covid" sterben sollen …?!

Antwort:
0 !
…
Weiter … ein Originalzitat von Nikolaus BLOME …RTL / Bertelsmann Politikchef …
„Ich hingegen möchte an dieser Stelle ausdrücklich um … gesellschaftliche NACHTEILE (!)

……!!! …..

für all jene ersuchen, die freiwillig auf eine Impfung verzichten.

Möge die gesamte Republik mit dem Finger auf sie zeigen ..." !!!!!
...
Kein Witz!!! Keine Satire!!!

„Ohne PCR-Test wäre die „Pandemie" niemandem aufgefallen ..."
(Franz Allerberger, Leiter des „ÖSTERREICHISCHEN RKI")

Weiter: Lauterbach sagt in einem TV-Interview, dass die Impfung – Pardon ... - die Spritzungen nicht so stark wirken ... wenn man nicht (!) gleichzeitig (!) in einen Lockdown geht ...

Kein Witz ... Keine Satire!
...
Weiter ... in Frankreich wird darüber nachgedacht eine Impfflicht für medizinisches Personal einzuführen ... da sich zu viele Ärzte geweigert (!) haben ... sich impfen ... spritzen ... zu lassen!!!
...

Kein Witz ... keine Satire!

8. Juli 2021

Seit jeher gibt es eine „eiserne Regel" ... die da lautet: „Schwangere sind von jeder (!) Art von Medikamenten zu verschonen. Die Wirkstoffe können in den Blutkreislauf des Ungeborenen geraten und schwere Schäden verursachen ....

So weit ... so gut ...
Dies galt ... bis gestern ... Dann ... wurden Schwangere dazu gedrängt sich spritzen zu lassen ....
...

Und nun ... zum Zwischenergebnis:
...

827 gespritzte schwangere Frauen wurden während einer Studie beobachtet ... Die Spritzungen fanden zu verschiedenen Zeitpunkten der Schwangerschaft statt ...
Von 127 Frauen, die im 1. Drittel der Schwangerschaft gespritzt wurden, verloren ...

115 ...

...

Ihr Baby ...

Was .... 80 Prozent entspricht ....

… Stille …

…

In den Organen der Mütter und der Babies wurden Giftstoffe entdeckt … deren Ursache die Spritzung war …

….

Weiterhin …

Stille …

…..

Frage: Ihr … im Koma taumelnden … freien … mündigen … Bürger der westlichen Kulturgemeinschaft … Ihr … die ihr so stolz seid auf eure Geschichte der Demokratie und des selbstbestimmten Menschen … ihr … die ihr euren Voltaire zitieren könnt … und Beethoven schätzt … … was muss noch geschehen?! …

……?!?!?!?!?!?!?!?

Die Frage ist … ohnmächtig … aber eines kann ich euch sagen … ohne dazu „Studien" zu benötigen … Ihr seid Zeitzeugen … Zeitzeugen beim selbst verursachten Untergang der derzeitigen … Zivilisation und „Kultur" auf diesem Planeten …

Nichts weiter …

Aber … das scheint nur für den Moment … ganz furchtbar … das

Leben auf dieser kleinen, blauen Kugel ist bestimmt durch zwei Worte:
„Stirb ... und werde" ...

Dies gilt auch für euch ... ihr verachtenswerten Mordgehilfen ...

Mordgehilfen seid ihr ... am Tod eurer Kultur ... eures Wohlstandes ... eurer Kinder ...!!!!!

Aber ... auch die Bewohner von Ur ... die Ägypter ... die Römer ... die Nazis ... die Sowjets ... ALLE konnten und wollten nicht glauben, dass sie ausgelöscht werden ... durch ... die Zeit ... und unmessbare eigene Dummheit ...

So ergeht es eben jetzt ... auch euch ... aber ... ... in 3247 Jahren liest ein ... Wesen ... diese Zeilen und denkt ... „Na und ... danach ist ja etwas Neues gekommen ... und auch schon längst wieder vergangen ..." usw. usw. ...

Also: „Don´t worry ... Be happy ..."

....

9. Juli 2021

„Der Lacher zum Tag …!"

RKI-Chef Wieler …
(RKI … ehemaliges Nazinest … das hat aber keine Bedeutung in der derzeitigen Situation … auch wenn quantenphysikalisch gesehen die Bausubstanz des RKI-Gebäudes nach wie vor mit den Schwingungen der Nazi-Ideologie auf der Sub-Quantenebene durchdrungen ist … Siehe dazu Literatur: Einstein über „spukhafte Fernwirkung"!!...!)

… hat nun offenbart, dass das Tragen von FFP2 Masken … „keinen Nutzen" bringt!!!

Kein Scherz, keine Satire!

Zitat: „Die Masken würden (!) häufig nicht passend getragen und verlieren damit die im professionellen Bereich (!) angestrebte zusätzliche Schutzwirkung."

Ja … Okay … Gut …

Also … Nicht gut …

Diese Masken werden von medizinischem Personal nur nach vorausgegangener Desinfektion der Hände sorgfältig abdichtend auf dem Gesicht getragen … der dadurch entstehende CO_2 Vergasungseffekt muss nach 90 Minuten (!) Tragezeit durch eine Pause von 15 Minuten … relativiert werden.

Gut … Also haben wir Alte und vor allem unsere Kinder völlig sinnlos … grausam … sadistisch … unbarmherzig … willkürlich … faschistisch, diktatorisch dieser totalen Verordnung unterworfen!

Bravo!!!

Es lebe das RKI und die Bundesregierung … die auch diesen letzten Hinweis ignorieren wird …

Verbrecherbrut!!

Möge der langsame, lange Atem der Gerechtigkeit euch eurer Strafe zuführen!

In Deutschland sieht es aber eher nicht so sehr danach aus …

…

…

…

Frage: ……. Herr Wieler hat gesagt: „Die Maßnahmen dürfen auf keinen Fall in Frage gestellt werden."

…… ist das ein demokratisch inspirierter Satz ….. oder ein faschistoider Satz ……?!

..........?! .... Der erklärbar wird ... wenn man an die Nazigeschichte des RKI-Gebäudes denkt .... was meint ... IHR ....?!?!

Zwischenbemerkung!:
Merkel wird angeklagt, vor dem Verfassungsgerichtshof ... weil sie die demokratische Wahl der AfD in Thüringen per „Rufbefehl rückgängig" machen wollte ...

Ja und!! ... das ist doch toll ... Voll demokratisch!!! Was ist los?!!

Los ist ... dass die Mutti nun 11 (!) Tage vor ihrer Verhandlung die obersten Richter und den Präsidenten des Verfassungsgerichtshof zum „geselligen Abendessen" ins Kanzleramt eingeladen hat .... (!) ... (!) ...
Das Thema der Verhandlung aber sei an diesem Abend ... kein Thema gewesen ...(!)
Die Fragen von „Bild", wie man nach diesem Ereignis dem Eindruck der Befangenheit entgegentreten wolle ... .
...
.... ließ die Machtfrau unbeantwortet ...

Kein Scherz, keine Satire, Fakt!

Ist okay ... ich lerne ... wenn ich demnächst die Regeln der Demokratie faschistisch mit Füßen trete ... dann gehe ich erst mal mit meinem Richter ... der über mein faschistisches Verhalten richten soll ... auf eine Käsekrainer ... mit Ketchup und Senf und Schwarzbrot und Bier ... ... dabei reden wir dann darüber ... dass ... in Bordellen ... beim Oralverkehr die Maske abgenommen werden ... muss?!

... soll ...?! ... darf?!

Also ... dann natürlich nicht mehr die FFP2 Maske ... sondern die andere ... komplett sinnlose!

Prost!!!

10. Juli 2021

In Indien ... reicht der Generalsekretär des Menschenrechtsrates Strafbeschwerde ein ... Wegen ... „Verbrechen gegen die Menschlichkeit ... und Volksmord", und das tut er gegen Mitglieder des Büros der Impfstoffunion der „Bill &Melinda Gates Foundation" (BMGF) ... Bill Gates ... Dr. Dr. Anthony Fauci ... ... Big Pharma ... BigTech (Facebooks Mark Zuckerberg, Twitters Jack Dorsay ... und Andere ...)

... Ja ... So weit ... so gut ...

Der Nobelpreisträger Luc Montagnier sagt :"Es gibt keine Hoffnung und keine mögliche Behandlung für diejenigen, die bereits geimpft worden sind. Wir müssen darauf vorbereitet sein, die Leichen zu verbrennen ... Sie werden alle an den antikörperabhängigen Vorerkrankungen sterben ..."

Quelle: Nachrichtenagentur ADN

Frau Karbick(Deutsche Regierung) hat eine „Studie" in Auftrag gegeben ... was geschehen würde ... wenn in Deutschland ein „Soziales Punkteprogramm" nach ... (!) chinesischem Vorbild installiert ... werden ... würde ...

Kein Witz ... Keine Satire.
...
Herr MAHR , ein Medienmanager aus Österreich, hat in der Servus-TV-Sendung „Links, Rechts, Mitte" ... diejenigen, die sich nicht impfen ... also spritzen ... lassen wollen ... als:

„30 Prozent Wahnsinnige" bezeichnet ...

Aha ... Okay ... Gut ...

Dafür hat der Vorsitzende der Kassenärztlichen Vereinigung in Rheinland Pfalz, Herr Peter Heinz, massive Freiheitsbeschränkungen für Ungeimpfte gefordert ...

Zitat: „Die Nicht-Geimpften haben nicht die Freiheit ihre Maske abzulegen. Sie dürfen nicht ins Stadion, nicht ins Schwimmbad und nicht ohne Maske im Supermarkt einkaufen. Und man darf Ungeimpften und jenen mit nur einer einfachen Impfung nicht mehr gestatten in den Urlaub zu fahren" ...

Das sagte er der „Rhein-Zeitung" ... Es geht weiter: „Wer Ungeimpften Freiheiten zurückgibt, verspielt die Chance alle Menschen mit der Impfung ... (Spritzung ...!) zu erreichen ... Ohne Impfung gibt es keine Freiheiten. Ohne diesen Druck werden wir die Menschen nicht überzeugen."

Da denke ich gerade .... Wie schön ist es in einer Demokratie zu leben ...
Oder ... In England ... dort hat die Gesundheitsbehörde festgestellt, dass die Ind--- ... sorry ... die „Delta-Variante" ... zehn (!) Mal (!) weniger (!) tödlich ist ... als angenommen!
Aha ... Okay ... Sehr gut ... Gefällt mir ...
„Britons shall never, never, never ... never ..."
...

Daraufhin meldet der blonde Boris Johnson in einem Gespräch mit „Sky-News", dass ... „der Staat ihnen nicht mehr vorschreiben wird, was sie zu tun haben" ...

... und dass sich der Schwerpunkt für die Menschen in Richtung ... „persönliche Wahl" und „Urteilsvermögen" verlagern wird ...!

Der Premierminister bereitet sich darauf vor, eine Reihe von Maßnahmen anzukündigen, die ab dem 19. Juli in Kraft treten werden und Großbritannien zum ... „offensten Land in Europa" ... machen werden ...!!!

So werden zum Beispiel gastgewerbliche Betriebe nicht mehr verlangen müssen, dass Kunden ihre persönlichen Daten angeben ... oder sich mit einem „QR-Code" anmelden ...
...
„Britannia rules the waves ..."

12. Juli 2021

Der Lacher zum Tag:
Das RKI ... (ehemals ... usw. usw....) hat nun vorgeschlagen die Inzidenzzahl NICHT länger als Grundlage für Entscheidungen zu nehmen ... die „Maßnahmen" nach sich ziehen ... sondern die Zahl von „Hospitalisierungen" und die aktuelle Belegung von Intensivbetten ...

....

Wem von euch ... meinen Freunden in der Zukunft ... fällt dabei auf ... warum dies der Lacher zum Tag ist ...?!!

... Ich sage es euch ... Erstens hätte die „Inzidenzzahl ohnehin NIEMALS zu irgendeiner Art von irgendeiner Grundlage für irgendwelche „Maßnahmen" werden dürfen ... weil sie das Ergebnis des PCR Tests ist ... der nun schon zum X-ten Mal von X Kapazitäten als nicht aussagekräftig benannt worden ist ... also nur Humbug darstellt ...

Zweitens ... weil Infizierte ... ... KEINE KRANKEN SIND!!!

... In der Folge also für den Alltag in unserer Gesellschaft irrelevant sind!

Und Drittens ... und ab jetzt wird es interessant ... weil ... Drittens ... die Zahl der belegten Intensivbetten während der ganzen Fake-Pandemie NIEMALS ein reales Krankheitsgeschehen gezeigt hat ... Warum?! ... Weil sie willkürlich in ihrer Anzahl manipuliert waren

....

Warum?! ... Um den Kliniken mehr Subventionsgelder zuzuschanzen ...!

!!!

So ... das haben wir also mittlerweile gelernt ... PCR-Test bedeutet rein gar nichts ... „Ohne Tests wüssten wir nichts von einer Pandemie" ... (wir erinnern uns ...) und der einzige relative Maßstab, ob eine Überlastung des Gesundheitssystems droht ... der war permanent:

... GEFÄLSCHT!!!

... Also ... Fazit ... Obwohl der Vorschlag, der aus dem ehemaligen Nazigebäude dringt, auf den ersten Blick endlich mal vernünftig klingt ... glaubt man allen Ernstes, dass wir uns auf ein Maßsystem einlassen sollen .... Und ihm vertrauen ...!, von dem wir gelernt haben, dass es die ganze Plan-Fake-Pandemie über ... gefälscht war
...
Könnt ihr nun nachvollziehen ... warum ich dieser Meldung das Prädikat „Lacher des Tages" verleihen musste?!!!

...

Aber ... um weiter auf der Welle der Heiterkeit zu surfen ... aus „Good old England" erreicht uns folgende Kunde ... :

In G.B. hat der Historiker und frühere Höchstrichter Lord Jonathan Sumption dazu aufgerufen ... „Despotische Gesetze" im Zusammen-

hang mit dem Corona-Lockdown zu ... ignorieren!!!
Es sei ... so sagte er ... „moralisch akzeptabel diskreten Ungehorsam auf britische Art" zu üben ...
Und das ... obwohl ITALIEN gestern Europameister wurde ... und nicht England!

16. August 2021

Ja … da bin ich wieder …

Ich habe ein wenig Abstand gebraucht … und … Pause …
In der Zwischenzeit haben sich einige Zahlen geändert …

So sind zum Beispiel zur Zeit bereits 20.595 Tote und 1,9 Millionen Verletzte … (davon 50 Prozent schwer …!) in der Datenbank der EU für … „Unerwünschte Arzneimittelwirkungen" gemeldet …

Bei meinem letzten Versuch durch die Arbeit an diesem Text nicht den Verstand zu verlieren … waren es noch … „NUR" … circa 15.000 Tote … erinnert ihr euch!?

Ja … und in einem weiteren Monat werden wieder ein paar Tausend dazu gekommen sein … und dann wieder und wieder und wieder …
„Erinnert ihr euch" … werden unsere Kinder zu uns sagen … in 30 Jahren … also … die Kinder, die überlebt haben … erinnert ihr euch, wie ihr dagesessen seid und nichts dagegen unternommen habt …?!
Ihr habt nichts dagegen unternommen, dass wir zu Idioten geworden sind … dass wir zu Idioten gemacht (!) worden sind …
Diese Worte könnten unsere Kinder zu uns sagen … habe ich mir gestern gedacht, als ich gelesen habe, dass mehrere Studien deutscher Universitäten festgestellt haben, dass „Kinder der Coronazeit" um … 30 (!!!) Prozent geringere Entwicklung ihres Intelligenzquotienten aufweisen …

30 … (!!!) … Prozent …

Also züchten wir Idioten ...!
Die Ursachen sind ... Soziale Isolation ... Verlorene Interaktion mit Menschen ... Sauerstoffmangel im Blut und gleichzeitige Übersättigung des Blutes mit dem Giftgas $Co2$ ... ... was wiederum zur Verlangsamung der Hirnentwicklung beiträgt ...

Ja ... So züchtet man Idioten!!!

... Was für ein geradezu ... erotisch-ekstatisch-sexuell aufgeheiztes Omnipotenzgefühl muss in den obersten Rängen oder Regierungen herrschen ... wenn ihnen nun endgültig klar geworden ist, dass sie das Volk mit jeder Peitsche jeder Perversion züchtigen können ... ... ohne ... Konsequenzen ...
Die kinderlose Führerpuppe Deutschlands, die ... zumindest laut Passeintrag „weiblich" ist ... und ihre fetten Homosexuellen im Ministerrang prosten sich grölend lachend im Dark-Room zu ... den manche immer noch „Regierungssitz" nennen ...
Sie wiehern vor Machtorgasmus ... wenn Spahn nun endlich zum „Durchhalten bis zum Frühjahr 2022" aufruft ... und Altmeier rinnen Schweißbäche über den fetten, feisten Ministerkörper, wenn es ihn vor Lachen schüttelt ...

Lachen?! ... Warum?! ...

... Na, weil eine Unzahl von Betrieben ihre ...

Achtung!!! ...

DEZEMBERHILFEN (!!!)

noch immer nicht erhalten haben …!!

(Kein Scherz, Keine Satire!) …

Erinnert ihr euch … wie der Fettkloß bei Lanz saß … und mit schmalztriefender Stimme gurgelte, dass … „kein einziger Arbeitsplatz und keine einzige Firma verlorengehen werden."?!!
… Erinnert ihr euch?!
Ja … Vielleicht … vielleicht auch nicht … egal …
Warum habe ich Abstand gebraucht … ein paar Tage …?!

Weil ich etwas ganz Entscheidendes … akzeptieren musste!
Ich habe … endgültig … meine liebenswerten … naiven … unerschütterlichen Glaubensbilder … begraben …
Glaubensbilder … die den Menschen … anders gesagt … die Menschheit … betreffen …
Ich habe seit meiner Kindheit geglaubt, dass „der Mensch" … also … das Ebenbild Gottes … ein … Wunder ist …
Ein energetisches Wunderwesen, das mit freiem Willen … mit Erkenntnisfähigkeit … mit Entscheidungskraft … und Mut .. von Gott ausgestattet wurde …
…

Ich habe geglaubt, dass der Mensch der Vergewaltigung seiner Freiheit … seiner Gesundheit … seiner Kinder … seiner Demokratie … ein klares, starkes … heldenhaftes: „NEIN" … entgegenhalten wird
…
…
Dieses Glaubensbild habe ich von der Wand genommen … verbrannt

… und die Asche in alle Winde zerstreut …
(Also … geliebter Leser … habe ich sie nicht vergraben … das wollte ich Mutter Erde nicht antun …)

Dieser Prozess war schmerzhaft … und ich habe oft inne gehalten und mich gefragt, ob mein Urteil zu heftig ausfällt … … ob nicht die Flamme des Menschen nur etwas kleiner brennt und ob es vielleicht nur ein wenig Unterstützung braucht … um dem Menschen zu seinem Heldentum zu verhelfen …?!

Nein … hat es in mir gesagt … all das ist … „verlorene Liebesmüh".

… Sie sind … wie sie sind … und bis auf ein paar Hunderttausend … die sich auf den Straßen versammeln und „Freiheit" rufen … Freiheit, Freiheit, Freiheit!!! … Liberté … Liberta!! … sind die restlichen Milliarden dumpf … faul … ungebildet … uninteressiert … und im tiefsten Winkel ihres Wesens mit …. „den Maßnahmen" einverstanden …
Warum … weil sie die „harte Hand" spüren müssen … dann fühlt sich der Ochse zu Recht in seinem Joch!

Gut … Es gibt … Sternschnuppen der Hoffnung …

Dänemark hat vor ein paar Tagen … alle … ALLE!!! … Maßnahmen beendet …

England wollte den „Freedom-Day" … worauf alle Menschen und österreichischen Politiker mit Geifer vor dem Maul trompetet haben … dass es nun zu „Hunderttausenden Toten" kommen wird …

Dass die Zahlen in den genannten Ländern sinken ... wird in der Mainstream-Presse zur Sicherheit nicht erwähnt ...
Obwohl ... warum eigentlich noch diese Zensur ...?!!

Das Volk hat doch schon längst bewiesen, dass es mit der Muttermilch gegen Klugheit ... Eigenverantwortung ... und Mut ... „geimpft" worden ist ...
Wozu also noch die Zensur ... das würde ja bedeuten, dass kluge Nachrichten zu einer Reaktion beim Volk führen könnten (!!!) ...

KÖNNTEN!!! ...

Findet aber nicht statt ... und die Wirkungslosigkeit der Wahrheit beweist uns seit einiger Zeit ... zu allgemeiner Überraschung ... die BILD-Zeitung!!!

Das ehemalige Regierungsorgan zeigt seit seiner Umstrukturierung der Finanziers jeden Tag mit dem Finger auf den Wahnsinn der Regierung ...!!
„Bild" fordert das Ende der irrwitzigen Maßnahmen ... „Bild" berichtet über den Intensivbettenskandal ... „Bild" berichtet vom Abendessen der kinderlosen Herrin im Regierungspalast mit DEN Höchstrichtern, die ihre diktatorische Handlung – angesichts einer Wahl – (die ihr nicht gepasst hat) verurteilen sollen ....

(Keine Satire, Kein Scherz) ...

und das Volk liest all das ... und ... dumpft ... blöde .. fett ... und faul vor sich hin ...

Also ... hat all das zu meiner persönlichen Befreiung beigetragen
....

... Ich hoffe nicht mehr ... ich glaube nicht mehr ... ich projiziere nicht mehr ... dass diese Menschen jemals (!) ... jemals ... zu autonomen ... klugen ... mutigen ... Menschen werden ... könnten ...

Es ist nicht in ihren Genen festgeschrieben worden ...

Als die „SIRA" den Menschenaffen genetisch zum heutigen „Menschen" manipuliert haben ... da haben sie die Trägheitsmasse der Herde übersehen ... Diese Trägheitsmasse ... brüllt im Sportpalast „Ja" ... Vergewaltigt seine Kinder ... und sieht tatenlos zu, wie die Polizei in Berlin dreinprügelt, wie man es sonst nur aus Belarus kennt ...
Der Uno-Sonderbeauftragte für Folter (!) hat daraufhin schwere Kritik wachsen lassen ...

Ach! ... Echt!!? ... Der?!!! ... Schwere?!!! ... Das grunzende Lachen im Dark Room hält immer noch an ...

.... ich muss aufpassen .... dass die Bitterkeit nicht beginnt mich zu umschlingen ....
......
.... Aber .... WIE ......?!

17. August 2021

Vor drei Wochen ... Hochwasser in Deutschland ...
Vor drei Tagen ... die Taliban überrennen Afghanistan und erobern Kabul und ... die „Macht" ...
Corona-Maßnahmen von „Mutti" bis in alle Ewigkeit verlängert ...
Der homosexuelle Jens Spahn ruft nach ruhigen Wochenenden in seiner 4,2 Millionenvilla (... samt Ehemann ... ... ohne Eigenmittel-Kredit...!) ... zum „Durchhalten bis März 2022" auf!!!
In den 2-3 Zimmerwohnungen ... (ohne Balkon ...!) ... ... drängen sich die Familien mit Kindern und abzuzahlenden Krediten um Atem ringend aneinander ....
Was haben diese drei Ereignisse gemeinsam?!!

Details? Bitte sehr!

Die deutschen Regierungsbehörden wurden ... 4 (!) ... Tage ... in Worten ... Vier Tage vor dem Eintreffen der Hochwasser wurde Deutschland (!) von dem englisch-europäischen Wetterwarndienst ... GEWARNT ...!!
Diese Profis konnten auf den Tag ... fast auf die Stunde genau vorhersagen, wo ... in welchem Landkreis ... in welchem Dorf ... in welcher Ortschaft sich tödliche Hochwasser ergeben werden ...
... Reaktion der Verantwortlichen?!

Defekte Befehlsketten ...
defekte SMS-Warnmöglichkeiten ...
Keine ... oder defekte Sirenen ...
Mehr als 140 Tote ...

…..
!
Verantwortung … ?!
Ein Fremdwort ….
„Deutsche Sprache … schwere Sprache" …
Rücktritt der „Verantwortlichen" … Merkel mit eingeschlossen?!
Niemals!
… So weit … So gewohnt …
…
Afghanistan!!!...

Unkontrolliert und überstürzt zieht die deutsche Militärmacht im Sog der Amerikaner ab …
Was wird wohl geschehen …?! …
Vor einer Woche melden ARD und ZDF, dass die Taliban „wohl" in zwei bis drei Monaten (!) Kabul einschließen könnten …!!!
… Nein … denke ich mir... … die sind in einer Woche dort … (Mein Großvater war Offizier … ich habe es … glaube ich … schon erwähnt …)
Ich gebe zu … ich habe mich geirrt … Sie waren schon nach drei Tagen im Zentrum … und im Präsidentenpalast … und haben erste Pressekonferenzen gegeben …

Ja … das geschieht, wenn eine Handvoll entschlossener Krieger die vom Westen „ausgebildeten" Stammesbrüder in der offiziellen „Afghanischen Armee" überrennen …

Was hat „Sleepy-Joe" ein paar Stunden davor gesagt ...?!
„Das wird nie geschehen … Die Afghanische Armee hat 350.000 Mann … sie ist die bestausgestattete Armee der Welt (!) Sie hat eine

... Luftwaffe (!) ..."

Ja ... Kein Scherz ... Keine Satire ...

Mama Merkel war „tief betroffen" und hat das „Scheitern eingestanden" ...

... Dann hat sie abends genauso intelligenz- und empathiebefreit wie immer in Kameras gelächelt ... anlässlich irgendeines „Empfanges" ... wie Armin Laschet Tage zuvor ... während vor ihm der Nussknacker-König Präsident Steinmeier mit tiefer gelegten Stimme so getan hat ... als würden ihn die 140 Flutopfer auch nur im Entferntesten jucken ...!

Heute ... haben die Amerikaner in einer ihrer Transportmaschinen vom Flughafen Kabul 640 (!) verzweifelte Afghanen ausgeflogen ... obwohl die Maschine nur für 160 Menschen zugelassen ist ... das aber war dem amerikanischen Helden im Cockpit ... scheißegal ... er hat sie reingeholt und rausgeflogen ...

Die Afghanen, die für die Deutschen Hilfsdienste geleistet haben ... und darum nun berechtigte Todesangst haben dafür von den Taliban umgebracht zu werden .... senden verzweifelte Hilferufe ... per Handy ... Live! In die Nachrichtensendung von NTV ...
Wollt ihr wissen ... ihr Freunde in der Zukunft ... wie viele Afghanen der erste Evakuierungsflug der Deutschen an Bord holte ...?! ...

Ja! Wirklich ... Ich sage es euch ...

7!

In Worten: Sieben Menschen waren an Bord!
Nochmal: Sieben!!!

….

„Heiter …………….

…………. Weiter ….!!!…"

18. August 2021

Aber zurück zur Frage: Wie hängen diese drei Ereignisse zusammen ...?! ...
Antwort: Die Bundesregierung Deutschlands – also Angela Merkel – ist für das Totalversagen in allen drei Bereichen verantwortlich.

So einfach ... und so ohne jede Konsequenz kann und konnte diese Frau existentielle Probleme zum Schaden des Volkes ... NICHT ... heilsam lösen ...

Und diesen Menschen vertrauen wir unser Leben ... und das Leben unserer Kinder an ...?!

Selber schuld ... schlafende Massen, selber Schuld ...

Österreich ist um nichts besser ... nur ... kleiner!

Die Österreicher konnten sich nicht einmal einbilden, am Hindukusch Karl May zu spielen ... aber dafür haben sie einen Arzt als ... „Gesundheitsminister" ... der in einer Talkshow bemerkt hat, dass der „Spritzstoff" nicht ins Blut geht ... ja ... ... so wird man laut Umfragen zum beliebtesten Politiker Österreichs ...

Selber schuld!

... Apropos „schuld" ... Selber schuld, wer jemals an die Testergebnisse des „Drosten-Tests" geglaubt hat ...

Details?! Gerne ...!

Man hat nun festgestellt, dass zur Entwicklung der Tests NIEMALS ein komplett isoliertes ... „Covid-Virus" verwendet wurde ... und die CDC verbietet (!) den Drosten PCR-Test ab 1. Januar 2022 ... und verlangt die Entwicklung eines Tests, der „zwischen Covid und ... Influenza (!) ... unterscheiden kann (!!!) ...

Kein Scherz ... Keine Satire! ...

Ist euch aufgefallen ... meine Freunde in der Zukunft ... dass wir in diesen letzten zwei Jahren ... keine (!) ... Grippefälle hatten ... Ja!? ... Cool ... die Grippefälle haben bei uns nämlich „Corona-Fälle" geheißen!!!

Klingt komisch ... ist aber so!!!

Ja ... Selber schuld!!

Nachdem also all dieser Irrsinn ... diese Verfehlungen ... dieses absolute Falsch-Handeln ... die Sinnlosigkeit vor allem der „Inzidenzzahl" klar belegt wurde ... nach all dem treffen sich die Ministerpräsidenten mit der kinderlosen Frau erneut vor einer Woche und beschließen erneut, dass die Inzidenz von ... 35 (!) ... das Maß aller Dinge bleibt ...

... Ja ... Selber schuld ... aber im Herbst wird ja gewählt ...

Sind alle Völker in Europa so wie die Deutschen und die Österreicher ...?!

Nein!!
Die Dänen hören auf Geisterbahn zu fahren ... und die Franzosen gehen zu Hunderttausenden auf die Straßen und beginnen eine Revolution zu ... ... fühlen ...
Wir werden sehen ...

„Hoffnung …. Hoffnung ………………..

………….. Mutter aller Illusionen ……………."

25. August 2021

Was macht die Bundesregierung wohl heute in ihrer Sitzung …?!

Richtig!!!

Sie verlängert (!!!)

die „epidemische Lage von nationaler Tragweite" um weitere …

drei (!!!)

Monate …!!!!!

!!!

Grüne (!), Linke (!) und AfD (!) sind zwar dagegen … aber noch sind Merkel und ihre Vasallen fünf Wochen lang nicht abgewählt …
… Egal … darf ich euch ... meine Freunde in der Zukunft … mit einigen Zitaten aus meiner Zeit unterhalten …
Ja ...?!

Details?!! ... Aber gerne:

Dr. Sucharit Bhakdi (Virologe): „Es ist alles geplant ... das ist jetzt eine andere Ebene der Kriminalität".

Michael Yeadon (ehem. Pfizer (!) Chef-Wissenschaftler ...(!)): „Dieses System wurde mit Hilfe von Lügen zu einem bestimmten Zweck eingerichtet."

Dr. Robert Malone (Erfinder (!) der mRNA Technologie (!)): „Unser Problem ist die Annahme, dass dieser Impfstoff wie jeder andere Impfstoff ist ... und das ist er ... NICHT!"

Kary Mullis (Erfinder des PCR Tests (!)): Wenn man es gut macht ... kann man ALLES (!) in jedem (!) finden." ...

Dr. Peter McCullough (Epidemiologe, Covidiologe, Internist): „Das hier ist Wissenschaft auf Abwegen ... Diese Todesfälle stehen in so engem Zusammenhang mit dem Impfstoff." !! ...
…..

!

Ja ... diese Zitate sollen nur zeigen, dass ich mir in einsamen Stunden keine Geisterstunde imaginiere ... sondern in Wahrheit kaum damit fertig werde die immer neuen Aktualitäten aufzulisten ...

Etwas früher im Text findet sich zum Beispiel der Hinweis, dass die Zahl der Toten nach der Spritzung die Zahl der Toten nach „allen anderen Impfungsarten in den letzten 30 Jahren übersteigt ..."

HEUTE ... muss ich die Zahl 30 an die heutige Realität anpassen ... sie lautet: 120!
120 !!!
In Worten: Einhundertzwanzig!
Das bedeutet, die Zahl der aktuellen Toten nach einer Spritzung ist höher (!) als die Zahl der Toten nach allen Impfarten in den letzten

120 Jahren!

Kein Scherz ... Keine Satire!

PS: Mit dem heutigen Beschluss die „epidemische Notlage von nationaler Tragweite" zu verlängern, bricht die Regierung ... wieder einmal ... ein Versprechen ... (Wen wundert´s?!!)

Das Versprechen hat gelautet ... dass die Gesellschaft zur Normalität zurückkehren wird (!) ... wenn alle Erwachsenen ein Impfangebot erhalten haben ...

Nun ... was nun?!
Eine Variation: „Versprechen sind nur da, um sie zu brechen."
Das ist es also, was unsere Kinder lernen sollen in unserer „Brave New World"......

Lasst uns einen Moment innehalten und Hoffnung schöpfen ...
Die australischen Trucker wollen ab dem 31. August in einen Totalstreik gehen ... Das Ziel ist ihre Terrorregierung zum Rücktritt zu zwingen!!
Die Trucker haben das Volk aufgerufen sich mit allem Lebensnotwendigen für zwei Wochen einzudecken!
Wir wissen, was es bedeutet, wenn kein einziger Lastwagen mehr fährt ... Das Ende des alltäglichen Lebens ...
„Experten" schätzen, dass die Regierung selbst mit Militärhilfe diese Revolution nicht länger als zwei Wochen überleben wird ... Nun ... wir werden sehen ...

Verzeiht mir folgende Bemerkung: „Crocodile Dundee" hat schon einmal dem Publikum gezeigt ... wie ein richtiges Messer aussieht ...

Ein lustiges Detail?! Sehr gerne ...!

Oskar Lafontaine ehemals SPD Politiker ... jetzt bei der „Linken" hat die Politiker als die wahren „Covidioten" bezeichnet, nachdem (!) er sich die Verträge angesehen hat, die die Regierungen mit Pfizer, BioNTech etc. abgeschlossen haben ... ... Da drin steht nämlich:

Zitat:
„Der Käufer erkennt an, dass die langfristigen (!) Wirkungen und die Wirksamkeit des Impfstoffes derzeit (!) nicht (!) bekannt sind ... (!!!) ...
und dass der Impfstoff unerwünschte Wirkungen haben kann (!), die derzeit (!) nicht (!) bekannt sind ....() "
Der Käufer ... (Anm. de Autors. also ... ich .. und Hunderte Millionen andere Steuerzahler ...) erklärt sich hiermit bereit, Pfizer, BioNTech und deren verbundene Unternehmen ... von und gegen alle (!) Klagen (!!!) Ansprüche, Aktionen, Forderungen, Verluste (!!!), Schäden, Verbindlichkeiten, Abfindungen, Strafen, Bußgelder, Kosten und Ausgaben freizustellen, zu verteidigen und schadlos zu halten." Zitat Ende.

So ... ja ... da hat wohl jemand in der Regierung einen Aluhut getragen ... als gesundes Unrechtsbewusstsein versprüht wurde ...
Aber ... ich möchte diese launige Sequenz mit einem Zitat des derzeit (!) beliebtesten österreichischen Politikers beenden ... (Auch wenn es eine Wiederholung darstellt ...!)

„Der Spritzstoff geht ja nicht ins Blut … -- der bleibt im Gewebe …"

Ja … also … was soll also die Aufregung … Oskar …?!

In Momenten allzu großer Verzweiflung beginne ich zu ahnen ……

…….. wie sich Graf Stauffenberg gefühlt hat ……. am Vorabend seiner Heldentat …..

27. August 2021

Ein Detail?! Gerne:

Es kann kein Zweifel mehr bestehen, dass die Covid-19-Spritzung tödlicher ist als das angebliche Covid-19-Virus selbst, da Daten des öffentlichen Gesundheitswesens in England bestätigen, dass innerhalb von acht Monaten mehr Menschen an der „Spritzung" gestorben sind, als an Covid in 18 Monaten!

Aus den NHS-Daten für England geht hervor, dass seit März 2020 bis 12. August 2021 insgesamt „lediglich" 3743 Menschen an Covid-19 gestorben sind, die KEINE anderen VORERKRANKUNGEN wie: Demenz, chronische Nierenentzündungen, chronische Lungenkrankheiten, chronische neurologische Erkrankungen und Herzerkrankungen hatten

… (!) …

So weit so … real …!

Ich möchte heute aber gerne wieder einmal einen grundsätzlichen Blick werfen …
Einen Blick auf die Frage: Warum … wird all das für die Menschheit inszeniert?!
Viele der anerkanntesten Wissenschaftler sprechen mittlerweile vom größten Verbrechen gegen die Menschheit seit dem 2. Weltkrieg …

Die Vorgangsweise der Regierungen wird immer offener brutal …

Der Zwang immer unausweichlicher ...
Wie in einem sehr schlechten Film, der uns erzählt, dass es dunkle Mächte gibt ... die im Hintergrund agieren, um das Böse über die Menschheit zu bringen ... (Ganz so wie Ernst Stavro Blofeld im James Bond-Reigen ...) Ganz so ... ist es in unserer Zeit – tatsächlich!
Im Gegensatz zu Blofelds Verborgenheit ist es in unserer Zeit so, dass einer der Drahtzieher ... wenn nicht sogar DER Drahtzieher ... ganz offen und für alle erkennbar agiert.

Der Blofeld unserer Realität heißt Klaus Schwab ...!

Das ist keine Verschwörungstheorie, sondern in seinem Buch „The Great Reset" nachlesbar ...!
Ganz offen schreibt er dort davon, dass die „Pandemie" eine „Chance" für einen Neubeginn darstellt ...

Kein Scherz, keine Satire! ... Kann man nachlesen ...!

Er fantasiert in seinem Buch davon, dass wir alle eines Tages:
„Nichts mehr besitzen und dabei `glücklich´ sein werden."

Kein Scherz ...
Er sieht eine Menschheit vor sich, die mit der Technik zu einer Einheit verschmilzt ... also wird ... (um das verständlich zu machen) mein Handy Teil meines Gebisses sein ... damit ich die Hände frei habe, um „glücklich" daheim die Tasten meiner TV-Fernbedienung zu drücken ...

Falsch!!! ...

Ich werde kein „Daheim" haben, sondern einen Wohnort – den ich nicht nur mit anderen teile ... da MIR ja nichts mehr gehört ... sondern ... diese Wohnung, die uns alle mit allen über das Internet verbindet ... wird .. Arbeitsplatz ... Freizeitraum ... und (!) Achtung!!! ...

Jetzt kommt kein Scherz und keine Satire!!!

... Die Wohnung wird bei Bedarf auch ... GEFÄNGNIS ... sein ... da ja mein vernetzter Gencode in allen Clouds des Planeten nachverfolgbar ist ...
Die Lösung „Fußfessel" des vorigen Jahrhunderts wird so zur eleganten:
„Wohnungsfessel".

... Ja ... das kann man in Schwabs neuestem Wochenvideo sehen ... mit dem er seine Visionen gut ausgeleuchtet in die Welt sendet ...

Natürlich ... und da ist der Höhepunkt ... darf diese zukünftige Menschheit nicht mehr in Nationen ihr Selbstgefühl erleben ... Nein!
... Die Auslöschung aller Nationalstaaten und Identitäten wie ... „Traditionen" ... etc. etc. sollen nach Klaus Schwabs Wunsch exekutiert werden...
Ein Grundeinkommen für alle ... die niemand mehr sein werden ... ...
Essen ... ein Schlafplatz ... und ein variables Mauerwerk, das gerne auch Gefängnis sein wird ... das ist die Vision des „Weltverbesserers" ... Klaus Schwab ...

Natürlich braucht er dazu eine „Eine-Welt-Regierung" ... also die letzte endlich stattfindende Erfüllung der heißen Träume von Adolf Hitler ... oder Stalin ... oder Mao ... oder wie sie alle heißen ...

Ja ... Es soll keiner sagen: „Ich habe nichts gewusst" ... Adolf hat – um alle Zweifel zu beseitigen – „Mein Kampf" geschrieben ...

... Klaus schenkt uns den:

„Great Reset"!!!

„Wer Augen hat zu sehen ... der ... LESE!!!"

Nun ... ich frage euch ... ihr aufrechten Antifaschisten aller Länder ... ihr, die ihr in der Zeit der Sicherheit ... ... als euch nichts passieren konnte – so lauthals für die Rettung der Demokratie gemurmelt habt ...ihr Intellektuellen, Ärzte, Philosophen, Künstler (!) ... Ja ... vor allem Künstler (!!!)...
Wo ist jetzt eure „Resistance"?!!!
Jetzt scheißt ihr euch vor Todesangst von oben bis unten an ... Stimmt´s?!
Plötzlich habt ihr erlebt, was mit aufrecht rebellierenden Antifaschisten in unserer „Brave New World" real geschieht ...
Berufsverbot, Kontensperrung, soziale Ächtung, mediale Hinrichtung ... Da schaut ihr –

Was?!

Da bleibt euch die Spucke weg!!!

Gnade euch Gott, falls die Gebete erhört werden von all denen, die heute ... ohne Landgut in der Toscana ... wirklich voll Mut Widerstand leisten ...

Gnade euch Gott ... wenn die Zeit es ermöglichen wird, dass die Verbrecher zur Rechenschaft gezogen werden ...

Gnade euch Gott, wenn ihr dann gefragt werdet: „Wo warst du ... als sie mein Kind totgespritzt haben?!" ...

„Wo warst du, als ich meinem Großvater beim Sterben durch eine Plexiglasscheibe zusehen musste und eine letzte Umarmung verboten war?" ...

„Wo warst du, als die Videos zu sehen waren ... die zuckende, erblindete und sterbende Menschen nach der Zwangsspritzung zeigen ...?!"

Gnade euch Gott!!!

Aber gut ... was mir in dunklen Stunden Hoffnung gibt ... ist: Dass es unzählige Versuche in der Geschichte der Menschheit gegeben hat die absolute, totale Kontrolle zu errichten ... und bis lang (!) hat es noch keine Macht geschafft ... keine ...

....

....

Das Wort „BISLANG" bereitet mir manchmal schlaflose Nächte ... weil „bislang" bedeutet ... dass das Böse ... bislang noch keine in die Genetik des Menschen hineinreichende Möglichkeiten der Kontrolle zur Verfügung hatte …

Ja … ich weiß … Jede Zeit hat das ihr bestmögliche Instrumentarium … Hitler hatte die Wochenschau … Biden die Wahlfälschung … aber … um hoffnungsvoll zu bleiben … der Mensch hat auch immer (!) noch ein Gegenmittel gefunden, um seine Freiheit zu verteidigen … Irgendwie … und wenn es die Zeit war … die für ihn gekämpft hat … die Zeit … die alles sterben lässt … was geboren wurde … Das Gute … wie auch … Klaus Schwab ….

… Zumindest: Bislang …..

Nachtrag: „Der 2. Lacher zum Tag"

Mutti will die 3G-Regel – also: „Geimpft! Getestet, Genesen" … in der Bahn einführen …!!!
Ja … Millionen Gäste … auf den Bahnhöfen … … die schnell … oder manchmal zu spät kommend … einsteigen wollen … vom Bahnsteig 2 zum Bahnsteig 7 laufen müssen … weil der ICE nach Wuppertal in drei Minuten abfährt …. Ja … Und all die will die „Kinderlose" … überprüfen … Super … weil … das macht ja nur Sinn … VOR … Antritt der Fahrt … Gell …?!
Immer gut, wenn man eine Intellektuelle als Führerin einer Nation hat … die kann dann am ehesten „Schaden vom Volk abwenden" … die Frau Doktor der Physik!

Schönes Wochenende ….

… Seit Schillers „Bürgschaft"…….. beschäftigt das Thema „Tyrannenmord" die Nachdenklichen …….
……… wo ist der Stauffenberg unserer Zeit ……..?!

…….. und …… gibt es ……?…….. gewaltfreien …….Tyrannenmord ……?

Oder ……….. ist alles …….. zu spät……..?!

2. September 2021

Das deutsche IGES Institut und die US-Behörde geben bekannt: Vier von fünf (!) Covid (!)-Toten (!) sind … NICHT … an „Covid" gestorben …

Kein Scherz, keine Satire!

Darüberhinaus: Eine Bemerkung zum Thema Tod nach „Impfung"
…
….
… Spritzung!!!

Menschen, die gespritzt wurden … und innerhalb von zwei Wochen sterben … gelten als ….

NICHT GEIMPFT!!!

Und als …………………………… „Covid-Tote"……………!!!

… Ein Aufschrei!!!? Weltweit …?!!!
Ach Wo!!!

Stauffenberg …………….

6. September 2021

Wo bleibt „Spartacus"?! ...

Wo IST ... Spartacus?!!

...?!

Was haben diese Fragen in diesem Text ... verloren?!

Ich erkläre es:

Sklaven haben ewige Zeiten am Sklavendasein gelitten ... gejammert ... geklagt ... zu Hunderttausenden ... aber sie haben nicht ...

AUFBEGEHRT!!!

... Bis Spartacus gekommen ist ...

Er ... und nur ER (!) hat sich an die Spitze des Leides von Hunderttausenden Sklaven gestellt ... und sie zum Aufstand geführt ...

Zum ... AUFSTAND!!!

Ich hoffe, es wird langsam klar, worüber ich reden möchte .... Wir haben keinen Anführer!

So lächerlich es klingen mag ... aber die MASSE der Menschen bewegt sich NICHT! ... wenn sie nicht von einem Anführer dazu gebracht wird ... motiviert wird ... ANGEFÜHRT wird ...

Ich schreibe diese unumstößliche Erkenntnis mit großem Schmerz ... (habe aber am Anfang dieses Buches darauf hingewiesen, dass ich auch (!) über Gefühle (!!) und nicht nur über ... „Fakten" ... schreiben werde ...

Mein derzeitiges Gefühl ist von tiefer Verzweiflung geprägt ...

Verzweiflung über die REALE NATUR des Menschen ...

Wir haben seit über 20 Monaten die größte Welt-Verbrechenslüge der Geschichte am Laufen ... ... die Regierungen dressieren uns fortschreitend (!!!) zu Zombies ... wir sitzen sprachlos vor den TV-Nachrichten und besaufen uns an den Fake-News ... die uns einreden, dass eine „Krankheit, die 0,2 – 0,5 Prozent Sterblichkeit nach sich zieht, für unsere Welt der Untergang ist ...?!!!

Einige Hunderttausende ärgern sich ... ... gründen Internetforen ... demonstrieren mit Pappschildern auf den Straßen ... aber ....

 Es ändert sich NICHTS!!!
Nichts!!!
Tausende von Ärzten melden laut und leise ... erschüttert und „betroffen" ... dass wir in einer Lüge leben .... Alle Fakten, die beweisen, dass die „Corona-Pandemie" ein Fake ist ... sind nachlesbar!!!

Aber ... es entsteht kein ... AUFSTAND!!!

Wenn alles so bleibt ... wie es zur Zeit ist ... Wenn niemand den

Herrschenden in den Arm fällt ... dann wird die Welt ... wie wir sie kennen ... untergehen ...
Dann werden Klaus Schwab und seine Mit-Verbreiter tatsächlich am Ende Recht behalten ...

....

....

......

Was könnte helfen?! Die Trucker in Australien geben ein Beispiel ... Sie reden nicht nur ... Sie legen das öffentliche Leben lahm ... um die Verbrecherregierung zu ... stürzen!!!

Stürzen!!! ...

Das ist das Einzige, was hilft ... Verhandeln ... mit Verbrechern?! Sinnlos!!

Hoffen auf Einsicht und ein wenig „Nachgeben" in der Unterdrückung ...?!

Lächerliches Kindermärchen!!!

Es muss jemand kommen ... egal ob Spartacus ... oder Jeanne d´Arc ... der die Millionen zu einer konzentrierten organisierten Rebellion ... führt ...!!!
Und vielleicht ist es so, dass es zu Gewalt kommen muss ... Muss!!!
Weil alle Gedanken ... alle Statistiken ... alle Beschwörungen ... bei

den Mächtigen nur ein zynisches Grinsen hervorrufen ...
Ja ... es ist kein schönes Bild ... aber vielleicht MUSS die Bastille gestürmt werden ... und vielleicht muss der Kopf ... müssen die Köpfe der Verbrecher blutspritzend in den Sand rollen ...

...

Warum der tiefe ... entsetzte Atemzug ... der wohltemperierten „Humanisten"!?!

„Gewalt ist keine Lösung?!!"
Was für ein konstruiertes Altherren- und Damen-Gelabere ...

... Kümmert dieser Satz die Verbrecher?! ...

Diejenigen, die Zehntausende Spritztote in Kauf nehmen ... seelisch verkrüppelte Kinder ... sich selbst mordende Mitbürger ...

Nein ... es kümmert sie nicht ...!!!
Wie haben sie ... die Helden der alten Zeit ... Hitler besiegt ...?! Mit Jasmintee?!!

Nein ... mit Bomben und Granaten ... und Gewalt ... die erst geendet hat ... als das Schwein tot war ...

TOT ...!!!

Wer nicht hören will ... darf ... sterben!!!

Es reicht ... mir reicht es ... Ja ... wenn das jetzt hier eine Rede vor

100.000 Menschen wäre ... dann würde ich zum Stürmen auf die Regierungspaläste aufrufen ...

Ja ... ich sehe ... zur Zeit ... keine andere Lösung als ... Gewalt ... denn:

„Wenn der Kluge immer nachgibt ... darf er sich nicht wundern, wenn der Dumme regiert ..."

Ich möchte „der Dumme" ersetzen durch: Macron ... Biden ... Schwab ... Merkel ... Draghi ... etc. etc. ...

Spartacus!!!

Jeanne!!!

Ich flehe euch an: Erscheint ... und führt ... wie der Erzengel Michael ... das Schwert der Gerechtigkeit und schlagt den Menschheitsverbrechern den Schädel ab!!!

Eine Frage bleibt offen ... 1944 waren die Mitglieder der Resistance gesuchte Schwerverbrecher ... 1946 waren sie die Helden ...

Wer ... werden WIR sein ... die Resistance von heute ... in ... zehn Jahren?

21. September 2021

Ich erkenne, dass meine Gefühle … (und ich habe am Beginn dieses Buches gesagt, dass ich meine Gefühle zeigen werde … rücksichtslos und ohne „political correctness") … immer aggressiver und hasserfüllter werden …

…..

Ich glaube, dass ich damit meiner seelischen und körperlichen Gesundheit zu schaden beginne …

Das will ich nicht …

Ich werde daher nun zu einem Ende dieses ersten Teils kommen … Als „Endstation" habe ich mir Sonntag, den 27. September gewählt …

Warum?!

Da findet die deutsche Wahl statt und wir werden sehen, welche Verbrecher die Verbrecher ablösen, die gerade noch an der Macht sind …

Bis dahin noch ein paar kurze Bemerkungen … zu den „Idolen" in unserer Gesellschaft … den „Prominenten" …

Herr Blome … Politredakteur von RTL sagt: Man muss mit dem Finger auf die zeigen, die sich nicht impfen lassen …"

SCHANDE !!!

Thomas Gottschalk ... der beliebte Showmaster der deutschen Sofahelden sagt: „Die sich nicht impfen lassen müssen etwas zu spüren bekommen" ...

Peitsche?! Elektroschocks?! Zyklon B?! ... Er wird es wissen!

SCHANDE!!!

Und nun werde ich Satiriker ... Dann darf ich nämlich auch im Namen der „Kunst" alles sagen ...

Also könnte man ... also ich ... zu Jan Böhmermann sagen ... satirisch wohlgemerkt ... er soll doch den Furz seiner Mutter einatmen und sie dann von hinten im Klo ficken ... bis er vielleicht kommt ... bei seinem Mikropimmel wird seine Mutter sicher nicht sehr schnell befriedigt sein ... ... aber ... da liegt ja noch die Klobürste ... mit der er nachhelfen kann ...

... Satire ... Denn ... so KÖNNTE man es sagen ... in der KUNST ...

Warum dieser Aufstieg in die hellen und weisen Sphären des Kosmos?!
Nun ... Klein-Jan ... hatte die Freiheit den türkischen Präsidenten Erdogan einen Ziegenficker zu nennen ... ... dessen „Klöten" ... stinken ... und dessen Schwanz ... usw. ...

... Toll ... echt ... toll ...

Und das hat dieser große, tapfere, muskuläre deutsche Mann sogar dem Herrn Präsidenten öffentlich ins Gesicht gesagt!! Obwohl die Leibwächter daneben gestanden sind!!!
Der tapfere deutsche Held hat sich hinter nichts und niemandem versteckt … und den offenen Kampf gesucht … Mann gegen Mann …
… wie es eben immer schon die deutsche Tugend … des deutschen Mannes war …
Furchtlos … tapfer … und zu seinem Wort stehend … bis in den sicheren Tod …
Es hat nach diesen Beleidigungen eine wüste Schlägerei gegeben … Jan hat dem Präsidenten einen Faustschlag gegen das Kinn gegeben … woraufhin die Leibwächter Jan Böhmermann zertrümmert haben …

Sie haben ihn demoliert … … seine Klöten abgerissen und ihm in sein Schandmaul gestopft

….

… dann haben sie ihn geviertteilt und die Arme und Beine in allen Städten auf dem Marktplatz zur Schau gestellt … zur Abschreckung …

Seinen Kopf aber … in dem sich zur Überraschung aller Beteiligten nur Ziegenscheiße fand … seinen Kopf aber hat Erdogan am Brandenburger Tor aufgehängt … wo er heute noch knochenbleich grinst …

Ja … das ist ein Schicksal … aber alles kann man Jan Böhmermann nachsagen … aber keine:

FEIGHEIT!!!

Er hat sich nicht ... (wie so viele Andere) im deutschen, demokratischen Staat und seinen Ritualen versteckt ... Er hat nicht seinen TV-Sender als Schutzschild benutzt ... und die „Freiheit der Kunst" vorgeschoben ... damit ihm nichts passieren kann ... Nein .. so einer war er nicht. ... er war ein Held ... und starb als Held ... So wie alle deutschen Männer ... in unserer Zeit ...
... Ja ... und dieses müffelnde Ochsenarschloch ... (So könnte man ihn als Satiriker bezeichnen ...) das dabei versagt seiner Mutter beim Ficken am Klo einen Orgasmus zu verpassen ... (Schreiber sein ist herrlich!) – das könnte man natürlich als Satiriker angesichts seines Regenwurmschwanzes sagen ... ...
Dieses „Ding" also hat Markus Lanz in einer Podiumsdiskussion vorgeworfen, dass er Kapazitäten wie Herrn Streeck zu Wort kommen lässt ...

Das sei: Achtung: Menschenfeindlich!!!

Kein Scherz ... Keine Satire ...

S C H A N D E

....

.....

So ... meine lieben Freunde ... in der Zukunft ... das waren nur drei (!) Beispiele ... für die Lawine an faschistischem Meinungsterror ... der sich zur Zeit über unsere Gesellschaft ergießt ...

Toll ... Gell? ...
Ach ja! ... „Wehret den Anfängen!!!"
Unter uns ... es ist schon zwei Jahre lang zu spät ...

....

Kein Scherz ... Keine Satire!

28. September 2021

Vor zwei Tagen haben die Deutschen gewählt.
Die Reihenfolge: SPD vor CDU vor Grün vor FDP vor AfD, und jetzt beginnt der Poker … wer an die Futtertröge der Macht darf …
Ich habe euch gesagt, dass ich diesen Tag als Zäsur wähle … um den 1. Teil des „Corona-Kriegstagebuchs" zu beenden.

Wenn ich diese zwei Jahre zurückblicke … seit der erste „Fall" offenkundig wurde … bleibt nur eine einzige … bittere … Erkenntnis …

Alles, was wir an Irrsinn erleben durften, war Teil eines Masterplanes.

Das Virus wurde künstlich hergestellt … die Regierungen wurden … (wie man an den wörtlich gleichlautenden Reden, die angesichts der „tödlichen Gefahr" gehalten wurden,) …..gleichgeschaltet …

und alles, was daraufhin an Zerstörung der Welt, wie wir sie kannten, geschah, hatte nur eine Motivation.

Geld …

Geld, das der Pharmaindustrie Gewinne in noch nie da gewesenem Ausmaß bescheren sollte …
Und … das ist auch gelungen …
Als „Berater" wurden handverlesene „Virologen" und Epidemiologen von den Regierungen bezahlt, um genau das zu sagen, was dem Masterplan dienen sollte …

Dass dabei Leute zu finden waren wie Herr Drosten, der schon bewiesenermaßen bei der Schweinegrippe falschen Todesalarm zu verantworten hatte ... das interessierte die Mächtigen nicht.

Wir ... die Demokraten ... die Pluralisten ... die Antifaschisten ... durften ohnmächtig zusehen ... wie keine einzige alternative Stimme zu der „Plandemie" Gehör bekam ... geschweige denn die „Macht" den Irrsinn zu stoppen ...

Die Demokratie wurde abgeschafft und bis heute ... und für die nächsten Monate ist nicht geplant ... die Grundrechte wieder herzustellen ...

Eine einzige Partei hatte das gefordert ... und erhielt 10,3 Prozent der Stimmen ...

Das allein sagt ALLES ... über die wahre Befindlichkeit der „Armee Mensch!"

Nichts und Niemand ... keine noch so kluge relativierende Meldung ... selbst wenn sie von Nobelpreisträgern kam ... konnte den Rausch der Zerstörung stoppen ...

…..

Meine Gefühle ... von denen ich am Anfang gesagt habe, dass ich sie euch zeigen werde ... und nicht nur an Zahlen und Fakten kleben bleiben werde ...
Meine Gefühle haben sich in den zwei Jahren interessant verwan-

delt ...

Ich benenne die leicht variable Reihenfolge:

Beginn:
Staunen ... dann ... Belustigung ... dann der Glaube, dass alles ein Irrtum sei und in drei Wochen vorbei .....
Dann größeres Staunen ... und Lust darauf ... mitzureden ... Podcasts ... vier ... fünf ... sechs ... dann ... Resignation.
Dann Ungeduld ... dann erste Wut ... dann Verzweiflung ... dann Hass ... dann maßlose Empörung angesichts der Arroganz der Mächtigen ... dann Hass und Wut und Rache ... und ... ja ... beginnendes Verständnis für Leute, die keinen anderen Weg sehen, als sich einen Bombengürtel umzubinden und damit sich selbst und die Verantwortlichen aus dem Verkehr zu nehmen ...
Dann ... Entsetzen, dass es in mir angesichts der offenen Diktatur zu solchem Hass gekommen ist ... der das Ergebnis purster Ohnmacht war ...
Dann ... um nicht sitzend und schreibend verrückt zu werden ... ... Abstand ... Whisky ... Resignation ... ... und der Gedanke, dass alles ... aber auch wirklich ALLES ... vorbei geht ... ... Selbst das „1000-jährige Reich" ... hatte das erlebt ...
So ... und heute endet der erste Teil der Reise ... ich werde wieder beginnen zu schreiben ...

aber ... nicht morgen ...

Gott schütze uns ... und euch ... meine sprachlosen Freunde in der fernen Zukunft ...

Payen de Montdidier

PS:

EPILOG

Vor zwei Jahren wurden uns 100.000e Tote ... ja ... gar Millionen an Toten vorausgesagt ...

... Das Gesundheitssystem würde kollabieren und die Intensivstationen „voll laufen" und überlastet sein ...

Die aktuelle Zahl der deutschen Bundesregierung ergibt: 2020 waren 2,4 Prozent der Intensivbetten von Coronapatienten belegt!

2,4 Prozent!

Kein Scherz ... Keine Satire!

NACHTRAG 25.11.2021

Ich habe geglaubt, dass ich noch länger warten kann ……. bis ich weiterschreibe ……
……..

Ich bitte um Vergebung …… ich kann nicht warten ……..
….

Noch dazu, wo ich nicht weiß, ob es noch eine Zukunft geben wird … in der Schreiben erlaubt sein wird …….
… ein Schreiben, das eine Veröffentlichung nach sich zieht ……

Ich schreibe jetzt … am 25. November 2021 …… dass sich die Zange der Gewalt immer enger um den Hals der Menschen in Europa legt ……
… und in Australien …… und auch in anderen Ländern …. die nicht den Duft der Freiheit atmen …. wie …. Florida … Schweden ….Texas …….. Japan ………. Etc. etc. …
In Österreich ist es tatsaechlich so weit …… und das hat mich dazu gebracht doch noch ein paar Worte zu schreiben ….

In Österreich wird es ab 1. Februar 2022 die … Impf-Pflicht geben ….!!!

Die ….. IMPF - PFLICHT ……..

IMPFPFLICHT

…..

Seit Monaten wurde von der Regierung genau das vehement … dementiert …..!

Allen voran hat sich der dilettantische Ministerdarsteller Mückstein klar von diesem Vorhaben distanziert …..

(zur Erinnerung: …. Mückstein ist der „Arzt", der in der TV-Sendung „Talk im Hangar 7" von Servus-TV gemeldet hat, dass „die Impfung NICHT…(!) … ins Blut geht …….!!!)

Bei diesem Dementi wurde er von dem neuen Bundeskanzler Österreichs, einem Herren Schallenberg bestätigt ………..

Nur um dann …… (wie es die Art der aktuellen Politik ist …) … dieses Versprechen zu brechen …

Weil …… die Impfpflicht unumgänglich ist … weil …. sich zu wenige Bürger …

„solidarisch gezeigt" hatten …… und die Spritzung verweigert haben ………

Erlaubt mir bitte, dass ich etwas später das Urteil des Europäischen Rates zitiere:

Ja ….

Interessiert das irgendwen …… in der Regierungskanzlei in Österreich ….?!

Wer kennt die Antwort ………

?

Wie schade .... dass ausgerechnet Österreich .... mit seiner nie aufgearbeiteten Geschichte des Faschismus .... nun den Vorreiter in Europa gibt ....

In Sachen : FASCHISMUS .....

SCHANDE !!!

Da ändert sich auch nichts daran, dass Deutschland .... beflügelt durch dieses Beispiel .... auch vehement damit beginnt über die IMPFPFLICHT zu ..... diskutieren ....

Deutschland ..... das ist das Land, in dem die bald ehemalige Machtfrau „verlangt" (!) dass bis Weihnachten (!) 28 Millionen BOOSTERIMPFUNGEN gespritzt werden müssen ...!!

28 !!!
Millionen!!!

Das würde bedeuten, dass die Impfquote sich um mindestens die Hälfte verstärken müsste ......

Mit dem bei den Deutschen so beliebten Biontech Pfizer Imp- bzw. Spritzstoff ....!!!
(Zur Erinnerung: Das Alleinstellungsmerkmal einer IMPFUNG besteht darin, dass sie vor INFEKTION .... SCHÜTZT ....!!!!)

Dies tut die SPRITZUNG ... die die Mächtigen IMPFUNG nennen ...... N I C H T !!!!

Man kann sich nach der Verabreichung des nicht endgültig zugelassenen Wirkstoffes nach wie vor anstecken .... den /das Virus weitergeben ... und ... krank werden .....

Und ....vor allem .... nach der Spritzung an Thrombosen ... Herzmuskelentzündung ... Hirnschlag ... etc. etc. ....

.... Versterben ....

All dessen ungeachtet mag der Deutsche den Biontech Spritzstoff am liebsten ......

Wer fehlt ....??!!
Auf der Bühne dieser Komödie .....??!!
Jaaaa!!!!!

Der deutsche ... „Gesundheitsminister"-Darsteller ..... Spahn ....
(Denjenigen, die nun das Wort „Hackfresse" aufleuchten sehen, möchte ich sagen, dass das in keinem Zusammenhang mit dem Wort „Gesundheitsminister" zu sehen ist ....)

(Übrigens: die BILD hat geschrieben, dass es für den Villenbesitzer sehr gut ist ,dass seine Amtszeit in drei Wochen endet ..... weil der neue Skandal, den er aktuell zu verantworten hat .... für ihn sehr „GEFÄHRLICH"... (Zitat) ...... werden kann ....

Ja ... um Gottes willen ....!!!???

Was ist denn los …?!??

Eigentlich nichts Überraschendes ….

Bis auf die Tatsache, dass der Ministerdarsteller nun aktuell zugeben musste … dass nicht genug Spritzstoff da ist ……. Weil …….
…..
….. weil der in gigantischen Mengen …… gespendet wurde …… an bedürftige ……….. Länder ...

Aber: (Zitat!) … „Der Impfstoff (Spritzstoff) von Moderna ist vorrätig …. und genauso gut."

Abgesehen davon, dass der Sud am Ablaufdatum schrammt ….

Ja ….. das nenne ich mal eine weitere Perle im Kollier der Skandale und Versagensmeldungen des ……….. Ministers …….

…. Ich bin aber davon überzeugt, dass ihm sein Ehemann in der wohlig finanzierten 4,2 Millionen Villa ein heißes Bad einlassen wird ……
….. mit Lavendelölzusatz …….. als Trost ………
…… und wenn er dann so da liegt …. fett und bräsig ….. im Ölbad
…… wagt es vielleicht sein Ehemann zu sagen, dass folgender Satz des Badenden nicht so wirklich elegant war …

Zitat: „Bis Weihnachten werden alle … geimpft …. genesen …. oder …… GESTORBEN sein …."

(Quelle: BILD)

Ja ….. und vorgestern habe ich in der BILD einen Artikel gefunden, in dem einige Promifrauen davon schwärmen, dass Homosexuelle die besseren Männer seien …..
…. immer elegant ….. wohlerzogen …. und vor allem …..

Einfühlsam …………..

Ja ……

Kein Witz ……..

Keine ……Satire …….

……….

Ahhh ………. so ein Ölbad …………………

…….. herrlich ………….

…..

„Sleepy Joe Biden" wollte in den USA ebenfalls eine Impfpflicht einführen …… für alle Betriebe mit mehr als 100 Arbeitnehmern…….
… Ein kluges Gericht hat ihm einen Strich durch diese Rechnung gemacht …..
Warum?!

Details?!
Gerne ……

Der amerikanische Trucker zählt zur noch nicht ganz ausgerotteten Art der freien ... selbstständig denkenden und fühlenden Männer ….. Diese Spezies gehört aufgrund ihres gesunden Menschenverstandes nahezu durchgehend zu den Verweigerern der Spritzung ………….

Alles klar …….?!

Zum besseren Verständnis:

Eine ... IMPF - PFLICHT ……. hätte bedeutet, dass circa 97 Prozent aller Trucker lieber ihren Job an den Nagel gehängt hätten ... als sich versklaven zu lassen ……..
(Diese Haltung ist so ein ... Freier Westen ...freie Männer ... Mustangs ... Colts ...
... hübsche Girls-Ding ...!)
Resultat: Der Totalzusammenbruch der US-Binnenwirtschaft …. in der alles(!!) vom Funktionieren der Lieferwege abhängt ……. die wiederum von den Truckern ... etc. etc......

Also …… das …. „Land of the Free"... zeigt uns, wie es gehen könnte ….
…..

Wir……... die wir in einer Weltgegend leben, in der Frau Wörner…. (eine Schauspielerin von diskutierbarer „Qualität") ….. in BILD erklärt, dass sie, Zitat Anfang:
… „nur mit geimpften Kollegen"……..
arbeitet ……..

Ja ………..

„Kauft nicht bei Juden …!"

Wir ….. haben uns offenbar schon vor langer Zeit damit arrangiert, dass die Blockwartmentalität ……. Eines ….. unserer Alleinstellungsmerkmale ist ………

SPARTACUS ……!!!!

…… WO BIST DU? ……?!

Abgesang:

19.11.2021

Der Europäische Gerichtshof hat endgültig über das Verbot von Zwangsimpfungen entschieden.
Jede Zwangsimpfung ist standardmäßig illegal. Der Europarat (nicht zu verwechseln mit der EU), zu der alle europäischen Staaten außer Weißrussland, dem Kosovo und dem Vatikan gehören, der Pate für den Europäischen Gerichtshof für Menschenrechte ist, hat am 27.01.2021 in seiner Resolution 2361/2021 u.a. beschlossen, dass niemand gegen seinen Willen unter Druck geimpft werden darf.

Die 47 Mitgliedsstaaten werden aufgefordert, vor der Impfung bekannt zu geben, dass die Impfung nicht verpflichtend ist und dass nicht geimpfte Personen nicht diskriminiert werden dürfen.

Ausdrücklich verboten ist auch die Diskriminierung bei bestehenden Gesundheitsrisiken oder wenn eine „Person" nicht geimpft werden möchte. Impfstoffhersteller sind verpflichtet, alle Informationen über die Sicherheit von Impfstoffen zu veröffentlichen.

Mit dieser Resolution hat Europas größte Menschenrechts-Organisation nun Standards und Verpflichtungen festgelegt und völkerrechtliche Richtlinien erarbeitet, die von allen 47 Mitgliedsstaaten, auch von der EU als Organisation, angewendet werden müssen.
Diskriminierungen, zum Beispiel am Arbeitsplatz oder Reiseverbote für „Ungeimpfte", sind damit rechtlich ausgeschlossen.

Seit dem 27. Januar hat kein einziger Politiker darüber gesprochen, und das aus gutem Grund. Sie wollen, dass die Leute vergessen, dass es nicht verpflichtend ist, und sich selbst „freiwillig" impfen lassen.

Das Handeln gegen die Resolution 2361/2021 ist eindeutig ein Verbrechen gegen die Menschlichkeit, und es wird gegen jeden einzelnen Politiker, Beamten, Arzt und alle weiteren Erfüllungsgehilfen, die gegen den freien Willen eines Menschen („geschützte Person") eine

„Zwangsimpfung" durchzusetzen versuchen, ein internationales Strafverfahren eingeleitet. Ein wichtiger Hinweis ist, dass Verbrechen gegen die Menschlichkeit nicht verjähren!

Am 04. Dezember 2021 hat Ursula von der Leyen vorgeschlagen, den Nürnberger Codex, der verhindern sollte, dass es jemals wieder zu Verbrechen gegen die Menschlichkeit, wie sie die Nazis begangen haben, abzuschaffen.

Der Putsch von oben – Die Machtstrukturen des Staates als Instrumente des Bösen

Einschnürung der freiheitlichen Grundrechte bis zur Unkenntlichkeit, totale Bevormundung des freien Souveräns der Demokratie, großflächige Regierungspropaganda zur Bewusstseins-Manipulation, selbstverständliche Herrschaft der Lüge und Täuschung, Verleumdung und Verfolgung kritischer Wissenschaftler und Bürger, Eingriffe in die körperliche Unversehrtheit unter dem Vorwand ihres Schutzes, Ausgrenzung und Diskriminierung einer Minderheit – das sind Elemente eines totalitären Staates, in den der bisherige Versuch eines freiheitlich-demokratischen Rechtsstaates durch einen Staatsstreich von oben transformiert worden ist. Eine Parteien-Clique bedient sich anlässlich der Corona-Krise der Macht des Staates und macht sie zum Instrument des Bösen.

Der zur inneren und äußeren Sicherheit des freien Bürgers notwendige Staat bietet Machtstrukturen, die gerade zur Unsicherheit, Unfreiheit und Bevormundung des Menschen gewendet werden können – dann, wenn sich Legislative, Exekutive und Judikative in einer Hand befinden. Die gegenwärtige Legislative, so der frühere Präsident des Bundesverfassungsgerichts Prof. Hans-Jürgen Papier, hat die Regierung mit „geradezu freibriefartigen Ermächtigungen" ausgestattet, mit denen fundamentale Grundrechte in einem „bislang einmaligen Ausmaß weitgehend außer Kraft" gesetzt wurden. Die Bürger sind unter dem Vorwand des Gesundheitsschutzes vom selbstbestimmten Souverän zu technischen Objekten, zu „Elementarteilchen" totaler staatlicher Lenkung erniedrigt worden.

Der Anfang: Die Pandemie-Lüge

Zur Vorgeschichte ist wichtig, dass die WHO im Mai 2009 im Zusammenhang mit der Schweinegrippe ihre bis dahin geltende Definition einer Pandemie still und leise dahin geändert hatte, dass sie jetzt nicht mehr die essenziellen Kriterien einer sehr großen Erkrankungs- und Sterblichkeits-Häufigkeit enthielt. Wie viele Menschen weltweit erkranken oder sterben, ist von da ab für die WHO kein Kriterium mehr für eine Pandemie. Es kommt jetzt nur noch auf „eine globale Risikobewertung" durch die WHO, also eine schwammige Einschätzung an. Das ist die pure manipulative Willkür einer UN-Organisation, die weit überwiegend von der Pharmaindustrie finanziert wird. Als Anfang 2020 von den Mainstream-Medien eine von China ausgehende angeblich gefährlich anschwellende Welle einer Covid-19 genannten Infektionskrankheit propagiert wurde, gegen deren Erreger, ein neuartiges Virus, es keine Immunität gebe, rief die WHO beim Stand von 98 Krankheits- und 0 Todesfällen außerhalb Chinas am 30. Januar 2020 „eine gesundheitliche Notlage internationaler Tragweite" aus.1 Dann trat sie am 11. März 2020 vor die Presse und verkündete dramatisch, dass jetzt weltweit 118.000 Covid-19-„Fälle" und 4.291 daran Verstorbene festzustellen seien. Daher rief sie aufgrund dieser weltweit dürftigen Zahlen eine globale Corona-Pandemie aus! Eine gigantische Lüge und Täuschung! 2 Und bis heute hat es zu keinem Zeitpunkt eine wirkliche Pandemie gegeben, wie von renommierten Wissenschaftlern nachgewiesen worden ist.3

Lockdown nach chinesischem Vorbild

Vertreter der WHO hatten schon nur wenige Tage nach dem Beginn der rigorosen Abriegelung der 11-Millionen-Stadt Wuhan überschwänglich die Maßnahmen des kommunistischen Regimes gelobt. Sie seien nicht nur für dieses Land gut, sondern auch für den Rest der Welt, und China habe einen neuen Standard für die Reaktion auf einen Ausbruch gesetzt – eine historisch beispiellose Maßnahme als

Reaktion auf eine Krankheit. Der stellvertretende WHO-Generaldirektor Bruce Aylward sagte im Februar 2020 an die übrigen Länder gewendet: „Was China demonstriert hat, ist: Ihr müsst das tun. Wenn Sie es tun, können Sie Leben retten und Tausende von Fällen einer sehr schwierigen Krankheit verhindern. ... Kopieren Sie Chinas Reaktion auf COVID-19." 4

Dies wurde von bestimmten Wissenschaftsrichtungen und -einrichtungen, wie z. B. dem einflussreichen Imperial College in London lautstark unterstützt, das in einem „report 9" zur Gefährlichkeit von SARS-Cov-2 vom 16.3.2020 vor der größten Gesundheitsbedrohung durch ein Atemwegsvirus seit der Grippewelle von 1918, der „Spanischen Grippe", warnte. Aufgrund – inzwischen nachgewiesen falscher – Rechenmodelle wurde maßlos übertrieben prognostiziert, es seien 550.000 Tote für Großbritannien und für die USA 2,2 Millionen Tote zu erwarten sowie eine 30-fache Überlastung der Krankenhausbetten, falls die Staaten keine Gegenmaßnahmen, eben keinen „Lockdown" nach chinesischem Vorbild, ergreifen würden.

Dem stimmten in Deutschland staatsnahe Virologen sofort zu, vorneweg der omnipräsente Christian Drosten, der in seinem NDR-podcast panikmachend stöhnte: „Die Aussichten sind wirklich verzweifelnd. Es ist wirklich – schlimm!" Er hielt die Ergebnisse der Studie auf Deutschland übertragbar, so auch die Prognose, dass nicht ca. 10 % der Bevölkerung schwer an Corona erkranken können, wie von vielen renommierten Wissenschaftlern vertreten, sondern 67 % und forderte ebenfalls harte Lockdown-Maßnahmen. 5

Weitgehendste Außerkraftsetzung der Grundrechte
Am 22. März 2020 setzte die Bundesregierung in Absprache mit den Ländern aufgrund der WHO-Proklamation einer Pandemie, die zu übernehmen sie rechtlich nicht verpflichtet ist, den ersten kommu-

nistischen Lockdown in Kraft. Um ihn „demokratisch" zu legitimieren, beschloss der Bundestag im Anschluss an die Verabschiedung einer entsprechenden gesetzlichen Regelung im IfSG vom 25. März 2020 unmittelbar die Feststellung einer „epidemischen Lage von nationaler Tragweite" in Deutschland, welche die Grundlage für „freibriefartige" Ermächtigungen der Regierung abgab, solche einschneidenden Lockdown-Maßnahmen zu verhängen, auch wenn es in der Realität keine echte Epidemie gab und gibt. 6

Diese Lockdown-Maßnahmen bedeuten die Außerkraftsetzung von freiheitlichen Grundrechten in einem seit dem nationalsozialistischen und dem realsozialistischen DDR-Regime beispiellosen Ausmaß. Dafür gibt es keine verfassungsrechtliche Rechtfertigung. Die Corona-Krankheit ist keine seuchenartige unmittelbare Bedrohung der gesamten Bevölkerung. Sie ist kein Notstand im verfassungsrechtlichen Sinne – kein Angriff auf das Bundesgebiet mit Waffengewalt (Verteidigungsfall), kein Revolutionsversuch (innerer Notstand) und auch keine äußere Naturkatastrophe, die eine zeitliche Suspendierung oder Einschränkung der Grundrechte real notwendig machen würde.7 Es gibt keine im Sinne des freiheitlich demokratischen Rechtsstaats zu legitimierende Suspendierung der Grundrechte.

Die maßgebenden Politiker begründen sie unter dem Deckmantel der Pandemie-Lüge damit, der Staat sei im Rahmen seiner Schutzpflicht der Grundrechte des Grundgesetzes auch zum Schutz des Rechts auf Leben und körperliche Unversehrtheit nach Art 2 Abs. 2 GG verpflichtet. Daher müsse er Maßnahmen ergreifen, die eine Ausbreitung einer solch hochgefährlichen Krankheit verhindern, was nicht ohne Einschränkung anderer Grundrechte möglich sei. – Das ist ein fundamentaler rechtlicher Denkfehler, der den Umschlag in den Totalitarismus bedeutet.

Die freiheitlichen Grundrechte sind vorstaatliche Menschenrechte, die jedem Menschen kraft seines Menschseins, seiner Menschenwürde, vom Beginn seines Lebens an eigen sind. Der Staat hat die freiheitlichen Grundrechte nicht gnädig gewährt, sie sind unabhängig von ihm bereits vorhanden. Der Mensch hat sie bei der Geburt sozusagen bereits im Gepäck. Der Staat kann sie nur als über ihm stehende, unmittelbar geltende Naturrechte anerkennen, beschreiben und an die Spitze seiner Verfassung stellen, nach denen sich alle staatlichen Gesetze zu richten haben. Dies ist im deutschen Grundgesetz in den Artikeln 1-19 nach den bitteren Erfahrungen der neueren Geschichte geschehen.

Die Geltung der mit dem Wesen des Menschen verbundenen Grundrechte musste in der Geschichte den staatlichen Machthabern mit Blut und Tränen abgerungen werden. Sie sind daher alle primär Abwehrrechte des freien, sich selbst bestimmenden Menschen gegen totalitäre Übergriffe der Staatsmacht. Und das Grundgesetz gibt dem Staat auf, die Grundrechte zu achten und zu schützen. Das heißt, er hat sie vor Übergriffen staatlicher Stellen und natürlich auch anderer Personen in ihre körperliche Unversehrtheit zu schützen. Schutz vor Krankheiten ist Sache des freien, sich selbst bestimmenden Menschen selbst und seiner Ärzte, der freien Ärzteschaft. Der Staat greift damit in deren Rechte und in die Freiheit der medizinischen Wissenschaften ein.

Mit der falschen Behauptung einer Schutzpflicht des Staates vor Krankheiten wird das Grundrecht auf körperliche Unversehrtheit als das höherwertige gegen die anderen Grundrechte in Stellung gebracht, indem diese weitgehend eingeschränkt bzw. völlig suspendiert werden, damit die Menschen weitestgehend vor Infektionen geschützt werden könnten. Das Abwehrrecht des Menschen gegen staatliche Willkür wird damit zum Angriffsrecht des Staates auf die Grundrechte des Menschen gewendet. Das heißt, die Abwehrrechte des Menschen gegen einen totalitären Staat werden verdreht und missbraucht, um – einen totalitären Staat zu errichten!

Eingriff in die Freiheit der Wissenschaft
Mit diesem Übergriff der Staatsmacht ist ein weiteres Übel verbunden. Den staatlichen Organen fehlt jede fachliche Kompetenz, die Gefährlichkeit einer Krankheit beurteilen zu können. Sie gestehen dies ja auch indirekt ein, indem sie Wissenschaftler als Berater hinzuziehen, stets jedoch solche, die ihnen nahe stehen oder in staatlichen Instituten wie dem Robert-Koch- bzw. Paul-Ehrlich-Institut angestellt sind. Diese sind zum einen nicht frei, da sie weisungsgebunden sind, und zum anderen einseitig, sie repräsentieren nicht das ganze Spektrum der Wissenschaft.
Dadurch, dass der Staat die Krankheitsbekämpfung an sich zieht und maßgeblich im Sinne einer einseitigen, von ihm favorisierten Wissenschaftsrichtung Zwangsmaßnahmen verhängt, wird hier die Freiheit der Wissenschaft und des Handelns aus wissenschaftlicher Erkenntnis durch staatliche Macht aufgehoben und in das freie Verhältnis der praktischen Ärzte zu ihren Patienten eingegriffen. Diese werden einer ganz bestimmten Regel unterworfen, die sie insoweit zu Ausführenden von Anweisungen Anderer macht und ihre eigenen Erkenntnisse und Erfahrungen ignoriert. Nicht mehr die wissenschaftliche Argumentation, die praktische Erfahrung und Fruchtbarkeit des wissenschaftlichen Ansatzes, also der wissenschaftliche Prozess selbst entscheiden, was als Wahrheit gilt, sondern die staatliche Macht. Damit wird die freie wissenschaftliche Erkenntnis zu einem Feld dogmatisierten Glaubens dessen, was Einzelne der Gesellschaft vorgeben.9
Wissenschaftler und Ärzte mit anderen Auffassungen werden nicht einbezogen, sondern diskreditiert und teilweise verfolgt. „Wer wi-

derspricht, wird nicht widerlegt, sondern zum Schweigen gebracht." (Norbert Bolz) Es geht den Herrschenden also nicht um demokratische Prozesse, sondern um das diktatorische Durchsetzen ihrer Absichten.

Lügen, Täuschungen, Angst- und Panikmache
Von Anfang an wird von staatlichen Stellen und den Mainstream-Medien permanent durch Lügen und Täuschungen für das Bewusstsein der Menschen die nicht vorhandene Pandemie als real und bedrohlich anwachsend dargestellt und damit gezielt Angst erzeugt. Ausgangspunkt ist die Mär vom „Killervirus", das jeden ergreifen und töten könne, und die Lüge, dagegen gebe es keine natürliche Immunität.10 Dem Virus, das als Erreger bisher wissenschaftlich überhaupt nicht nachgewiesen ist11, wird mit der Behauptung noch eine besondere Gefährlichkeit angedichtet, seine Anwesenheit im Körper bedeute schon eine alarmierende „Infektion", auch bei denen, die keinerlei Krankheits-Symptome aufweisen.

Den Gipfel bildet die Behauptung, nicht nur von wirklich Kranken, auch von diesen „asymptomatischen Fällen" könne das Virus auf andere übertragen und diese angesteckt werden, was schon früh durch eine Studie mit Millionen Menschen in Wuhan widerlegt wurde.12 Diese Lüge öffnete die Bahn für ständige – untaugliche – PCR- und Antigen-Tests13, deren exponentiell steigenden „positive" Ergebnisse als „Inzidenz-Zahlen" täglich angsterzeugend publiziert werden, ohne die dazu gehörige Ausweitung der Tests anzugeben, worauf sie sich beziehen. Mit steigenden Tests steigt natürlich auch der Anteil der positiven Ergebnisse. Damit steigen aber nicht in diesem exponentiellen Maße die „Infizierten" in der Bevölkerung.14 Dies wird aber permanent suggeriert.

Die nächste gigantische Täuschung besteht darin, zu den Zahlen der an

COVID-19 Verstorbenen auch die nur „Positiv-Getesteten" zu rechnen, die in Wirklichkeit primär an anderen Krankheiten oder Verletzungen gestorben sind. Diese betrügerische Zählweise hat zu der bedrohlichen Zahl von bisher fast 100.000 Corona-Toten in Deutschland geführt, die ständig mit neuen Steigerungen in Erinnerung gerufen werden. Immerhin hat die US-Behörde CDC im August 2020 die Gesamtzahl der COVID-Toten auf 6 % gesenkt, die ausschließlich an COVID gestorben seien.15 Auch die italienische Gesundheitsbehörde teilte kürzlich mit, dass nur 2,9 % der seit Februar 2020 verzeichneten 130.468 „Covid-Toten" ausschließlich auf Covid-19 zurückzuführen seien. 16

Das gigantische Lügengebäude zur Erzeugung von permanenter Angst und Panik in der Bevölkerung geht offensichtlich auf strategische Planungen der Regierung zurück. In einem internen Papier des Bundesinnenministeriums vom 22. März 2020, das bekannt geworden ist, heißt es völlig irreal überzeichnend: „70 Prozent der Deutschen könnten sich mit dem Coronavirus infizieren, mehr als eine Million Bürger könnten sterben, wenn eine massive Überlastung des Gesundheitssystems nicht durch entschlossenes Eingreifen vermieden wird." Daher sei dieses schlimmste Szenario den Menschen „mit allen Folgen für die Bevölkerung in Deutschland unmissverständlich, entschlossen und transparent zu verdeutlichen." „Um die gewünschte Schockwirkung zu erzielen, müssen die konkreten Auswirkungen einer Durchseuchung auf die menschliche Gesellschaft verdeutlicht werden." Z.B. solle man der Bevölkerung klarmachen, wie schrecklich es ist, den Erstickungstod zu erleiden. Denn das Ersticken sei eine Urangst der Menschen. Auch solle man den Kindern Angst machen und auf die Langzeitfolgen chronischer Lungenschäden und erhöhter Herzinfarkt-Gefahren hinweisen.17

Diese „Schockwirkung", durch die Massenmedien kräftig verbreitet,

dient also dazu, dass in der Bevölkerung Angst erzeugt wird, damit sie die behauptete Gefährlichkeit des Corona-Virus ernst nimmt und die restriktiven Maßnahmen des Staates bereitwillig akzeptiert. Das Heimtückische dabei ist, wie die Verantwortlichen sicher sehr wohl wissen, dass die Angst, die man erzeugt, gerade die Ausbreitung der Krankheit außerordentlich stark befördert. Es ist gesicherte Erkenntnis der Immunologie, insbesondere der Psychoneuroimmunologie, dass anhaltende Angstzustände das Immunsystem stark schwächen und in seinem Abwehrvermögen herabsetzen. 18
Wer zu solchen Mitteln greift, dem geht es nicht um die Wahrheit und das Wohl der Bevölkerung, sondern um das Erreichen eines bestimmten Zieles, koste es, was es wolle. Durch nichts wird einer totalitären Entwicklung besser der Weg bereitet, als durch die unmittelbare Angst vor dem Tode. Die Angst lähmt das Ich des Menschen, schaltet seine Urteilsfähigkeit aus und macht ihn gefügig.

Der staatliche Impfzwang
Wie im vorigen Artikel aufgezeigt19, gibt es keinerlei medizinische evidenzbasierte Gründe für die Notwendigkeit von solchen Corona-Impfungen, sie sind im Gegenteil verantwortungslos, ja kriminell, und müssten sofort eingestellt werden. Doch der Staat will auch diejenigen, die sich bisher aus guten Gründen nicht haben impfen lassen, durch die 3G- und 2G-Regeln mit finanziellen, beruflichen Nachteilen und gesellschaftlicher Ausgrenzung bestrafen, und dadurch zur Impfung zwingen. Denn nur dann könnten sie einen Teil ihrer freiheitlichen Grundrechte wiedererlangen. „Impfen macht frei." – Dies ist in höchstem Maße verfassungswidrig. Der Staat kann den Bürgern nicht ihre natürlichen Grundrechte nehmen, die er ihnen gar nicht gewährt hat, um sie ihm dann unter dem Druck eines verfassungswidrigen indirekten Impfzwanges scheibchenweise zurückzugeben.20

Der Staat hat die Aufgabe, ein unmoralisches Verhalten der Bürger, das in die freiheitlichen Grundrechte eines anderen Menschen eingreift, zu bestrafen und dadurch für innere Sicherheit zu sorgen. Daher gibt es § 240 StGB, der die Nötigung eines Menschen durch Gewalt oder Drohung als ein Verbrechen unter schwere Strafe stellt Einen anderen Menschen gegen dessen Willen zu einem Verhalten zu nötigen, ist ein schwerer Eingriff in seine Willensfreiheit und sein fundamentales Selbstbestimmungs-Recht, die seine Würde ausmachen. Der Mensch wird als selbstbestimmte, freie Individualität missachtet und zum Objekt eines Anderen erniedrigt und entwürdigt. Auf diese Ebene des Verbrechens begibt sich aber hier der Staat selbst. Er will durch Angst erzeugende Nötigung Menschen zwingen, sich einer Impfung zu unterwerfen, die sie nicht wollen. Es handelt sich aber nicht mehr um ein singuläres Verbrechen einer einzelnen Person, sondern um ein organisiertes fortgesetztes Verbrechen des Staates an Millionen Menschen aus der Bevölkerung mit Hilfe seiner obrigkeitlichen Machtmittel. Genau genommen heißt dies: Eine Gruppe von Verbrechern, die den Staat okkupiert hat, eine organisierte Bande, benutzt seine Machtstruktur als Instrument für böse Taten. Damit ist die Form eines besonderen antimenschlichen Totalitarismus erreicht, der bereits in seinen Methoden sozial zerstörerisch wirkt.

Dies erreicht seinen verruchten Höhepunkt mit dem generellen gesetzlichen Impfzwang, wie er ab Februar 2022 in Österreich gelten soll und auch in Deutschland von immer mehr amtierenden Länder-Fürsten und Bundespolitikern gefordert wird. Damit greifen sie mit direkter Gewalt ohne Rücksicht auf die evtl. Folgen in das Grundrecht der freien Entfaltung der Persönlichkeit und der körperlichen Unversehrtheit ein, die zu schützen sie laufend vorgeben. Es ist eine Vergewaltigung; sie bedeutet die tiefste Entwürdigung des Menschen, indem ihm mit Gewalt sein Wille, der unmittelbare Lebensausdruck seines geistigen Wesens, gebrochen wird. Die totalitären Gesinnungen, aus denen die gesamten Maßnahmen in dieser angeblichen Pandemie gespeist werden, treten hier besonders brutal offen zutage.

Ausblick
Der Übergang in den Totalitarismus ist kein unabsichtlicher Ausrutscher in einer Notlage. Von Anfang an ist global und national eine Pandemie mit gigantischen Lügen vorgetäuscht und hinter der Fassade scheindemokratischer Abläufe gezielt eine totalitäre Diktatur herbeigeführt worden. Es ist ein Putsch, ein Staatsstreich von oben, durchgeführt von einer Parteienclique, die sich schon vorher den Staat zur Beute gemacht hatte, indem sie Gesetzgebung, Regierung und Gerichtsbarkeit weitgehend in einer Hand vereinigte.[21] So war es ein Leichtes, unter einem erlogenen Vorwand die fundamentalen freiheitlichen Grundrechte mit einem neuen Ermächtigungsgesetz außer Kraft zu setzen und die Bürger einem diktatorischen Regime totaler Außenlenkung zu unterwerfen.

Der Blick auf die 76 Jahre zurückliegende nationalsozialistische Diktatur ist notwendig. Ihre äußeren Umstände, die Brutalität und offene Gewalt ihrer Schreckensherrschaft sind nicht vergleichbar. Aber die innere Gesinnung, die Missachtung und Unterdrückung des freien, aus eigener Erkenntnis sich selbst bestimmenden und handelnden Menschen, die zur Aufhebung der vorstaatlich geltenden, naturrechtlichen Freiheitsrechte führen – diese inneren Prinzipien des Totalitarismus sind genau die gleichen, und manche heutigen Methoden und Parolen nehmen bereits ähnliche Formen an. Der ehemalige Richter am Bundesverfassungsgericht Prof. Udo di Fabio hob in der Einleitung zur dtv-Ausgabe des Grundgesetzes hervor, „dass kein Mensch zum bloßen Objekt auch der demokratischen Staatsgewalt degradiert, verächtlich gemacht werden darf". Dies ist inzwischen eingetreten in einem Staat, der im Grunde schon vorher keine Demokratie war, sondern als eine versteckte Parteien- Oligarchie funktionierte.

Das Antimenschliche, das Böse, steigt – das ist in den letzten Jahren zu beobachten – von innen, aus dem Unbewussten in die Willensimpulse, Gefühle und Gedanken der Menschen auf. Das Böse ist letztlich nicht-menschlichen Ursprungs, denn ein Geschöpf strebt bei klarem Bewusstsein von sich aus nicht seine eigene Zerstörung und Vernichtung an. Die Menschen merken nicht, wie Einflüsterungen des Bösen aus dem Unbewussten in ihre Seele eindringen. Sie folgen naiv oder auch bewusst bös-artig dem, was mit oft blendender Logik und als verlockendes Ziel in ihren Seelen auftaucht.

Man kann bei den Herrschenden vielfach einen unbedingten, von Fakten, Argumenten und echten Grundrechts-Erwägungen völlig unberührten Macht- und Durchsetzungswillen wahrnehmen, koste es menschlich, was es wolle. Stellvertretend für viele sei kurz betrachtet, was der Noch-Gesundheitsminister Jens Spahn kürzlich sagte: *„Und ich finde einfach mal die Ansage: Liebe Leute, das Jahr 2022 wird eins sein – und zwar egal, wie gering die Inzidenz ist – stellt euch darauf ein, 2G, geimpft oder genesen, – und zwar aufgefrischt geimpft ab einem Punkt x – gilt mindestens mal das ganze Jahr 2022. Wenn du irgendwie mehr tun willst, als dein Rathaus oder deinen Supermarkt besuchen, dann musst du geimpft sein."* [22]

Also herrisch von oben macht er eine „Ansage", d.h. er gibt den widerspenstigen Untertanen (zynisch drohend „Liebe Leute" genannt) energisch vor, wo es jetzt langgehen wird. Die Ungeimpften haben sich darauf einzustellen, dass für sie mindestens das ganze Jahr 2022 (wahrscheinlich länger) die 2G-Regel gelten wird – und zwar unabhängig davon, wie hoch die Inzidenzwerte, d.h. die Gefahren, angesteckt zu werden, in der Realität überhaupt sind (!) Die Wahrheit spielt keine Rolle, es kommt alleine darauf an, dass die Menschen mit Gewalt genötigt werden müssen, sich impfen zu lassen. Und als geimpft gilt nur, wer rechtzeitig die neueste Auffrischungs-Impfung erhalten hat, womit er dauerhaft an alle nachfolgenden Impfungen gebunden ist. Und sarkastisch wird den Ungeimpften klargemacht, wie ihr gesellschaftlicher Bewegungsradius nur auf das unbedingt Lebensnotwendige beschränkt wird.

Hier spricht der herrische Machtmensch, der schon lange genug hier zugesehen hat, dass sein Wille nicht befolgt wird. Auf die vielfältigen berechtigten Gründe gegen eine Impfung kommt es nicht an. Der Wille der Herrschenden ist zu befolgen, nichts sonst! – So spricht kein fühlender Mensch, der vom freien Souverän der Demokratie ein Mandat erhielt, dessen Interessen er zu vertreten hat. Man hat den Eindruck, es spricht ein Anderer, ein dunkler Dämon durch die entleerte Hülle einer zur Seite geschobenen menschlichen Seele hindurch, der bedingungslose totale Unterwerfung und Folgsamkeit verlangt. Das kann nur noch psychopathologisch verstanden werden. – Es ist der verbreitete Einbruch des Bösen in die Seelen vieler Menschen, was wir überall wahrnehmen.

Die mit unbändigem Willen immer mehr anschwellende Welle der totalitären Herrschaft über die Menschen kann letztlich nur durch die Aufmerksamkeit auf ihre Quelle, die Einwirkung des außermenschlichen Bösen in der eigenen Seele gebändigt werden. Werden sie erkannt, verlieren sie ihre Macht. Wir haben es gegenwärtig im Grunde mit einem gewaltigen Angriff des Bösen auf das freie Ich der Menschen zu tun, der immer mehr in eine Epidemie kollektiven selbstzerstörerischen Wahnsinns führt!

Der materialistische Blick auf die Oberfläche erreicht nicht die Wirklichkeit, um die es sich handelt. Man schaue unbefangen und nachdenklich genau hin, wie die Menschen sich äußern, man wird das Unmenschliche in ihren Worten erkennen. Es ist die nackte Barbarei, die aus einem satanischen Hintergrund aufsteigt und durch Sprache und Taten der wie getrieben wirkenden Menschen hindurch sich gesellschaftlich Bahn bricht.

Quelle: https://fassadenkratzer.wordpress.com/2021/12/03/der-putsch-von-oben-die-machtstrukturen-des-staates-als-instrumente-des-bosen/

GOTT SCHÜTZE UNS

Lebt wohl ....

Payen de Montdidier

KEIN ENDE

CORONA-UNGEREIMTHEITEN
ZUM NACHDENKEN

Wenn Aussagen, Handlungen und Maßnahmen während der Corona-Pandemie näher beleuchtet werden, tun sich etliche Fragen auf, die einen nachdenklich werden lassen ...

ZU BEGINN DER PANDEMIE

1. Weshalb wurde zu Beginn einer weltweit drohenden Pandemie in Deutschland nicht sofort ein **Expertenrat** aus 20 bis 30 Virologen, Infektionsepidemiologen und Mikrobiologen gebildet, sondern allein Herrn Drosten als Experten vertraut, der bereits in der Vogel- und Schweinegrippe mit seinen Ansichten daneben lag?

2. Weshalb wurde zu Beginn der auf uns zurollenden „schlimmsten Pandemie aller Zeiten" ein **Obduktionsverbot** angeordnet?

3. Weshalb hat weder der Staat noch das RKI ein Interesse daran gezeigt, im ersten aufgetretenen Hotspot in Deutschland (**Heinsberg**) intensivste Forschung und Aufarbeitung zu betreiben?

PANDEMIE

4. Weshalb hat man niemals zwischen **„an" und „mit" Corona Verstorbenen** unterschieden? Wäre das nicht ein entscheidendes Merkmal für die Schwere der sogenannten Pandemie gewesen?

5. Woher kommt die evidenzbasierte Erkenntnis, dass ein **PCR-Test** eine **Corona-Infektion** anzeigen könnte?

6. Wie kann es sein, dass seit Beginn der Pandemie einem Testverfahren vertraut wird (PCR-Test), von dem der Erfinder selbst sagt, dass es **nicht für diagnostische Zwecke geeignet** ist und auch nicht zwischen COVID19-Viren und anderen Viren unterscheiden kann?

7. Weshalb wurde es im labortechnischen Auswertungsverfahren der PCR-Tests geduldet bzw. gefordert, dass diese Tests mit **CT-Werten** von deutlich über 30 durchgeführt werden, obwohl oberhalb von 24 keine Infektiosität anzunehmen ist und somit wissentlich falsch positive Ergebnisse herbeigeführt werden?

8. Weshalb wird eine **epidemische Lage von nationaler Tragweite** seit 18 Monaten in Deutschland aufrechterhalten, obwohl die Letalität (Tödlichkeit) von Covid19 bei rund 0,2 % liegt, bei unter 70-jährigen sogar nur 0,04 % (ähnlich der einer mittleren Grippewelle)?

9. Weshalb gibt es seit Beginn der Corona-Pandemie **keine Influenza (Grippe)** mehr, und zwar auch in Ländern ohne Maßnahmen?

10. Wie kann es sein, dass **gesunde und symptomlose Menschen diskriminiert** werden und eine Gefahr darstellen sollen?

11. Weshalb **steigt die Zahl der Todesfälle erst seitdem geimpft** wird und nicht seit Beginn der „Pandemie"?

12. Wie kann es sein, dass es bis heute weltweit niemandem gelungen ist, den **Virus SarsCov2** zu **isolieren** und somit seine Existenz zu beweisen?

13. Weshalb hat die Pandemie in Ländern, die **keine oder nur geringfügige Maßnahmen** ergriffen haben, nicht erbarmungslos zugeschlagen und eine Übersterblichkeit verursacht?

14. Weshalb zeigen die (offiziellen) **Daten** bei genauerer Betrachtung, dass es **niemals eine Pandemie** gab und dennoch bis heute in Deutschland krampfhaft daran festgehalten wird?

POLITIK UND MAßNAHMEN

15. Weshalb wurde von Politik und Medien niemals darauf hingewiesen, dass der **effektivste Schutz** gegen Viren ein **intaktes Immunsystem** ist?

16. Weshalb wird von Politik und Medien bei allen neuen Entwicklungen in der Corona-Krise zunächst **IMMER ANGST verbreitet**, bevor noch Analysen und Expertenmeinungen vorliegen und obwohl sich X-mal bereits gezeigt hat, dass die übertriebene Angstmacherei sich später als unbegründet erwiesen hat?

17. Weshalb werden die **drastischen Maßnahmen** in Deutschland **nicht evaluiert und auf ihre Wirkung hinterfragt** (insbesondere mit Blick auf die Entwicklung in vielen anderen Ländern)?

18. Weshalb werden aus der Erkenntnis, dass **Großveranstaltungen** (z. B. Demos oder Fußballspiele wie bei der EM im Sommer) zu keinem wesentlichen Infektionsgeschehen beigetragen haben, keine Konsequenzen gezogen?

19. Weshalb wird weiter an Masken und Abstandsregeln festgehalten, obwohl durch mehrere Großstudien (davon eine mit über 1 Million Chinesen) nachgewiesen wurde, dass keine signifikante Übertragung des Coronavirus SARSCov2 bei **symptomlosen Menschen** stattfindet.

20. Weshalb werden unzählige **Politiker** während der letzten 18 Monate bei diversen Treffen **ohne Maske** und ohne Einhaltung der Abstandsregeln gesehen? Wissen sie mehr als wir über die Pandemie oder ist die Pandemie doch nicht so gefährlich?

21. Welche Erkenntnisse haben sich nach nunmehr 18 Monaten Corona-Maßnahmen ergeben, die es gerechtfertigt haben, dass bis heute **mehr als 100.000 Betriebe** in Deutschland ihre **Geschäftstätigkeit einstellen** mussten und deren Beschäftigten ihren Job verloren haben?

22. Wie kann Herr Söder vor dem Hintergrund dieser Zahlen behaupten, **Deutschland sei gut durch die Coronakrise gekommen**?

23. Weshalb wurden seit Beginn der Pandemie **stets neue Kriterien** herangezogen, die als Begründung für immer drastischere Maßnahmen Basis waren (Anzahl Testpositive, Anzahl mit Corona Verstorbene, R-Wert, Inzidenzen, Intensivbettenkapazität, Anteil Geimpfter)?

24. Weshalb wird es geduldet, dass **zehntausende Menschen** - zum Großteil **ohne Maske und Abstände - am „Christopher Street Day"** (CSD) teilnehmen, jedwede Demonstration die sich kritisch zu den Regierungsmaßnahmen bekennt, aber mit der Begründung der nichteinzuhaltenden Hygienemaßnahmen untersagt wird?

25. Weshalb werden bei Ärzten, die medizinisch begründete Maskenbefreiungsatteste ausgestellt haben, **polizeiliche Praxis- und Hausdurchsuchungen** durchgeführt?

26. Weshalb **sterben** innerhalb kurzer Zeit **vier gesunde afrikanische Staatschefs**, die sich klar corona-kritisch bis ablehnend positioniert haben?

27. Weshalb werden mehr als 45 wissenschaftliche Studien ignoriert, die aufzeigen, dass **Mund-Nasen-Bedeckungen nicht wirksam** vor Krankheiten schützen, ja sogar gefährlich sind?

28. Weshalb hat die Bundesregierung nie kundgetan, **welche Kriterien** erfüllt sein müssen, die **epidemische Lage aufzuheben** und damit alle **Corona-Maßnahmen** wieder **aufgehoben** werden und ein freies normales Leben für alle Menschen dieses Landes wieder möglich ist?

29. Weshalb haben sich die schlimmen **Befürchtungen der Andersdenkenden** (Maskenzwang, Lockdowns, Einschränkungen bis hin zum indirekten Impfzwang) alle **bewahrheitet**, obwohl dies von allen Politikern anfangs vehement bestritten wurde?

30. Weshalb werden **Grundrechte an Bedingungen geknüpft** und sind sie dann überhaupt noch Grundrechte?

31. Weshalb werden seit Beginn der „Pandemie" tausende Ärzte, Juristen, Richter, Professoren …, die eine andere Meinung vertreten, mit aller Härte **unterdrückt, verleumdet, denunziert, verfolgt, deren Wohnungen durchsucht und mundtot** gemacht?

32. Verlieren wir bei all den immer stringenteren Maßnahmen nicht mehr und mehr aus den Augen, um was es hier eigentlich gehen müsste, nämlich die **evidenzbasierte Bewertung der Gefährlichkeit eines Virus**?

33. Weshalb wird die Wissenschaft seit 18 Monaten in einer politischen Linie gleichgeschaltet und die notwendige **breite wissenschaftliche Debatte unterdrückt**?

34. Weshalb hat es niemals eine europa- oder **weltweite Abstimmung** und Koordination der **politischen Maßnahmen** gegeben, wo es sich doch um eine weltweite Pandemie handelt?

MEDIEN

35. Weshalb wurde bis heute über die tatsächlichen Hintergründe der vielen Todesfälle in **Bergamo** in den Medien nicht ausführlich berichtet?

36. Weshalb wurden bewusst **angstmachende Bilder** in den Medien benutzt?

37. Wenn die Ansichten der Andersdenkenden so abwegig sind, weshalb hat es dann niemals eine **offene und sachliche Diskussionsrunde** gegeben, in der die Öffentlichkeit die Möglichkeit gehabt hätte, die Argumente beider Seiten wahrzunehmen und selbst zu bewerten?

38. Warum wurde die **Zahl der Demonstranten** gegen die Corona Maßnahmen in den Medien bewusst um ein Vielfaches niedriger angegeben, als dies nachweislich anhand von Videodokumentationen der Fall war?

39. Weshalb werden **Andersdenkende als Nazis** in eine rechte Ecke gestellt?

40. Weshalb wird **hochrangigen Experten** keine Möglichkeit gegeben, der Öffentlichkeit ihre Bedenken zu äußern?

41. Weshalb wird in den Medien über die **Entwicklung in anderen Ländern** kaum oder nur sehr selektiv berichtet?

42. Weshalb werden uns in Deutschland mehr als **fünf sehr wirksame Therapien** gegen Covid19 vorenthalten und darüber nicht informiert?

43. Warum wird nicht darüber berichtet, dass die **Impfstoffe nicht** im Ansatz **das halten, was sie versprochen haben?**

44. Weshalb gibt es aus medialer Sicht **nur noch eine Krankheit** über die täglich berichtet wird, obwohl an einer Vielzahl anderer Krankheiten viel mehr Menschen versterben?

45. Weshalb wird weder über die **Suizidrate** noch die **psychosozialen Folgen** der Maßnahmen ausführlich berichtet?

46. Weshalb werden auf YouTube und facebook seit Beginn der Pandemie tausende Beiträge **zensiert?**

47. Weshalb werden wir nicht neben den Werten zu Inzidenz und coronabedingten Todesfällen **täglich auch über die Zahlen der schweren Nebenwirkungen und Todesfälle** durch die C-Impfung informiert?

48. Weshalb wird über die **Gefahren der Coronaimpfung** anhand der inzwischen vorliegenden Daten nicht im Detail aufgeklärt?

49. Weshalb werden Zahlen bewusst irreführend und angstmachend dargestellt?
(Jüngstes Beispiel der Anteil der Ungeimpften auf den Intensivstationen mit mehr als 90 %. Es wird aber dabei nicht erwähnt, dass das RKI nur dann GEIMPFTE als GEIMPFTE zählt, wenn sie auch eine Corona-typische „klinische Symptomatik" aufweisen! Ansonsten werden all die Geimpften als Ungeimpfte gewertet. Würde bei allen Hospitalisierten der wirkliche Impfstatus gewertet, so wird offensichtlich, dass der Anteil der Geimpften überiegt.)

50. Weshalb wird nicht berichtet, dass weltweit inzwischen **Millionen von Menschen** gegen das Corona-Narrativ auf die Straße gehen und demonstrieren?

KRANKENHÄUSER

51. Weshalb werden nach wie vor tausende **Intensivbetten abgebaut** und Krankenhäuser in Deutschland geschlossen, obwohl wir vermeintlich in einer der schlimmsten Pandemien aller Zeiten leben und eine große Hospitalisierungswelle erwartet wird?

52. Weshalb wurden von den angegebenen rund 91.000 Corona-Toten nur rund 31.000 in Krankenhäusern auf der **Intensivstation** behandelt? Was für eine Art von Krankheit ist das, wenn 60.000 Menschen nicht auf der Intensivstation verstarben, obwohl wir doch glauben, dass man im letzten Stadium dringend Beatmungsunterstützung benötigt?

53. Weshalb wird nicht ausführlich darüber berichtet, dass nach neuesten Erkenntnissen nur rund **5 – 20 % der „mit" Corona-Verstorbenen tatsächlich „an" Corona verstorben** sind und somit in Deutschland höchstens 18.000 Menschen an Corona verstarben (ähnlich der Letalität einer mittleren Grippewelle)?

54. Weshalb wird verschwiegen, dass der **Großteil** der **stationär behandlungsbedürftigen Covid-Patienten momentan Geimpfte** sind?

CORONA-IMPFUNG

55. Wie konnte es sein, dass fast zeitgleich vier **Covid19-Impfstoffe innerhalb weniger Monate auf den Markt** kamen, obwohl Impfstoffentwicklungen normalerweise mehr als 10 Jahre in Anspruch nehmen?

56. Weshalb wird der Druck auf Ungeimpfte so erhöht, wenn doch die C-Impfung (aller vier Hersteller) **keine sterile Immunität verspricht**, also eine Herdenimmunität durch die Impfung nicht erreicht werden kann?

57. Weshalb berichten die Medien nicht oder nur unzureichend über die **vielfachen und schweren Nebenwirkungen der C-Impfung** und die **vielen Todesfälle?**

58. Weshalb müssen **die Hersteller** der C-Impfungen für Nebenwirkungen und Todesfälle **nicht haften?**

59. Weshalb beanstandet niemand das krass rechtswidrige Verhalten durch Nichtbeachtung des **Heilmittelwerbegesetzes** bei all der Impfpropaganda und Impf-Werbekampagnen (z. B. Erforderlichkeit des Risikohinweises: „Zu Risiken und Nebenwirkungen fragen sie ihren Arzt und Apotheker" u.v.m.)?

60. Weshalb resultieren aus rund **3 % der Chargen** der Coronaimpfstoffe ca. **90 % der Nebenwirkungen und Todesfälle?**

61. Weshalb haben in kürzester Zeit vier **Impfstoffe** eine Notfallzulassung in der EU erhalten, obwohl sie **nicht gegen die Krankheit schützen?**

62. Weshalb werden nicht von Amts wegen **Obduktionen bei Todesfällen kurz nach der Impfung** angeordnet?

63. Weshalb werden **Impftote** erst als solche anerkannt, wenn die Impfung mindestens 14 Tage her war?

64. Weshalb wird der medizinische Grundsatz, „**Impfe niemals in eine Pandemie hinein!**" völlig außer Acht gelassen?

65. Weshalb werden keine Untersuchungen durchgeführt, inwieweit bereits eine **natürliche Herdenimmunität** gegen SarsCoV2 eingetreten ist und insoweit ggf. eine Impfung sogar kontraindiziert wäre?

66. Weshalb setzt man **Kinder, Jugendliche** und junge Erwachsene einem eheblichen Risiko aus, in dem sie dazu gedrängt werden, sich C-impfen zu lassen, obwohl allgemein bekannt ist, dass sie bei einer Infektion mit Coronaviren nicht schwer an Covid erkranken?

67. Weshalb wird im allgemeinen Sprachgebrauch von einer Corona-Impfung gesprochen, obwohl es sich anhand der Inhaltsstoffe nachweislich um eine **genmanipulierende Medikation** und nicht um eine Impfung handelt?

68. Weshalb ist es legitim, Angst vor Covid zu haben, **Angst vor der Impfung** aber nicht?

69. Weshalb werden die Vielzahl an Studien nicht veröffentlicht, die zeigen, dass **Geimpfte zu Superspreadern** werden?

70. Wie kann Herr Lauterbach von einer **nebenwirkungsfreien Corona-Impfung** sprechen, wenn die offiziellen EMA-Zahlen mehr als 13.000 Impftote und über 850.000 Fälle mit Nebenwirkungen, davon 245.000 schwerwiegende Nebenwirkungen ausweisen?

    (Dies sind nur die gemeldeten Fälle. Die Dunkelziffer der nichtgemeldeten Nebenwirkungen und Todesfälle, die auf die Corona-Impfungen zurückzuführen sind, wird mit dem 5- bis 10-fachen angenommen. Dies bedeutet, dass momentan von bis zu 130.000 Impf-Toten und um die 8 Mio Fällen von Impfnebenwirkungen auszugehen ist)

71. Aus welchem Grund erhalten Ärzte für eine Stunde Corona-impfen, einen **horrenden Stundensatz** von 150 EUR oder mehr? Sollen hier bewusst Impfanreize gesetzt werden?

72. Wie ist es möglich, dass Tausende von **Geimpften an Covid19 erkranken**?

73. Wieso enthalten CoV-19-Impfstoffe **Graphenoxid** und weshalb wird darüber nicht berichtet?

74. Wenn die Impfung so gut schützt, weshalb müssen **Geimpfte** dann weiterhin **Masken tragen** und **Abstand halten**?

75. Ist es allen Geimpften bekannt, dass sie als Proband an einer global ausgerollten real world Studie teilnehmen, da alle vier derzeit in Europa bislang nur bedingt – das heißt vorbehaltlich – zugelassenen Impfstoffe sich (ausweislich des EMA Assesment Reports zur bedingten Zulassung) – in einer noch final abzuschließenden **STUDIENPHASE** befinden?

76. Wie kann es sein, dass **politisch** ein so **unglaublicher Druck zur Impfung** ausgeübt wird, obwohl man doch inzwischen weiß, dass die Impfung ausschließlich einen milderen Verlauf von Covid19 verspricht, mehr aber nicht zu leisten vermag?

77. Für jede noch so kleine Kleinigkeit benötigen **Kinder** im Schulalltag die schriftliche Zustimmung der Eltern. Mutet es vor diesem Hintergrund nicht mehr als seltsam an, dass nun plötzlich für einen medizinischen Eingriff - denn das stellt eine **Impfung** dar - **keine Einwilligung der Eltern** erforderlich sein soll?

78. Letztes Jahr waren die vier Impfstoffe erstaunlich schnell am Start. Aber wie kommt es, dass sich **seitdem nichts Neues** ergeben hat? Kein weiterer zugelassener Impfstoff, keine wirkungsvolle Therapie für Infizierte, keine verbesserten Testmöglichkeiten - Einfach **Stillstand**. Warum?

79. Weshalb zeigt sich gerade nicht, dass in **Ländern mit hoher Impfrate** die Hospitalisierungs- und Sterblichkeitsraten zurückgehen?

ZUKUNFT

A) Wie würde es Dir gehen, wenn Du in einigen Monaten feststellen müsstest, dass Corona tatsächlich **keine schwerwiegende Pandemie** war, jedoch die **Impfung schwerwiegende gesundheitliche Folgen** nach sich zieht und weltweit ein böses Spiel getrieben wurde, nur weil auch Du der Politik und den Medien blind vertraut hast?

B) Wie würde es Dir gehen, wenn Du in einigen Monaten eingestehen müsstest, dass Du Dich nicht von Anfang an selbst umfassend informiert hast und die Dinge **nicht selbst hinterfragt** und Du Dich somit an dem unfassbaren Leid der letzten Monate **mitschuldig gemacht hast**?

RESÜMEE

Wer sich all diese Fragen ehrlich und unvoreingenommen stellt, wird zu dem Schluss kommen: **Die Rädchen passen nicht ineinander.** Wenn es von Anfang der sogenannten Pandemie an, um die Gesundheit und Sicherheit der Menschen gegangen wäre, dann hätten vielerlei Entscheidungen anders getroffen werden müssen.

Auch wird klar, dass die Mainstream-Medien dem politischen Druck gefolgt sind und schon lange nicht mehr unabhängig und unvoreingenommen berichten.

Hinterfrage selbst und nimm auch andere Studien, Experten-Meinungen und alternative Medien wahr, um Dir selbst ein umfängliches und breites Bild der wirklichen Situation zu machen.

Informiere DICH deshalb auch und insbesondere abseits der Mainstream-Medien unter:
(Beispiele unabhängiger Medien, Journalisten und Informationsangeboten)
Hier erhältst Du auch die Quellen zu den oben aufgeworfenen Fragen.

- https://reitschuster.de/ (Freier Journalist)
- https://corona-ausschuss.de/ (Ausschuss zur Aufarbeitung der Corona-Krise)
- https://www.epochtimes.de/ (Nachrichten und Zeitung)
- https://auf1.tv/ (TV-Sender)
- https://report24.news/ (Informationsportal)
- http://ernstwolff.com/ (Journalist, Buchautor und Vortragsredner)
- https://apolut.net/ (Freier Journalist)
- https://www.samueleckert.net/ (Unternehmer und Christ)
- https://sucharitbhakdi.de/ (Deutscher Facharzt für Mikrobiologie, Virologie und Infektionsepidemiologie)
- https://www.aerztefueraufklaerung.de/ (Interdisziplinäre Arbeitsgemeinschaft von Ärzten und Wissenschaftlern)
- https://www.afaev.de/ (Vereinigung unabhängiger Anwälte)
- https://pflegefueraufklaerung.de/ (Netzwerk von Pflegern und Ärzten für Aufklärung)
- https://www.mwgfd.de/ (Initiative „Mediziner und Wissenschaftler für Gesundheit, Freiheit und Demokratie, e.V.")
- https://www.youtube.com/channel/UCXTTZlvh1UAif0kv6XHvOtg (5 Ideen- Kanal von Dave Brych - Multiunternehmer, YouTuber und Podcaster)

HINTERFRAGE UND INFORMIERE DICH JETZT!